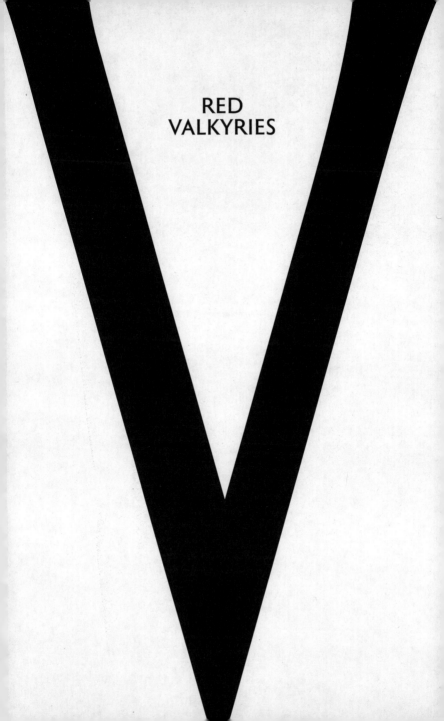

RED
VALKYRIES

RED VALKYRIES

레드 발키리

Feminist Lessons
from Five Revolutionary Women

크리스틴 R. 고드시 지음

이푸른 옮김

틈새의시간

데이지에게,

반려견도 얼마든지 동지가 될 수 있어.

차 례

한국의 독자들에게 · 8

저자 서문 · 14

주요 사건 연표 · 20

프롤로그 · 23
_부르주아 페미니즘, 그 불편함에 대하여

첫 번째 발키리 · 49
전설의 저격수_류드밀라 파블리첸코(1916~1974)

두 번째 발키리 · 99
혁명의 아이콘_알렉산드라 콜론타이(1872~1952)

세 번째 발키리 · 151
진보적 교육자_나데즈다 크룹스카야(1869~1939)

네 번째 발키리 · 201

뜨거운 심장_이네사 아르망(1874~1920)

다섯 번째 발키리 · 247

글로벌 여전사_엘레나 라가디노바(1930~2017)

에필로그 · 287

_미래의 레드 발키리를 위한 아홉 가지 조언

감사의 글 · 324

고드시가 추천하는 더 읽어보면 좋을 책 · 328

주 · 332

찾아보기 · 351

한국의 독자들에게

    학자이자 저자로서 큰 기쁨 중 하나는 제 작업이 외국어로 번역되어 전 세계 독자들과 만날 기회를 얻는 것입니다. 연구와 글쓰기는 오랜 시간, 그리고 종종 외로운 과정으로, 긴 고독의 시간을 요구합니다. 하지만 이렇게 다양한 사회적, 문화적, 정치적 맥락 속의 독자들과 연결된다는 느낌은 정말 놀랍고 감동적입니다. 지금까지 제 책들은 19개 언어로 번역되었으며, 알렉산드라 콜론타이의 삶과 업적을 다룬 제 팟캐스트는 100개 이상의 국가와 지역에서 청취자를 보유하고 있습니다. 저는 미국에서 태어나고 자랐지만, 제 학문적 작업이 국제적으로 받아들여지고 사랑받는 경험은 저를 세계 시민으로 느끼게 합니다.

영어 단어가 외국어로 변환될 때, 저자는 종종 오해를 받거나 잘못 해석될 위험에 처할 수 있습니다. 원본 텍스트가 작성된 문화적 맥락 밖에서 새로운 독자를 만나려는 시도에는 항상 위험이 따릅니다. 이번 레드 발키리들의 한국어 번역은 제가 읽거나 말할 줄 모르는 한국어로 된 두 번째 책입니다(첫 번째 책은 『왜 여성은 사회주의사회에서 더 나은 섹스를 하는가』입니다). 그러나 저는 성평등과 여성 권리에 점점 더 적대적인 태도를 보이는 사회에서, 안정적이고 안전한 삶을 이루기가 점점 더 어려워지고 있는 한국인들이 직면한 어려운 미래에 깊이 공감하지 않을 수 없습니다. 안타깝게도 자본주의는 빈부격차를 증폭시키는 동력이 되고 있으며, 대중에 영합하는 지도자들은 독신 여성을 자국 내 많은 문제의 주범인 양 희생양 삼고 있습니다.

최근 도널드 트럼프가 미국에서 두 번째로 대통령에 당선된 것을 보며, 저 역시 제 나라에서 비슷한 반발이 일어나지 않을까 두려워하고 있습니다. 자신의 선택으로 결혼하지 않고, 자신의 삶과 몸에 대한 완전한 통제권을 요구하는 여성들이 강력한 남성들로부터 공개적으로 여성혐오적인 방식으로 표적이 되고 있습니다. 부통령 당선자인 제이디 밴스(J.D. Vance)는 "결혼도 하지 않고 아이도 없는 여성들(childless cat ladies)"을 미래에 대한 위협으로 폄하하고 있습니다. 지금이야말로 우리보다 앞서왔던 사람들로부터 배운 교훈이 그 어느 때보다도 필요합니다.

저는 러시아 및 동유럽 연구 교수로서 이 지역에 대한 전문 지식을 가지고 있지만, 모든 나라에는 우리의 할머니와 증조할머니 세대 여성들이 가부장적 체제에 맞서 끊임없이 싸워온 이야기가 있다는 것을 확신합니다. 그들은 딸들과 손녀들의 꿈과 열망을 위한 길을 닦았습니다.

오늘날, 우리는 우리보다 앞서왔던 여성들이 만들어낸 세계 속에서 살아가고 있습니다. 우리는 그들 중 많은 이들이 실은 헌신적인 사회운동가이자 페미니스트였음을 인정해야 합니다. 그들은 더 정의롭고 공정한 사회라는 이상 속에서, 경직된 전통으로부터의 독립과 자유의 가능성을 발견했습니다. 노동자와 농민을 위한 해방의 꿈은 여러 세대의 여성들에게 자신들을 위해 더 나은 세상을 만들어가는 영감을 주었습니다.

현재 우리 주위를 둘러보십시오. 전염병, 전쟁, 그리고 다가오는 기후 재앙으로 인해 어려움을 겪고 있는 글로벌 자본주의 경제에 의해 더욱 가속화된 독재적 가부장제가 부활하고 있는 것을 볼 수 있습니다. 한때 번영했던 민주주의는 부의 불평등, 사회적 고립, 그리고 외로움에 지친 유권자들에게 영향을 미치면서 무너지고 있습니다. 이러한 유권자들은 초부유층(hyper-rich)의 특권을 보존하기 위해 설계된 체제에서 살아가며 좌절감을 느끼고 있습니다. 실제로, 신자유주의 자본주의에 대한 가장 신랄한 비판 중 일부는 한국에서 나왔습니다. 〈기생충〉과 같은 영화나 〈오징어 게임〉과 같은 드라마는 인간의 가치가 은행 계좌의 크기로 측정되는 현대 삶에서의 비인간화와 소외를 여실히 보여줍니다.

우리는 기본적인 상품과 서비스 비용을 지불하기 위해 돈을 벌어야 하는 바쁜 일상에 쫓기고 있습니다. 이러한 것들은 상품이 아니라 인간의 기본 권리여야 함에도 불구하고 말입니다. 후기 자본주의의 끊임없는 경쟁과 첨예화한 갈등은 우리의 힘과 에너지를 소진시킵니다. 그렇다면 왜 귀중한 시간을 들여 오늘날 러시아, 우크라이나, 그리고 불가리아의 사망한 여성 활동가들에 대해 읽어야 할까요? 이 책을 쓰는 동안 저 스스로도 이 질문을 자주 던졌습니다. 하지만 저는 이 상징적인 여성들의 전기를 접하는 것이—각각이 20세기 여성 권리의 궤적을 성공적으로 형성했던 이들— 모든 세대의 여성 활동가들이 직면했던 도전을 이해하는 데 도움을 줄 수 있다고 생각합니다.

이 싸움은 결코 쉬운 적이 없었습니다. 이 책에 등장하는 여성들 중 완벽했던 사람은 없습니다. 그들 각자는 자신만의 성공과 실패를 경험했습니다. 그들은 일상의 사소한 문제들과 씨름하며 아이들을 돌보고, 가사 일을 챙기고, 사랑을 추구하며, 상처받은 마음을 치유했습니다. 그들은 쓰러진 동지들을 손수 땅에 묻었고, 자신이 선택한 길 위에서 종종 의문을 품었으며, 때로는 깊은 좌절과 절망에 빠지기도 했습니다. 그들 역시 복잡한 삶을 살아가는 인간이었습니다. 하지만 그럼에도 불구하고, 그들은 끝까지 싸웠습니다. 그 결과, 그들의 끈기와 인내가 우리 모두에게 통찰과 영감을 주게 되었습니다.

우리는 완벽해지려고 노력하지 않아도 됩니다. 아니,

완벽할 필요가 없습니다. 다만 기억하세요. 우리 모두 끝까지 선한 싸움을 이어가야 한다는 것을요!

크리스틴 R. 고드시

2024년 12월 4일

미국 필라델피아

저자 서문

러시아어와 불가리아어는 모두 키릴 문자를 사용하는 슬라브어이며, 이를 라틴 문자로 전사하는 방식에는 여러 가지 상충되는 관례가 존재한다. 예를 들어, 키릴 문자 "Й"는 라틴 문자로 "j", "i" 또는 "y"로 전사될 수 있어, 알렉산드라 콜론타이의 성은 Kollontaj, Kollontai, Kollontay 등으로 표기될 수 있다. 키릴 문자 "Я"는 라틴 문자로 "ja," "ia," "ya," 또는 다소 어색한 "i͡a"로 전사될 수 있으며, 크룹스카야는 Krupskaja, Krupskaia, Krupskai͡a 등으로 쓰일 수 있다. 이와 비슷하게, 키릴 문자 "Ю"는 "ju," "yu," "iu"로 전사되어 류드밀라가 Ljudmila, Lyudmila, Liudmila 등으로 표기될 수 있다. 일반적으로 나는 이름의 로마자 표기를 일관되게 사용하려 노력하지만, 영어 자료에서 서로 다른 전사 방식을 사용하기 때문에 직접 인용할 경우 텍스트에 일관성이 없을 수 있다. 또한, 트로츠키(Trotsky)나 톨스토이(Tolstoy)처럼 익숙한 이름의 일반적인 로마자 표기를 사용하는 것을 선호하며, 레프 톨스토이(Lev Tolstoy) 대신 레오 톨스토이(Leo Tolstoy)처럼 독자들에게 더 익숙한 이름의 영어화된 버전을 사용하는 경우가 많다. 마지막으로, 일부 슬라브어에서는 성이 남성형과 여성형으로 나뉜다. 예를 들어, 류드밀라 파블리첸코의 결혼 전 성은 Belova였지만, 그녀의 아버지의 성은 Belov였다. 이와 마찬가지로, 크룹스카야는 Krupsky의 딸이었고, 라가디노바는 Lagadinov의 딸이었다.

제정 러시아의 날짜는 율리우스력과 그레고리력의 차이 때문에 서구 독자들에게 종종 혼란스럽게 다가온다. 유럽에서 율리우스력은 기원전 45년에 도입되어 약 1,600년 동안 로마 제국과 중세 유럽의 주요 달력이었다. 그러나 이 달력은 수학적, 천문학적 계산에서 약간의 오차가 있어, 약 128년마다 하루가 추가되는 문제가 있었다. 1582년, 교황 그레고리우스 13세는 새로운 그레고리력을 도입하는 칙령을 발표했으며, 이는 오늘날 서구 국가들이 사용하는 달력이다. 그러나 러시아 정교회는 이 로마 가톨릭의 달력 개혁을 받아들이지 않았고, 기존의 율리우스력을 계속 사용했다. 따라서 러시아 역사에서 중요한 사건들은 율리우스력 기준 날짜로 명명되었는데, 이는 서구 독자들에게 혼란을 줄 수 있다. 예를 들어, 1917년의 "10월 혁명"은 그레고리력 기준으로는 11월 7일에 발생했으며(율리우스력으로는 10월 25일), 같은 해의 "2월 혁명"은 그레고리력 기준으로 3월 8일부터 12일까지(율리우스력으로는 2월 24일부터 28일까지) 진행되었다. 본 텍스트에서는 "10월 혁명"과 같은 용어를 사용하지만, 모든 날짜는 그레고리력을 기준으로 표기했다.

참고로, 러시아의 상트페테르부르크는 1914년에 페트로그라드로 개명되었다. 1924년 레닌의 사망 후, 이 도시는 레닌그라드로 이름이 바뀌었으며, 1991년에 다시 상트페테르부르크로 돌아갔다. 본문에서는 다루는 사건의 시기에 따라 이 세 가지 명칭을 모두 사용했다.

나는 "국가 사회주의(state socialism)"와 "국가 사회주의자(state socialist)"라는 용어를 20세기 동안 소련과 불가리아 정부를 지칭하는 데 사용한다. 이들 국가는 "공산당"이 지배했지만, 자신들을 마르크스주의 발전 틀에서 사회주의 단계에 있다고 보았으며, "공산주의"는 그들이 추구하던 이상적인 사회였다. 이들은 스스로를 "사회주의 국가" 또는 "실제 존재하는 사회주의(really-existing socialism)" 체제 아래 사는 사회라고 불렀으며, 이는 여전히 불완전한 자신들의 시스템을 공산주의의 이상과 구별하기 위해서였다. 이 때문에 소련의 공식 명칭은 "소비에트 사회주의 공화국 연방(USSR)"이고, 구 동독의 지배 정당은 "사회주의 통일당"으로 불렸다. 동유럽 어느 국가에서도 공산주의 목표가 달성되지 않았으며, 어떠한 국가도 이를 달성했다고 주장하지 않았다. 따라서 나는 "공산주의"라는 용어를 피하는 것을 선호한다. 그러나 서구 학자와 정치인들은 이러한 국가들을 지칭할 때 "공산주의"와 "공산주의자"라는 용어를 흔히 사용한다. 이 책에서 이러한 단어들이 등장할 경우, "사회주의" 및 "사회주의자"와 거의 동일한 의미로 사용되었지만, 두 정치적 체계 간에는 이론적·실질적 차이가 존재한다는 점을 유념해야 한다. 또한, 여성사 연구자들 사이에서는 콜론타이 같은 인물을 "사회주의 페미니스트", "마르크스주의 페미니스트" 또는 "좌파 페미니스트"라고 지칭하는 것이 일반적이다. 그러나 콜론타이 자신은 평생 "페미니스트"라는 용어를 거부했다. 가능한 한 나는 "사회주의 여성 활동가"라는 용어를 대신 사용했다. 책의 부제에 "페미니스트"라는 단어를 사용한 것은 출판사 Verso의 마케팅 부서의 결정이었다.

이 책에서 사용된 "여성(woman)"과 "남성(man)," "남성(male)"과 "여성(female)," "어머니(mother)"와 "아버지(father)" 등의 용어는 주로 19세기와 20세기에 활동한 동유럽 사회주의 여성 활동가들의 투쟁 맥락을 짚어 그 범주 안에서 표현한 것이다. 오늘날에는 이러한 단어들이 더 포괄적으로 사용되고 있다. 그들은 현재 '시스젠더 여성(cisgender women)'이라고 불리는 사람들의 해방에 혁명적 노력을 기울였으며, 대부분은 이성애자였고, 한 가정의 어머니가 되는 데 관심이 있었다. 당시의 퀴어, 트랜스젠더, 논바이너리 사람들의 경험과 정치적 관심사는 이 책에 등장하지 않는다. 이는 그것이 중요하지 않아서가 아니라 여기서 다룰 만큼 내가 충분히 연구하지 못했기 때문이다.

나는 이 책에서 장애인 차별적이거나 시대에 뒤떨어진 언어를 쓰지 않으려고, 또 그런 표현에 민감하게 대처하려고 노력했으나 직접 인용문에서는 이를 변경하지 않고 그대로 두었다.

직접 인용문과 통계 수치에 대한 출처는 주에 포함되

어 있다. 대부분의 독자는 특정 자료나 역사적 사건에 대한 용어나 명확성을 알고 싶을 때를 제외하고는 이러한 주를 무시해도 괜찮다. 책의 서두에 실은 '주요 사건 연표'는 독자들에게 이 다섯 여성의 삶이 1차 세계대전, 러시아 혁명, 2차 세계대전, 냉전과 같은 주요 글로벌 사건과 어떻게 교차했는지에 대한 개요를 제공한다.

마지막으로, 이 책은 2020년과 2021년 COVID-19 봉쇄 기간 동안 집필되었으며, 러시아·소련 출신 네 명의 여성과 관련된 1차 및 2차 자료는 디지털 접근이 가능하거나 인터넷으로 주문할 수 있는 자료에 크게 의존했다. 전기적 에세이인 이 책은 '레드 발키리' 다섯 명의 매혹적인 삶에 대한 기본적인 통찰을 제공할 뿐이다. 더 깊이 탐구하고자 하는 독자들은 권말에 실어 놓은 주와 추가 읽기 권장 목록에 언급된 다양한 자료를 공부의 시작점으로 삼으면 좋을 것이다.

주요 사건 연표

1861 – 러시아 농노 해방

1863 – 니콜라이 체르니솁스키의 소설 『무엇을 할 것인가?』 출간

1869 – 나데즈다 크룹스카야 출생

1870 – 블라디미르 일리치 울리야노프(레닌) 출생

1872 – 알렉산드라 콜론타이 출생

1874 – 이네사 아르망 출생

1878 – 불가리아, 오스만 제국으로부터 독립

1881 – 러시아 황제 알렉산드르 2세 암살

1894 – 레프 톨스토이 『신의 나라는 네 안에 있다』 출간

1905 – 러시아 피의 일요일 사건

1914 – 제1차 세계대전 발발

1916 – 류드밀라 파블리첸코 출생

1917 – 러시아 2월 혁명·황제 퇴위, 레닌, 크룹스카야, 아르망, 콜론타이가
       망명에서 러시아로 귀환, 러시아 10월 혁명·레닌과 볼셰비키 권력 장악

1918 – 브레스트–리토프스크 조약으로 러시아가 대규모 영토를 잃으며 제
       1차 세계대전에서 이탈, 동맹국의 패배로 제1차 세계대전 종전

1919 – 독일에서 로자 룩셈부르크와 카를 리프크네히트 암살

1920 – 이네사 아르망 사망

1923 – 러시아 내전 종결

1924 – 블라디미르 레닌 사망

1930 – 엘레나 라가디노바 출생

1933 – 히틀러, 독일 총리로 임명

1939 – 제2차 세계대전 발발, 나데즈다 크룹스카야 사망, 몰로토프–리벤
       트로프 조약 체결(소련과 독일 간 불가침 조약)

1941 – 불가리아, 삼국 동맹에 가입하며 추축국에 합류, 독일, 소련 침공·소련, 추축국에 선전포고, 류드밀라 파블리첸코, 적군 저격수로 참전, 엘레나 라가디노바, 불가리아 파르티잔 지원 시작

1942 – 류드밀라 파블리첸코, 미국, 캐나다, 영국 순회하며 엘리너 루스벨트와 친분

1944 – 엘레나 라가디노바, 불가리아 최연소 여성 파르티잔이 됨, 9월 9일 불가리아 쿠데타·봉기, 불가리아, 제2차 세계대전 중 추축국에서 연합국으로 전환, 노르망디 상륙작전(D-Day)

1945 – 제2차 세계대전 종전

1952 – 알렉산드라 콜론타이 사망

1956 – 니키타 흐루쇼프, 스탈린의 범죄를 비판하는 비밀 연설 발표

1968 – 엘레나 라가디노바, 불가리아 여성운동위원회 의장에 취임

1974 – 류드밀라 파블리첸코 사망

1975 – 엘레나 라가디노바, 멕시코시티에서 열린 UN 국제여성의 해 첫 세계 여성회의에 불가리아 대표로 참석

1985 – 엘레나 라가디노바, 케냐 나이로비에서 열린 UN 세계 여성회의에 불가리아 대표로 참석

1989 – 베를린 장벽 붕괴, 불가리아에서 국가 사회주의 종식

1990 – 엘레나 라가디노바, 퇴직 강요

1991 – 소련 붕괴 및 냉전 종식

2017 – 러시아 혁명 100주년, 엘레나 라가디노바 사망

일러두기

저자의 인용은 원서와 같이 " "로 표기했다.

단행본은 겹낫표(『 』), 단편 · 논문 · 문서 · 소설 · 시는 홑낫표(「 」), 신문 · 영화 등은 홑꺾쇠표(〈 〉), 잡지나 정기 간행물은 겹꺾쇠표(《 》)로 표기했다.

부르주아 페미니즘,
그 불편함에 대하여

"성(sex)과 사회주의." 2003년에 내가 처음 개설한 대학 강좌의 이름이다. 14~15주 동안 나는 다양한 학문적 배경을 가진 학생들과 함께 자본주의, 사회주의, 그리고 여성 해방의 관계를 주제로 한 학기 동안 토론을 이어갔다. 처음 이 강좌를 미국 메인주의 작은 대학에서 개설했을 때, 사회주의라는 정치 이념은 거의 역사의 뒤안길로 사라진 뒤였다. 1989년 베를린 장벽 붕괴 이후, 서구의 승리주의, 클린턴 시대 경제 정책, 그리고 1990년대 닷컴(dot-com) 붐은 자유민주주의와 자본주의가 "역사의 목적"을 대변한다는 환상을 부추겼다.[1] 심지어 서유럽의 사회민주주의 국가들조차 사회 안전망을 축소하고, 공공 지출과 노동자 권리를 보호하는 법을 줄이기 시작했다. 영국에서는 1994년 토니 블레어 총리가 노동당 강령에서 "산업의 공동 소유"를 요구하는 4조를 삭제하며 당의 준마르크스주의적 뿌리를 저버렸다. 내가 개설한 이 "성과 사회주의"라는 호기심을 자극하는 제목의 강좌 역시 당시 유토피아적 프로젝트로 여겨졌던, 시대에 뒤떨어진 하나의 시도를 그저 되돌아보는 정도에 불과했다.

2017년 내가 펜실베이니아 대학교로 자리를 옮겼을 때, 정치적 상황은 변화하고 있었다. 글로벌 금융 위기, 월스트리트 점령 시위, 그리고 2016년 민주당 경선에서 버니 샌더스가 기대 이상으로 성공을 거두면서 자본주의의 대안을 향한 관심이 새롭게 피어올랐다. 내가 펜실베이니아 대학교에서 처음 개설한 강의는 "섹스와 사회주의"로, 젠더, 성, 여성학(GSWS)과 공동으로 개설되었다. 이전과 마찬가지로 학생들과 나는 18세기, 19세기, 그리고 20세기 비판적 관점을 가진 사상가들의 주요 텍스트를 읽으며 어려운 질문들을 탐구했다. 예컨대, 노예제와 농노제가 폐지된 이후 인간 노동의 시장은 과연 자유로운가? 보수는 개인의 생산성을 공정하게 보상하고 있는가? 사회 내 특정 집단에 대한 인종적, 성적 고정관념과 불완전한 정보가 노동 시장의 불평등을 어떻게 지속시키는가? 그리고 다양한 형태의 사회주의 옹호자들은 이러한 불평등을 완화하거나 폐지하기 위해 역사적으로 어떤 노력을 기울였는가? 이러한 질문에 답하기 위해 나는 종종 자본주의의 부정적 측면에 도전하고 비판적이었던 여성들과 남성들의 삶을 수업에 활용한다.

이 책에서는 이들 중 다섯 명을 만나볼 수 있다. 류드밀라 파블리첸코: 제2차 세계대전에서 309명의 적을 사살하며 세계에서 가장 성공적인 여성 저격수로 기록된 인물. 알렉산드라 콜론타이: 소련 최초의 사회복지 인민위원으로, 오늘 우리에게 "섹스 포지티브(sex positivity)"라는 표현이 알려지기 전부터 성에 대해 긍정적이고 개방적인 관점을 지지했던 선구자. 나데즈다 크룹스카야: 문해력 교육을 중시하고 도서관 운영을 급진적으로 확장하며 혁명을 실현한 인물. 이네사 아르망: 소련 최초로 여성 문제를 다루는 기관의 수장을 맡았던 인물. 그리고 마지막으로 엘레나 라가디노바: 제2차 세계대전 당시 추축국에 동조한 정부에 맞서 싸운 최연소 여성 파르티잔이자, 22년간 불가리아 여성운동위원회의 위원장을 역임한 인물. 이들은 모두전 세계 수억 명의 여성들에게 새로운 기회를 열어주며 중요한 역할을 했음에도, 그들의 공로는 서구인들에게 익숙하지 않은 형태의 여성운동을 지지했다는 이유로 종종 잊히곤 했다. 2017년 가을, 내가 결코 잊지 못할 한 대화가 있다. 어느 날 수업이 끝난 뒤 4학년 학생과 잠시 이야기를 나누었을 때다. 우리는 그날의 강의를 두고 대화 중이었는데, 그때 학생이 고개를 저으며 말했다. "이번 봄에 졸업을 앞두고 있는데, 나데즈다 크룹스카야나 알렉산드라 콜론타이의 이름도 들어보지 못한 채 젠더, 성, 여성학(GSWS) 전공을 마칠 뻔했다니 믿기지 않아요."

나는 한숨을 내쉬었다. 오늘날까지 세계 여성운동의 역사 서술을 주도하고 있는 것은 서구 페미니스트들이다. 가장 잘 알려진 예로, 초기 여성 권리 옹호자들인 영국의 메리 울스턴크래프트와 존 스튜어트 밀, 프랑스의 올랭프 드 구즈는 개인의 권리에 초점을 맞췄다. 이들은 여성과 남성이 이성을 활용할 수 있는 내재적 능력을 공유한다고 주장하며, 성별 간 차이는 여성의 '자연적인' 열등함이 아니라 사회화 과정의 차이에서 비롯된다고 보았다. 이들의 주장은 교육에 대한 접근과 결혼이 아닌 외적 자립 능력이 여성들을 무지와 예속으로부터 해방시킬 수 있다는 믿음으로 이어졌다. 19세기 말과 20세기 초, 미국의 수전 B. 앤서니와 엘리자베스 캐디 스탠턴, 영국의 에멀린 팽크허스트와 같은 활동가들은 이러한 사상을 기반으로 여성의 참정권을 요구했다. 여성 참정권 운동가들의 이미지는 대중의 상상 속에서 흔히 '페미니즘의 첫 번째 물결'로 불리는 시기의 대표자로 떠오른다. 예를 들어, 1979년 미국 조폐국은 최초로 미국 여성의 이미지를 새긴 동전으로 수전 B. 앤서니를 선택했다. 1999년에는 타임지가 20세기 여성의 참정권 획득에 이바지한 공로를 인정해 에멀린 팽크허스트를 '20세기 가장 중요한 인물 100인' 중 한 명으로 선정했다.

소위 '페미니즘의 두 번째 물결'에서 서구 페미니즘의 상징적 인물들로는 시몬 드 보부아르(『제2의 성』의 저자), 베티 프리던(『여성성의 신화』의 저자), 그리고 글로리아 스타이넘(《미즈Ms.》 잡지사 창립자)이 포함된다. 이들 역시 '첫 번째 물결'의 선구자들처럼 주로 개별 여성들의 권리와 특권 쟁취 및 향상을 목표로 삼았다. 특히 베티 프리던은 1963년에 발표한 책에서 "자아실현"이라는 개념에 주목했는데, 이는 미국 심리학자 에이브러햄 매슬로우의 욕구 위계 이론에서 차용한 것이다.[2] 매슬로우는 인간의 필수적인 욕구가 피라미드 형태를 이룬다고 주장하며, 음식과 주거 같은 생리적 욕구가 가장 아래에 위치한다고 보았다. 이러한 기본 욕구가 충족되면, 사람들은 안전, 사랑과 소속감, 존중을 추구하며 위로 올라가고, 그 정점에는 "자아실현(개인의 내재적 잠재력을 실현하는 개인주의적 완성)"이 자리한다고 설명했다. 하지만 학자들은 매슬로우의 위계 구조가 지나치게 개인주의를 강조해 공동체 중심 사회와는 동떨어졌다는 점을 비판했다.[3] 그럼에도 베티 프리던과 다른 '두 번째 물결' 페미니스트들은 "자아실현" 추구를 페미니즘 운동의 주된 목표로 삼아야 한다고 믿었다.[4] 최근 들어서는 페이스북 COO 셰릴 샌드버그와 같은 인물들이 여성의 기업 내 지위 향상을 옹호하며, 개별 여성과 소녀들에게 스스로 "앞으로 나아가(lean in)" 남성과의 완전한 평등을 가로막는 장벽을 깨라고 독려하고 있다.

하지만 페미니즘이라고 부르는 사상이 막 움트던 초기 시절에도 이미 보통 사람들과 완전히 다른 생각을 하던 부류의 여성들이 있었다. 이들은 여성도 남성과 마찬가지로 타고난 이성을 지니고 있으며, 따라서 정치적 권리를 누릴 자격이 있다는 점에 동의하면서도, 집단적인 행동을 통해 모두를 위한 더 공정한 세상을 만들고자 남성 동료들과 함께 싸웠다. 예를 들어, 러시아 여성들은 서구 대부분의 여성들보다 앞선 1917년에 참정권을 얻었고, 동유럽에서는 모든 대학에 대한 성별 구분 없는 입학 허가가 미국보다 수십 년이나 앞서 이루어졌다. 더 나아가, 여성들은 1920년 대부터 노동력에 참여하고 전통적으로 남성의 직업으로 간주되던 분야에 진출하기 시작했으며, 1930~1940년대에 는 물리학과 같은 자연과학 분야에서 박사 학위를 취득하 는 여성들이 나타났다. 1957년, 미국 노동력 계획 위원회는 "소련에서는 매년 약 13,000명의 여성이 엔지니어로 졸업 하는 반면, 미국에서는 100명도 채 되지 않는다."[5]라고 하 는 조사 결과를 우려 섞인 시선으로 보고했다. 비록 서구에 서 생각하는 전통적 의미의 페미니즘 운동을 펼친 것은 아 니지만, 사회주의 국가 여성들은 급진적인 사회 안전망 확 장과 일하는 어머니를 지원하기 위한 특별 프로그램을 통 해 여성의 경제적 독립을 촉진하려는 국가의 명시적인 노 력 덕분에 짐작보다 빠른 발전을 이루었다.[6]

이러한 성과에도 불구하고, 대부분의 서구 역사가들 과 젠더 연구자들은 20세기 여성운동을 형성하는 데 사회 주의자들이 끼친 깊은 영향을 무시하거나 과소평가해 왔 다. 그중에서도 가장 두드러지는 인물인 알렉산드라 콜론 타이는 세계 최초의 여성 대사 중 한 명으로 활동했으며, 이론가이자 교사, 연설가, 정치인, 외교관으로서 두 차례나 노벨 평화상 후보에 오른 인물이지만, 서구 교과서에서는 거의 언급되지 않는다. 그녀의 작업은 2005년에 출간된 『페미니스트 이론: 철학적 선집Feminist Theory: A Philosophical Anthology』, 2016년판 『옥스퍼드 페미니스트 이론 핸드북Oxford Handbook of Feminist Theory』, 그리고 2016년(4판)과 2021년(5판)에 출간된 라우틀리지 『페미니스트 이론 읽기Feminist Theory Reader』에서도 전혀 다뤄지지 않았다. 콜론타이의 끊임없는 반(反)자본주의적 태도는 자유주의적 관점에서 그녀를 "페미니스트 이론가"로 인정받지 못하게 만드는 듯하다. 그러나 그녀의 사상을 비롯하여 소련 초기의 정치인으로서 자기 생각을 실행에 옮길 수 있었던 큰 영향력은 20세기 다른 어떤 여성(에멀린 팽크허스트조차 포함하여)의 업적이나 행동보다도 여성의 완전한 해방을 실현하는 데더 크게 기여했다고 보아도 과언이 아니다.

콜론타이를 포함해 이 책에서 다루는 여성들은 자유주의 페미니즘과 사회주의 페미니즘의 대립 속에서 사회주의 편에 섰다(이 대립은 '차이' 페미니즘 대 '평등' 페미니즘, 혹은 '관계적' 페미니즘 대 '개인주의적' 페미니즘으로도 불린다).[7] 이들 초기 사상가 중 다수는 매우 이상주의적이었으며, 노동 시장 구조의 자연스러움과 불가피성에 대한 기존의 통념에 의문을 제기하는 동시에, 산업 자본주의의 현대적 폐해로부터 노동자를 보호하려 노력했다. 그들은 종종 자유주의 페미니스트들의 초기 목표에는 동의했지만, 그러한 목표가 그들의 사회에서 다수의 여성을 돕기에는 충분하지 않다고 느꼈다. 예를 들어, 19세기 영국에서 참정권은 일정 금액 이상의 재산 소유를 기준으로 했기에 모든 여성이 권리를 누릴 수 없었다. 참정권 운동가들은 성별 배제를 제거하는 데 초점을 맞췄지만, 또 다른 여성 집단은 재산 소유 요건의 철폐를 요구하며 이를 순전히 중산층의 요구라고 비판했다.[8]

젠더 평등을 위한 투쟁에서 자유주의적 목표와 사회주의적 목표 간의 갈등은 21세기에도 계속되고 있다. 예를 들어, 2019년 해즈브로는 여성의 권한 강화를 기념하며 Ms. Monopoly라는 마스코트를 선보였다. 그녀는 "Mr. Monopoly의 조카이자 자수성가한 투자 전문가"라는 설정으로, 검은색 하이힐, 세련된 회색 블레이저, 그리고 "보스"라는 라벨이 붙은 일회용 커피컵을 들고 있다. Ms. Monopoly는 페이스북 COO 셰릴 샌드버그의 "앞으로 나아가기(lean in)" 정치의 논리적 귀결을 보여준다. 즉, 여성도 남성 경쟁자들처럼 무자비한 독점자가 되어야 게임에서 승리한다는 것이다.

Ms. Monopoly 버전의 모노폴리 보드 게임에 나오는 모든 부동산은 여성들이 개발하거나 디자인한 발명품과 제품으로 대체되었다. 브로드웨이와 파크 플레이스를 소유하는 대신, 플레이어는 초콜릿 칩 쿠키나 줄기세포 분리 기술을 구매할 수 있다. 무엇보다도, 여성으로 정체화한 플레이어는 출발점을 지나갈 때 240달러를 받는 반면, 남성으로 정체화한 플레이어는 200달러만 받는다. 이를 두고 해즈브로는 Ms. Monopoly가 "여성이 남성보다 더 많은 돈을 버는 최초의 게임"이라고 자랑했다.[9] 하지만 이러한 #걸보스 페미니즘은 대다수 여성이 자수성가한 투자 전문가가 되거나 경제 엘리트에 진입할 가능성이 거의 없다는 현실을 간과한다. 현실의 대다수 여성에게는 기회, 인맥, 자원이 부족하기 때문이다. 게다가, Ms. Monopoly가 Mr. Monopoly의 조카라는 설정을 생각하면, 과연 그녀를 정말로 "자수성가(self-made)"한 인물이라고 믿어야 할까?

'린 인(Lean In)' 페미니즘과 #걸보스 온라인 운동은 성차별을 지속시키는 구조적 불평등을 해결하지 못한다. 셰릴 샌드버그의 Lean In에서 유래한 이 접근법은 여성 개개인이 더 적극적으로 나서고 리더십을 발휘함으로써 성공에 이를 수 있다고 강조하지만, 이는 성차별의 근본적인 사회적·경제적 구조를 간과한다는 비판을 받고 있다. 사실, 자유주의 페미니즘은 '더 윙(The Wing)'과 같은 사적 모임을 만들어 독점적인 여성 네트워크를 상품화함으로써 이러한 불평등을 오히려 심화시키는 경우가 많다. 이는 '여성 역량 강화'라는 이름하에 이루어진다.[10]

유사한 사례가 또 있다. '엘레베스트(Ellevest)' 같은 여성 중심의 투자 펀드는 "여성이 만든, 여성을 위한" 금융 서비스를 표방하며 위험 회피적 성향의 여성들에게 주식 시장 참여를 권장한다. 이를 통해 남성과의 '투자 격차'를 좁히겠다는 것이다. 또한, '엘레베스트 프라이빗 웰스(Ellevest Private Wealth)'는 고액 자산가와 초고액 자산가를 위한 '프라이빗 웰스 매니지먼트'의 페미니즘 버전을 제공한다.[11] 물론, '올드 보이 클럽'이 여성 차별을 강화하는 구조적 장벽으로 작용하는 것은 사실이다. 이 네트워크는 주로 남성들 간의 비공식적 연결망을 통해 권력을 유지하고, 여성과 소수자를 배제함으로써 불평등을 심화시켜 왔다. 그러나 '더 윙'과 '엘레베스트' 같은 자유주의 페미니즘 프로젝트는 이러한 문제를 해결하기보다는 유사한 방식으로

극소수 엘리트 여성들만 혜택을 누릴 수 있는 배타적인 구조를 만들어낸다. 2018년 기준으로 약 2,100만 명의 미국 여성들이 빈곤 속에서 살아가고 있는 현실에서, '엘레베스트'가 제시하는 여성 역량 강화는 저축조차 불가능한 많은 노동자 계층 여성들의 필요를 외면하고 있다.[12]

여성 노동자들이 직면한 문제는 광범위하지만, 성 불평등으로 인한 부담은 특히 저소득층, 이민자 커뮤니티, 유색인종 커뮤니티에 불균형적으로 가중된다. 나의 할머니는 1947년 푸에르토리코에서 미국으로 이주해, 2년 뒤인 1949년에 어머니를 출산했다. 남편에게 버림받은 할머니는 뉴욕시 의류 공장에서 재봉사로 일하며 생계를 꾸려 나갔다. 하지만 어떠한 형태의 사회적 지원이나 신뢰할 수 있는 육아 지원을 받지 못했기에 (나의) 어머니를 푸에르토리코 사바나 그란데에 있는 (어머니의) 할머니와 함께 살도록 보낼 수밖에 없었다. 그 후 상황이 변해 다섯 살이 된 어머니가 다시 뉴욕으로 돌아오게 되었을 때, 가톨릭 신자인 할머니는 어머니를 뉴저지 뉴어크에 있는 세인트 루시 학교로 보냈다. 그곳은 침례교 수녀들이 운영하는 고아원이었다.

어머니는 13살이 될 때까지 8년간 그곳에서 살았다.

"할머니는 돈이 있어야 나를 보러 올 수 있었기 때문에 한 달에 한두 번 정도 오시곤 했어."라고 올해 72세가 된 어머니가 최근 문자 메시지를 통해 털어놓았다. "하지만 할머니가 몸이 좋지 않거나 탈 것이 없으면 몇 달 동안 오지 않으신 적도 있었지." 나의 할머니와 어머니는 2021년 9월 할머니가 돌아가실 때까지도 어머니의 어린 시절을 두고 다투곤 했다. 어머니는 자신이 버려졌다고 여겨 이를 원망하며, 세인트 루시에서의 삶에 관해 묻자 눈물을 흘리며 무너졌다. 반면, 할머니는 어머니를 수녀원에 맡길 수밖에 없었다고 주장했다. 워싱턴 하이츠에서 함께 사는 것보다 더 나은 삶과 교육을 제공하기 위해 최선을 다했다는 것이다. 어머니는 할머니의 선택을 비난했지만, 할머니는 일과 육아를 병행할 수 없게 한 당시 사회 시스템을 탓했다.

여성의 성별에 기반한 이익과 경제적 이익 간의 긴장은 20세기 내내 충돌하였던 다양한 운동 방식을 정의한다. 알렉산드라 콜론타이와 다른 사회주의자들은 스스로를 페미니스트라 부르는 이들을 '세상의 행운아인 미스 모노폴리(Ms. Monopoly)'에 비유하며, 독일 여성 운동가 클라라 체트킨이 "상위 만 명(the upper ten thousand)"이라고 부른 집단으로 여겼다.[13] 영국과 마찬가지로 자유주의 페미니스트들은 종종 자신들의 권리와 특권을 확대하기 위해 투쟁하며, 부유한 여성들이 단기적으로 얻는 점진적 성과가 결국 모든 여성에게 확산될 것이라고 주장했다. 그러나 사회주의 여성들에게 이러한 자유주의 페미니즘 전략은 장기적으로 진보적 운동의 성공을 위협하는 것으로 보였다. 이는 노동 계급을 분열시키고, 그들이 불가피하다고 여겼던 자본주의를 넘어선 진보의 진행을 지연시킬 가능성을 내포하고 있었기 때문이다. 많은 페미니즘 운동이 여성들을 따로 조직해 남성들에게만 허용되었던 정치적·경제적 권리와 특권에 접근하려고 했던 반면, 사회주의 운동가들은 처음부터 이러한 특권의 불평등한 분배를 만들어내고 정당화했던 근본적인 시스템 그 자체에 도전했다.

사회주의 여성 운동가들은 자본가들이 여성을 억압하는 데서 이익을 얻고 있으며, 따라서 이들의 수익을 잠식하는 요구에 강하게 저항할 것임을 이해하고 있었다. 여성이 가정을 돌보며 가족 구성원인 노동자와 미래 노동자들에게 음식을 먹이고, 옷을 입히고, 돌보고, 양육하는 일은 노동자를 고용한 자본가들에게 없어서는 안 될 서비스를 제공하는 셈이었다. 이로써 기업주들이 건강한 노동자를 고용하여 유지하는 데 드는 비용을 사적 영역으로 전가할 수 있게 해준 것이다. 이러한 노동의 가치를 인정하려는 시도—예를 들어, 기업에 대한 높은 세금을 부과하거나 생산 기업에 대한 노동자의 소유와 통제를 촉진하는 방식—는 사업주들에게 위협이 되었다. 그러나 같은 사업주들은 부유한 여성들에게 제한적인 형식적 평등을 제공함으로써, 노동자 계층 여성들을 억압하는 근본적인 구조(예: 투표권에 대한 재산 요건 등)를 변화시키지 않고도 체제에 대한 도전을 피할 수 있었다. 사회주의 여성 운동가들은 자유주의 페미니즘이 독립적인 여성 조직을 만들어 형식적 평등을 촉진하려는 접근 방식이 넓은 숲을 보지 못한 채 몇 그루의 빈약한 나무에만 집착하는 꼴이라며 강하게 비판했다. 특히 19세기 말에서 20세기 초의 제정 러시아 상황에서, 콜론타이를 비롯한 그녀의 동시대인들은 차르 체제를 전복하는 데 필요한 수적 강화를 위해 남성과 여성이 협력해야 한다고 믿었다. 사회주의 여성 운동가들과 자유주의 페미니스트 간의 이러한 논쟁은 오늘날까지도 계속되고 있다.

자유주의 페미니스트들이 주로 법적 평등에 초점을 맞춘 반면, 좌파 여성 운동가들은 단기적으로는 사회 안전망을 확대하고, 장기적으로는 더 공정한 경제 체제를 추구하며 형평성을 지향했다. 사회주의자들은 참정권, 교육 기회, 노동 시장 참여 외에도, 직업 보호가 보장된 유급 출산 휴가의 확대와 일하는 부모를 지원하기 위한 무료 또는 보조금 지원 보육 서비스를 요구했다. 자유주의 페미니스트들은 이러한 목표가 여성에게 출산과 양육의 책임을 지우는 기대를 강화할 수 있다는 점에서 달가워하지 않았으며, 일부는 남성들도 가사와 돌봄 노동에 더 적극적으로 참여하라는 '린 인' 운동을 독려했다.[14] 사회주의 여성 운동가들은 이러한 목적에 공감했지만, 어머니가 주된 양육자로 여겨지는 전통적인 개념이 쉽게 사라지지 않을 것임을 인식했다. 따라서 그들은 핵가족 내에서의 무급 돌봄 노동의 더 공정한 분배나 부유한 여성이 다른 (대개 더 가난한) 여성을 고용해 사적 영역에서 가사 노동을 수행하게 하는 방식에 집중하기보다는, 공적 자금 배분을 통해 더 넓은 돌봄 제공자 네트워크에 걸쳐 돌봄 노동을 분산시키는 데 중점을 두었다.

어머니들을 위해 제안된 특별 프로그램조차 사회의 특정 구성원이 돌봄 노동에 더 "자연스럽게" 적합하다는 사회적 기대를 강화해줄 뿐이다. 나아가 실질적 평등을 보장하는 법률이 제정되었다고 해서 이러한 기대가 기적적으로 사라지는 것도 아니다. 일부 국가에서는 모든 성별의 부모가 사용할 수 있는 법정 육아 휴직 제도를 의무화하고 있지만, 신세대 어머니들 역시 신세대 아버지들보다 더 긴 휴가를 사용하는 경향이 있다.[15] 또한, 법적 규정만으로는 돌봄 책임이 있는 노동자와 없는 노동자 간의 불평등을 악화시키는 시장 메커니즘을 바꿀 수 없다. 고용주는 노동시장을 떠날 가능성이 상대적으로 높은 노동자 그룹에 대한 통계상의 평균을 바탕으로 잠재적 직원들을 "신뢰할 수 있는" 그룹과 "신뢰가 덜 가는" 그룹으로 분류[16]하고, 후자에 속한 노동자들에게 더 낮은 임금을 지급하고 있다. 부모(父母)로 이루어진 가정에서 어린아이나 노인을 돌봐야 할 사람이 필요한 경우, 부부는 합리적인 선택을 한다는 취지에서 둘 중 임금이 더 낮은 배우자를 집에 머무르게 한다. 그러나 특정 노동자 그룹(주로 어머니)이 항상 노동시장을 떠나 집에 머무르게 되는 상황이 반복된다면, 이러한 선택은 어머니들이 "신뢰가 덜 가는" 노동자라는 고정관념을 강화하고, 결과적으로 그들이 낮은 임금을 받아야 한다는 인식을 지속시킨다. 이 악순환은 끝없이 반복된다. 현재의 시스템을 바꾸지 않는 한 말이다.

자유주의 페미니즘과 사회주의 페미니즘 간의 논쟁은

역사적으로 임신, 출산, 육아 문제를 중심으로 이루어졌으며, 일부 사회주의 페미니스트들은 오늘날 불쾌하게 여겨질 수 있는 출산주의적 입장을 받아들였던 것도 사실이다 (즉, 모든 여성이 어머니가 되어야 한다고 믿는 것). 그러나 이러한 전통적인 부모관에 동의하지 않더라도, 그들이 제안했던 공적 서비스 제공에 대한 가치는 인정할 수 있다. 자본주의 경제에서 부모에 대한 시장 차별을 피하는 한 가지 명백한 방법은 아이를 낳지 않는 것이다. 이는 일부 사람들이 정치적 또는 환경적 이유로 선택할 만한 설득력 있는 옵션이다. 또 다른 일부 사람들은 사회적 지원 없이도 혈연관계를 초월해 다세대 간에 이루어지는 더 넓은 차원에서의 돌봄이나 동료애로 연결된 네트워크 속에서 자신들의 사생활을 조직하고 싶어 할지도 모른다. 그러나 많은 성인이 여전히 더 전통적인 방식으로 부모가 되어 가족을 꾸리기를 원한다는 현재의 현실을 무시해서는 안 된다. 이를 핵가족에 대한 잘못된 의식이나 고집스러운 집착이라고 비난하기보다는 점점 불안정해지는 긱(gig) 경제와 부족한 사회 안전망 속에서(특히 미국에서는 학자금 대출과 소비자 부채로 인해) 가족을 꾸리는 것이 얼마나 어려운 일인지에 공감해야 한다.

그러나 이러한 어려움을 해결하려는 노력은 잠재적인 부모 계층 간에 상충하는 정치적 요구로 인해 복잡해진다. 특권을 더 많이 가진 부모들은 부모로서의 특별한 대우를 거부할 수 있는데, 이는 자신들이 몸담은 직업 내에서 성장 가능성을 제한당할지 모른다는 우려 때문이다. 특정한 부모 보호 조치와 달리 모든 노동자를 위한 법적 평등은 경제적 발전의 기회를 증가시켜 특권을 가진 부모들이 더 많은 자원을 확보하게 해준다. 예를 들어 이들은 시간이나 의지가 부족해서 자신이 직접 해낼 수 없는 가사 노동을 대신 수행해줄 특권을 '덜' 가진 노동자(대부분 여성, 특히 유색인종 여성)를 고용할 수 있다. 이처럼 경제적 자원이 많은 이들에게 유리하게 작용하는 시스템에서는 성별 간 법적 평등이라는 협소한 관심이 주로 기존 엘리트의 아내와 딸들에게 혜택을 주게 된다. 이들은 재정적 자원을 활용하여 이러한 기회를 가장 잘 누릴 수 있는 층이다. '미스 모노폴리(Ms. Monopoly)'는 돈을 더 많이 벌어서 더 좋은 보모를 고용하고 싶어 한다. 반면, 일하는 부모들을 위한 공적 서비스 지원을 목표로 한 법이나 정책은 사회적 자원의 재분배를 가능하게 하고, 단순히 운 좋게 상위 계층에 오른 소수만이 아니라 전체 인구의 생활 수준을 높이는 데 기여한다.

나는 종종 생각한다. 만약 할머니가 어머니를 의류 공장에 딸린 어린이집에 맡길 수 있었다면, 혹은 지역 초등학교에서 무료 방과 후 프로그램을 제공했다면, 어머니의 어린 시절은 얼마나 더 행복했을까, 하고 말이다.

사실 구체적인 부모 지원 서비스보다 절차적 평등을 요구하는 주장은 자본주의와 쉽게 공존할 수 있다. 절차적 평등은 많은 자원을 필요로 하지 않기 때문이다. 여성을 임원직으로 승진시키는 것은 고용주에게 비용 절감 효과를 줄 수 있다(여성은 일반적으로 남성보다 낮은 임금을 받기 때문)고 여겨지며, 기업 이사회에 더 많은 여성을 임명하는 것은 오히려 기업의 이익을 증가시킬 가능성이 있다.[17] 반면, 사회 서비스의 확대는 비용이 들며, 이는 세금을 인상하거나 더 급진적인 재분배 방식을 추진해 민간 이익을 줄이는 것을 의미한다. 경쟁적인 노동 시장에서 부모에 대한 차별을 근본적으로 해결하려면, 사람들이 부모가 되어 아이를 키우는 일을 이토록 어렵게 만들어버린 시스템 자체에 도전해야 한다. 이런 이유로 '레드 발키리들(Red Valkyries)'은 처음부터 이러한 불균형을 초래한 자본주의 경제 구조를 공격했던 것이고, 따라서 그들의 이야기는 역사책과 대학 강의에서 대체로 무시되어 왔다. 동유럽 여성 혁명가들의 삶과 활동을 배우는 것은 자유주의 페미니즘이 어떻게, 그리고 왜 "자본주의의 시녀"가 되었는지를 들여다보게 해주는 또 하나의 현미경이다.[18]

냉전의 독특한 지정학적 상황은 자유주의 페미니스트와 사회주의 페미니스트 간의 해묵은 긴장을 더욱더 악화시켰다. 이 같은 갈등은 많은 사회주의 국가에서 다양한 "여성 문제" 이슈를 불러일으켰고,[19] 나아가 자본주의와 사회주의 중 어느 체제가 여성 해방의 기회를 더 성공적으로 확대할 수 있는지를 두고 벌어진 강대국 간 경쟁의 주요 논점이 되었다. 이러한 지속적인 논쟁의 글로벌 맥락을 더 잘 이해하기 위해, 나는 지난 25년간 동유럽에서 냉전 전후를 포함한 여성 해방에 관한 민족지학적 및 역사적 연구에 몰두해 왔다. 나는 동유럽에서의 일상생활과 성별 문제, 그리고 사회주의적 여성 해방의 실천적 모습을 다룬 8권의 책과 다수의 기사 및 에세이를 저술했다. 2019년 1월부터는 알렉산드라 콜론타이의 삶과 업적에 관한 팟캐스트를 진행하며 사회주의 페미니즘, 여성 문제, 동유럽 역사에 대해 대중 매체에서 논의해 왔다.

이 책은 내가 이전에 작업한 연구를 바탕으로 하며, 러시아·소련 출신 여성 네 명과 불가리아(내가 수년간 주요 연구를 진행해 온 발칸 지역 국가) 출신 여성 한 명에 초점을 맞추고 있다. 동유럽에 초점을 맞추었지만, 이 지역 외의 여러 국가에서 활동했던 사회주의 및 공산주의 여성운동의 다양한 역사와 폭넓은 전개 양상을 인정하고자 한다. 더 많은 시간과 지면이 있었다면, 플로라 트리스탕(프랑스·페루), 돌로레스 이바루리(스페인), 클라우디아 존스(트리니다드토바고), 티라 에드워즈(미국), 마리암 피루즈(이란), 제시 스트리트(호주), 응우옌 티 빈(베트남), 빌마 에스핀(쿠바), 로사리오 모랄레스(푸에르토리코), 덩잉차오(중국), 아우아 케이타(말리), 푼밀라요 랜섬쿠티(나이지리아), 헤르타 쿠시넨(핀란드), 우미 사르조노(인도네시아), 카낙 무커르지(인도), 나지하 알둘라이미(이라크), 이이지마 아이코(일본) 등과 같이 중요한 인물들을 포함할 수도 있었을 것이다. 이 책의 간략한 전기들이 더 많은 연구와 글쓰기로 이어져, 특히 서구에서의 유색인 여성들과 글로벌 남반구에서 정의를 위해 투쟁하는 여성들의 삶을 조명하는 데 기여하기를 바란다.

우리는 자신이 가장 잘 알고 있는 주제를 글로 써야 한다. 러시아 및 동유럽 연구 교수로서 나는 지난 20년 동안 가르쳐 온 다섯 명의 여성들에게 초점을 맞추었다. 류드밀라 파블리첸코를 선택한 이유는 그녀의 놀라운 업적과 삶이 학생들에게 항상 큰 흥미를 불러일으켰기 때문이다. 그녀는 1942년 미국을 방문하며 대중적으로 유명해졌고, 당시 미국의 퍼스트 레이디 엘리너 루스벨트와 친밀한 우정을 쌓았다. 알렉산드라 콜론타이를 포함한 이유는 그녀의 삶과 업적에 대한 나의 깊은 관심 때문이며, 나데즈다 크룹스카야와 이네사 아르망은 볼셰비키 혁명 이전 망명 중 콜론타이의 동지였고, 1917년 이후 여성 문제에 관한 소련 정책을 수립하는 데 중요한 동료였기 때문이다. 마지막으로, 엘레나 라가디노바를 '레드 발키리'에 포함한 것은, 2010년부터 2017년까지 7년에 걸쳐 그녀와 인터뷰를 진행하며 그녀를 알게 된 것이 큰 영광이자 특권이었기 때문이다. 이 책의 다음 장들에서는 이 여성들의 삶을 간략히 소개하고, 오늘날 우리에게 도움이 될 수 있는 교훈, 전략, 그리고 전술을 탐구한다. 각 장에서는 그들의 경험이 현재의 문제들을 어떻게 비추는지에 대한 간략한 성찰을 제공하고, 이 책의 결론에서는 이들이 성공적인 혁명가가 될 수 있었던 아홉 가지 특징을 제시한다. 물론 이들의 이야기가 항상 행복한 결말로 끝난 것은 아니다. 어떤 이는 동료가 죽거나 자신의 업적이 무너지는 것을 보았고, 또 다른 이는 젊은 나이에 생을 마감했다. 그러나 그들의 다양한 투쟁을 불태웠던 열정은 여전히 깊은 영감을 준다.

나는 서구에서도 자본주의에 맞서 비슷한 투쟁을 벌여 온 좌파 여성 활동가들이 항상 존재해 왔음을 인정한다. 그러나 적어도 미국은 사회주의 여성 활동가들이 자본주의 현상을 유지하는 자유주의 페미니즘 이데올로기 아래로 흡수되는 상황에 처해 있다. 자유주의 페미니즘은 주로 고소득 계층 여성들의 전문적인 기회를 확대하는 데 초점을 맞추며, 여성들이 부와 권력에 더 쉽게 접근할 수 있다면 모든 것이 괜찮다는 세계관을 지지한다. 100년도 더 전에 사회주의 여성들은 서구의 "부르주아 페미니스트"들이 노동계급 여성들의 삶에는 거의 관심이 없다는 사실을 이해했다. 그들은 가사 노동 착취를 없애는 것을 더 넓은 정치적 프로젝트의 일부로 상상하며, 이러한 착취를 자본주의 시장 체제가 만들어내는 구조적 차별과 부정의의 일부로 간주했다.

차르 체제와 소련 러시아, 그리고 국가 사회주의 체제였던 불가리아의 역사적 맥락은 현대 북미, 서유럽 국가들, 그리고 글로벌 남반구 국가들의 정치적 환경과는 다르다. 이 책에서 다루는 여성들은 주로 성별과 계급 정체성 간의 긴장에 초점을 맞추었으며, 오늘날 사회 정의와 진보적 변화의 필요성을 논의할 때 중심이 되는 인종, 성적 지향, 장애, 성 정체성 등과 같은 차이의 범주에는 상대적으로 덜 주목했다. 이 여성들의 이론적·실천적 개입의 주요 대상은 차르 전제 정치, 유럽 파시즘, 그리고 자본주의가 초래한 가혹한 빈곤이었다. 그러나 그렇다고 해서 이들의 통찰과 경험이 우리와 무관하다는 뜻은 아니다. 비록 이들의 역사적·문화적 맥락이 현재 우리의 것과 다를지라도 그들의 승리와 실패는 직접적으로든 간접적으로든 우리가 오늘날 물려받은 세계를 형성하는 데 많은 영향을 끼쳤다.

1972년, 미국의 시민권 운동가 안젤라 데이비스가 불가리아에서 엘레나 라가디노바를 방문했을 때, 데이비스의 목표는 미국이 민주적 자유를 수호한다는 주장과 자국 내 시민권 기록이 부진하다는 현실 간의 모순을 부각하는 것이었다.[20] 동구권 국가들로부터 제기된 미국 내 인종차별에 대한 지속적인 비판은 미국에서 정치적 진전을 강요하는 데 중요한 역할을 했다. 안젤라 데이비스와 엘레나 라가디노바 같은 여성들은 교차적인(intersectional) 정치보다는 융합적인(confluential) 정치를 추구했다. 다양한 사회적 정체성이나 운동이 교차하는 고정된 지점을 강조하기보다

인종, 계급, 성별과 같은 범주를 서로 다른 지류에서 흘러 들어와 하나의 강으로 합쳐지는 독립적인 강줄기로 보았다. 이 강은 혼합되며 더 크고 강력하게 성장할 수 있었다. 사회주의 여성운동의 넓은 역사를 이해하는 것은 오늘날의 정치적 맥락에서 전략적 개입에 대한 새로운 아이디어를 고취할 수 있다.

서구 언론과 볼셰비키 동료들 모두 한때 알렉산드라 콜론타이를 북유럽 신화의 전설적인 여성 전사인 '발키리(Valkyrie)'에 비유하며 그렇게 불렀다. 나는 이 단어를 책 제목으로 채택했는데, 이 책에서 다룬 여성들 각각이 자신만의 방식으로 20세기를 정의한 대의를 위해 초인적인 전사처럼 싸웠기 때문이다. 그들의 개인적인 이야기는 그들이 공유했던 몇 가지 공통된 특징들을 드러내며, 이러한 특징들이 사회 변화를 창조하고, 발전시키며, 방어하는 여정에서 그들을 성공으로 이끌었다. 21세기의 수많은 도전에 맞서기 위해서는 사회 모든 수준에서 불평등을 만들어내고 악화시키는 힘들을 겨냥한 더 넓은 해방의 비전이 필요하다. "레드 발키리"는 우리가 그 길을 찾는 데 도움을 줄 수 있을 것이다.

첫 번째 발키리

전설의 저격수
류드밀라 파블리첸코
(1916~1974)

1942년, 코네티컷주 하트퍼드에 있는 콜트 총기 제조 회사의 노조원들이 어느 젊은 소련 병사에게 새 자동권총과 310이라는 숫자가 새겨진 총알을 선물했다. 당시 할리우드의 유명한 감독이었던 찰리 채플린은 이 병사 앞에 무릎을 꿇고 그녀의 양쪽 손가락에 입을 맞췄다. 포크 가수 우디 거스리(Woody Guthrie)는 그녀를 기리기 위해 발라드를 썼고, 배우자를 잃은 어떤 백만장자는 그 병사에게 청혼했다. 그 병사가 바로 류드밀라 파블리첸코이다.

류드밀라 파블리첸코(Lyudmila Pavlichenko, 1916~1974)는 최초로 백악관의 초청을 받은 소련 여성이었다. 그녀는 엘리너 루스벨트와 친구가 되었고, 미국 43개 주를 돌며 유럽 내에서 추축국에 대항하는 제2 전선을 구축해야 한다며 대중에게 강력하게 호소했다. 청중 다수는 그녀에게 열광적인 지지를 보냈다. "목숨이 붙어 있는 한 독일군들은 틀림없이 여성이든 어린이든 노인이든 가리지 않고 죽일 것입니다."[1] 그녀는 자신을 의심스러운 눈길로 바라보는 미국 기자들에게 이어서 말했다. "하지만 죽은 독일인이라면 아무 짓도 할 수 없겠죠. 그러니까, 내가 독일인 한 명을 죽일 때마다 한 명의 생명을 구하는 셈입니다." 소총의 조준경 너머로 보이는 사람들을 냉정하게 쏘아죽일 때의 기분이 어떠냐는 질문에 파블리첸코는 이렇게 답했다. "독사를 죽이는 인간에게 어떤 감정이 들겠습니까?"[2]

소련 군대가 257번째로 적을 사살한 파블리첸코를 치하하려고 표창을 수여하자 그녀는 상사에게 "더 많은 적을 사살하겠다."라고 선언했다. 파블리첸코는 그 약속을 지켰다. 그녀는 24세부터 26세까지 공식적으로 309명의 적을 사살했는데, 이는 역사상 모든 여성 저격수를 통틀어 최고 기록이었다.

파블리첸코(본명 벨로바)는 1916년 키예프(Kiev, 키이우의 러시아식 이름)의 외곽 마을에서 태어났다. 아버지는 공장 노동자였고 어머니는 교사였다. 아버지 미하일 이바노비치 벨로프는 제1차 세계대전에 참전했고, 러시아혁명 당시에는 볼셰비키에 합류했다. 내전이 한창이던 시기에는 볼셰비키를 지지하는 붉은 군대와 함께 새로운 노동자 국가(혁명 후 수립된 소련의 사회주의 국가_옮긴이)를 수호하는 데 전력했다. 류드밀라의 어머니인 엘레나 트로피모브나 벨로바는 외국어 교사로 딸에게 영어를 가르쳤다.

파블리첸코 가족은 1932년, 키예프에 정착했다. 류드밀라는 "겨우 열다섯 살"에 사랑에 빠졌고 아이도 가졌다.[3] 열여섯에 결혼한 그녀는 우크라이나식으로 파블리첸코라는 이름을 갖게 되었고, 평생 그 이름을 썼다. 어머니는 류드밀라의 아들 로스티슬라프를 손수 돌봐주었다. 그 덕에 류드밀라는 키예프에 있는 무기 제조 공장 '아스날'에서 일하면서 학업을 이어갈 수 있었다. 그러나 류드밀라는 곧 이혼한다. 계획에 없던 임신과 짧은 결혼 생활 경험은 이후 그녀가 이성과의 만남에서 적당한 경계심을 유지하는 데 많은 도움을 주었다. 이에 대해 류드밀라는 "제한적이었지만 가혹한 인생 경험 덕에 나는 이성을 대할 때 항상 경계심을 늦추지 않게 되었다."라고 자신의 회고록 『레이디 데스*Lady Death: The Memoirs of Stalin's Sniper*』에서 담담하게 털어놓

앗다.[4]

파블리첸코가 저격수의 길로 들어선 계기는 상상외로
소박하다. 어린 시절 어느 날, 그녀는 자신의 사격 솜씨를
뽐내는 소년을 보면서 '나도 총을 쏴보고 싶다.'고 생각했
다. 그러고는 사격장에서 총을 쏴보며 자신에게 천부적인
재능이 있음을 알게 되었다.

1930년대 소련은 의심과 공포를 도구로 삼아 자신의
정치 철학을 구현한 스탈린의 통치 아래 있었다. 그는 서
방 자본주의 국가의 침공이 임박했다고 여겨 '국방·항공
및 화학 건설 지원 협회'라는 단체를 통해 이에 대비하고
자 했다. "오소아비아킴(Osoaviakhim)"이라 불린 이 단체는
1927년에 설립되었는데, 민간인이 전쟁에 즉각적으로 대
응할 수 있도록 민방위 훈련을 시키고 소련군에 대한 지지
를 강화하는 데 목적이 있었다. 물론 궁극적인 목표는 국력
강화였을 것이다. 스탈린은 자국의 청년들이 이 조직을 통
해 전생 시 유용한 기술을 익히기를 바랐다.

1936년 스탈린은 혁명 정부 초기의 진보적인 정책 일
부를 뒤집었다. 이혼 절차를 간소화했던 법안과 1920년에
합법화되었던 낙태를 금지했다. 그러면서—매우 모순적으
로 들리지만— 여성들에게 당시 남성적인 직업으로 여겼

던 분야에 진출할 것을 권장했다. 역사학자 안나 크릴로바의 연구에 따르면 당시 여성들은 어머니와 아내로서의 '의무'를 다하는 한편 사회적 진출의 압박에도 시달려야 했다.[5] 따라서 이 시대의 여성들은 전투 비행기 조종사, 낙하산 부대원, 저격수 등으로 훈련을 받게 되었다. 남성(소년)들은 이 상황에 우려를 표했다. 과연 여성들이 고도의 집중력과 인내심과 숙련된 기술을 요하는 군인의 업무를 감당할 수 있을까 하고 의심하면서. 그러나 그들의 걱정은 기우임이 드러났다. 여성들의 능력은 탁월했다. 파블리첸코도 그중 하나다. 그녀는 이 같은 군사 클럽의 지원으로 사격 실력을 연마했다. 한 번은 12가지 다른 사격술로 상대편과 실력을 겨루는 토너먼트 대회에 참가하여 12개의 상을 모조리 휩쓸었다.

파블리첸코는 몇 년 동안 아스날 공장에서 일한 뒤 키예프 국립대학교(Taras Shevchenko National University of Kyiv)에서 학업을 계속하기로 마음먹는다. 회고록에서 그녀는 이때 인류학, 역사학, 외국어와 관련된 학문의 매력에 푹 빠졌다고 하면서 "기초 고고학과 민족지학, 소련 역사, 고대 역사, 라틴어, 그리고 두 가지 외국어 중 하나로 선택한 영어를 공부하면서 내가 특별히 관심을 둔 분야가 무엇인지 분명하게 인지할 수 있었다."[6]고 말했다. 그녀는 학업과 사격, 그 어느 것도 소홀히 하지 않았다. 파블리첸코는 열심히 공부하면서 아들을 키웠고 동시에 사격술을 갈고 닦았다. 오소아비아킴에 마련된 특별 저격수 훈련 과정도 무난히 이수했고, 뛰어난 사격술로 각종 대회를 석권했다.

나치 독일과 소련은 1939년에 불가침 조약을 맺었지만, 히틀러는 이를 무시하고 결국 침공을 감행했다. 1941년 6월 22일, 히틀러가 기습적으로 바르바로사 작전을 개시했을 때, 스물네 살의 류드밀라 파블리첸코는 오데사에서 학위 논문을 위해 연구 중이었다. 전쟁이 선포되었을 당시 그녀는 1905년에서 1918년 사이에 태어난 사람 모두가 징집 대상이라는 사실을 알게 되었다. 1916년 생인 파블리첸코는 국가를 위해 전선에 나서기로 결심했다. 입영하려고 사무소를 찾았던 날을 그녀는 이렇게 회상했다. "입영 사무소에서 치르는 면접에는 왠지 격식을 갖춰 입고 가야 할 것 같았어요. 그래서 옷장에 걸린 옷 중에서 가장 좋은 크레이프 드레스를 입고 아름다운 흰색 하이힐 샌들을 신었죠. 핸드백에는 여권과 학생증, 키예프의 오소아비아킴 저격학교 졸업장을 넣었고요."[7]

징병 업무를 맡은 장교는 여성에게는 전선에서 싸우

는 것보다 간호병이나 의무병 같은 비전투적인 업무가 더 안전하다며 류드밀라를 설득했지만, 그녀는 저격수로서 최전선에 나가겠다고 고집을 부렸다. 끈질기게 주장했는데도 장교가 이를 거부하자, 그녀는 자신의 훈장과 공식 저격수 훈련 수료증을 탁자 위에 던져버렸다. 당시 소련은 남녀를 불문하고 자격을 갖춘 사람이라면 누구나 세계 최초의 노동자 국가를 방어하는 데 자원할 수 있었다. "최고의 크레이프 드 신 드레스"를 입고 "하얀 하이힐 샌들"을 신은 이 젊은 여성이 절대 물러서지 않을 것임을 간파한 장교는 류드밀라를 독립 해병대에 정식으로 입대 처리했다.

류드밀라 파블리첸코는 제2차 세계대전 당시 소련 군대에서 복무한 약 80만 명의 여성 중 한 명이었다. 게릴라 전사로서 목숨을 걸고 싸운 여성까지 포함하면 약 100만 명에 달하는 여성이 전쟁에 참전했다. 비록 숫자는 정확하지 않지만, 역사학자들은 당시 소련군에서 여성이 차지했던 비율을 약 3퍼센트 정도로 추정한다. 그중 80명은 소련의 영웅으로 추대받았다. 이는 국가가 자국민에게 수여하는 최고의 영예였다.

사람들에게 가장 널리 알려진 소련의 최전방 여성 전투부대는 일명 '나흐트헥센'(Nachthexen, 밤의 마녀들)으로 불린 588 야간 폭격 연대일 것이다. 이 연대는 나중에 '제 46 타만 경비대 야간 폭격 항공 연대'로 이름을 바꿨다. 소련의 아멜리아 에어하트(Amelia Earhart, 1897~1939)로 알려진 마리나 라스코바는 1930년대에 훈련받은 자국의 여성들을 조종사로서 전투에 투입하는 세 개의 여성 전용 항공 연대를 결성하자고 스탈린을 설득했다. 인맥과 친분을 활용하여 끈질기게 설득한 끝에 마침내 스탈린의 승인이 떨어졌다. 예브도키야 베르샨스카야라는 스물여덟 살의 조종사가 588연대의 지휘관으로 선발되었다.

이 연대는 18세에서 26세 사이의 여성들로 구성되었다. 그들이 조종한 것은 합판과 캔버스로 만든 구형 포리카르포프 Po-2 복엽기(두 개의 날개가 겹쳐진 형태의 비행기_옮긴이)였다. 포리카르포프 Po-2는 주로 조종사 훈련용 항공기로 사용되다가 이후 다목적으로 활용(가벼운 폭격기, 연락기, 정찰기, 응급 환자 수송기, 농약 살포기)되었는데, 여성 조종사들은 이 비행기를 '재봉틀'이라고 불렀다. 이 낡은 농약 살포기는 한 번에 폭탄 몇 개만 겨우 실을 수 있었기에 조종사들은 하룻밤에 최대 18번이나 출격해야 했다. 구조가 허술하여 적의 공격에 쉽게 손상되었으며, 낮은 고도에서만 비행할 수 있어서 1944년까지 이 비행기에 탑승한 조종

사와 항법사들은 낙하산을 착용하지 못했다. 스텔스 기능
(스텔스 기술은 "레이더, 적외선 탐지기, 음향 탐지기 및 육안에 의
한 탐지를 포함한 모든 탐지 기능에 대항하는 은폐 기술"이다. 적
의 레이더망을 완전히 비껴갈 수 없지만 "내가 무엇인지 상대가 잘
구별할 수 없도록 만드는" 기술이다._옮긴이)만이 유일한 장점
이었다.

　복엽기 조종사들은 엔진을 끄고 저공으로 비행하여
글라이더처럼 독일군 위로 미끄러지듯 날며 폭탄을 투하
했다. 지상에 있던 군인들에게는 부드러운 윙윙 소리만 들
릴 뿐이어서 끔찍한 폭발을 예상하기 어려웠다. 나치는 이
소리가 마녀들이 빗자루를 타고 날아다닐 때 내는 소음과
비슷하다고 생각하여 '나흐트헥센'이라는 이름을 붙였다.
이 폭격 작전은 독일군에게 엄청난 공포심을 유발했다. 나
치는 폴리카르포프 Po-2 복엽기를 격추한 군인에게 철십
자 훈장을 수여했다. 1941년부터 1945년까지 '밤의 마녀
들'은 총 23,000회 이상 출격하여 3,000톤이 넘는 폭탄을
독일군에 투하했다. 588연대와 46연대에서만 23명의 여성
조종사가 '소련의 영웅'이라는 칭호를 받았다.[8]

　소련은 또한 1942년 제1077 공포 연대를 창설하여 스
탈린그라드 방어 작전에 투입했다. 이 연대의 대부분은 훈

련도 제대로 받지 못하고 장비도 제대로 갖추지 못한 10대 소녀들이었다. 이들은 독일군 판처 탱크에 맞서 대공포를 사용하여 싸우다가 대부분 목숨을 잃었다. 입영 자원자로 구성된 제1 소총 여단 역시 사격 훈련을 받은 소련 여성들이 주축이었다. 파블리첸코 이외에 유명한 소련 여성 저격수로는 로자 샤니나와 니나 페트로바가 있다. 로자 샤니나는 1945년 사망하기 전까지 전쟁 일지를 매우 상세히 기록한 것으로 유명하고, 니나 페트로바는 할머니 저격수로 유명하다. 니나는 징집 연령을 한참 넘긴 나이임에도 전투에 자원하여 122명을 사살했다. 그리고 전쟁 마지막 해에는 사망 직전까지 512명의 저격수를 추가로 훈련시켰다. 소련의 여성 저격수들은 총 11,000명이 넘는 추축국 병사들을 무덤으로 보냈다. 수많은 소련 여성과 소녀들이 파르티잔 저항군과 함께 싸웠는데, 그중 가장 잘 알려진 인물은 독일군에게 체포된 조야 코스모데미얀스카야라는 젊은 여성이다. 그녀는 잔인한 고문을 당했지만, 끝내 전우들의 이름을 밝히지 않은 채 죽음을 맞았다. 파블리첸코 역시 러시아가 '위대한 애국 전쟁'이라고 칭한 전쟁에 참전했던 수많은 소련 여성 중 하나였다. 그러나 그녀는 서방 세계를 여행한 덕분에 가장 대중적인 인물로 남았다. 소련의 선전가들은 그녀를 용기와 인내의 롤모델로 추앙했다. 자국의 청년들이 영감을 받아 그녀의 발자취를 따르도록 말이다.

　파블리첸코는 정식 해병대 소속 군인으로서 제54 스테판 라진 소총연대 제2대대 제2중대에 입대했다(독립 해병대 제25사단으로 "V.I. 차파예프"라고도 불린다). 파블리첸코는 여성스러운 복장을 벗어 던지고 헐렁한 남성 군복을 입었다. 장비가 얼마나 부족했는지 그녀의 상관은 이 뛰어난 저격수에게 수류탄 하나만 달랑 손에 쥐어준 채 전쟁터로 내보냈다. 1941년 7월 하순이 되어서야 그녀는 비로소 제대로 된 무기를 받았다. 파블리첸코가 처음으로 손에 넣은 소총은 모신 소총(1891/1939 모델)이었다. 몸을 다친 전우가 더는 전투에 나갈 수 없게 되자 그녀에게 물려준 것이었다. 얼마 지나지 않아 54연대에 보급품이 들어왔고 파블리첸코는 공장에서 막 생산된—기름칠도 채 마르지 않은—새 모신 소총을 받았다. 1941년 8월 8일, 오데사 포위 공격이 시작된 바로 그날 벨랴예프카(Belyayevka)에서 파블리첸코는 두 명의 루마니아인을 연달아 사살하며 저격수로서 첫 기록을 세웠다.

　파블리첸코는 제54 소총연대와 함께 나치 동맹국인

루마니아군이 남쪽에서 오데사로 돌파하려는 시도를 저지하기 위해 싸웠다. 그러나 전선에 투입된 지 단 11일 만에 그녀는 저격조준경으로 적군을 사살하던 중 첫 번째 부상을 입게 된다. 박격포탄이 불과 2미터 지점에 떨어진 것이다. 그녀는 회고록에서 이렇게 말한다. "충격파로 인해 내가 가장 아끼던 소총이 산산조각 났다. 나는 참호 바닥으로 떨어졌고 흙을 뒤집어썼다. (…) 같은 연대 동료들이 흙 속에 파묻힌 나를 꺼내어 병원에 데려갔다. 그곳에는 포탄에 맞은 제1대대 소속 부상자와 그 충격에서 헤어 나오지 못하는 붉은 군대 병사들이 있었는데, 나는 이들과 함께 오데사로 가게 되었다."[9] 후방에서 건강을 회복한 후 파블리첸코는 다시 전선에 복귀하여 상병으로 진급했다. 첫 번째 승진이었다. 이후 그녀는 계속해서 적군 병사들을 저격했고, 1941년 9월에는 또 한 번 승진하여 하사관이 되었다. 파블리첸코가 100번째 사살 기록을 세우자 상관들은 PU 텔레스코픽 조준경이 장착된 SVT-40 소총을 선물했다. 그녀를 위해 특별 제작한 총이었다.[10]

10월 중순, 류드밀라는 왼쪽 눈 위에 박격포 파편이 박히는 사고를 당한다. 두 번째 부상이었다. 상태는 심각했다. 출혈이 멈추지 않아 파블리첸코는 결국 의식을 잃었다.

여성 의무병 하나가 그녀를 전선에서 구출하여 의무대대로 긴급 후송했다. 응급 처치소에서 그 의무병은 파블리첸코의 소총에 새겨진 특별한 각인을 가리키며 이것이 바로 그녀가 적군 100명을 사살했다는 증거이니 즉각 치료받아 마땅하다고 주장했다. 파블리첸코의 전과(戰果)에 감동한 의사들은 즉시 수술에 들어갔고 그녀는 두 번째 위기에서 목숨을 구했다.

그러나 오데사 방어 작전은 실패로 돌아갔고, 파블리첸코가 여전히 회복 중일 때 세바스토폴(Sevastopol)로 철수하라는 명령이 떨어졌다. 그녀는 저격수로서 대단한 성공을 거두었지만, 일부 남성 동료들은 존경을 표하고 싶어 하지 않았다. 파블리첸코는 오데사에서 배로 대피하는 도중한 선원과 대화를 나누었다. 그녀는 이전부터 지겹도록 들어왔던 이야기, 즉 전쟁은 '남성의 일'이며 여성에게 적합하지 않다는 말을 들어야 했다. 그러나 파블리첸코는 전쟁에 임하는 자신의 결의를 무너뜨리지 말자고 굳게 다짐했다.

나는 항법사와 말다툼할 시간도 그럴 마음도 없었다. 우리 국민이 생존을 위해 싸워야 했던 그 끔찍한 전쟁 동안, 군사적 지식과 기술이 있는 사람은 성별이나 민족과 관계 없이 모두 다 전투에 참여하여 자신이 할 수 있는 바를 해야 했다. 그래야만 독일의 파시스트 침략자들을 물리칠 수 있었다. 오직 그렇게 해야만 우리는 적을 물리칠 수 있었다.[11]

파블리첸코가 세바스토폴에 자리를 잡은 후 상관들은 1941년 11월 4일 그녀를 상사로 진급시키고, 남녀 혼성 저격수 소대의 지휘를 맡겼다. 그러나 그녀는 다시 한번 난관에 부딪혔다. 난생처음으로 여성 상관이 내리는 명령을 들어야 했던 소련 남성들이 거세게 저항했기 때문이다. 승진과 함께 파블리첸코는 툴라-토카레프(Tola-Tokarev, TT) 권총과 새 겨울 군복을 받았다. 이후 전투에서 그녀는 전장에 나갈 때마다 그 권총과 수류탄을 꼭 챙겼다. 나치는 생포한 저격수에게 절대로 자비를 베풀지 않는다는 것을 잘 알고 있었기 때문이다. "러시아군이든 독일군이든 저격수는 포로로 잡지 않고 현장에서 바로 총살했다. 여성의 경우는 더 비참했다. 집단 강간 후 죽였기 때문이다. 따라서 수류탄과 TT 권총 지참은 필수였다. 체포되었을 경우 무장한 수류탄은 적의 발밑으로 던졌고, TT 권총의 8발 중 7발은 가까이 다가오는 적을 향해 쏘아야 했다. 나머지 1발은 자결용이었다."[12]

나치는 동부 전선에서 끔찍한 만행을 저질렀다. 히틀러
는 동부를 아리안 민족의 미래인 '레벤스라움'(Lebensraum,
생존공간. 레벤스라움은 지리학자이자 민족지학자인 프리드리히
라첼이 처음 고안한 개념으로, 인간 활동이 자연환경에 영향을 받
아 그 결과 지역성이 발생한다는 환경결정론과 맞닿아 있다. 라첼
은 특히 사회적 진화론의 영향을 많이 받았으며, 이는 곧 식민 지
배를 정당화하는 논리로 활용되었다. 나치는 이 개념을 독일이 대
게르만 제국으로서 영토를 공격적으로 확장하는 것을 정당화하
기 위해 가져왔다._옮긴이)으로 여겨 그곳의 민간인을 학살하
고 마을을 불태웠다. 전투에 참여했던 여성들은 이러한 폭
력의 기억에 평생 시달려야 했다. 노벨상을 받은 구술 역사
학자 스베틀라나 알렉시예비치는 자신이 집필한 감동적인
책 『전쟁은 여자의 얼굴을 하지 않았다』에서 소련 여성들
이 마주했던 잔혹한 현실을 그려냈다. 그녀가 인터뷰한 어
느 여성은 전우가 당했던 끔찍한 고문과 죽음을 다음과 같
이 회상했다. "우리 간호사 가운데 한 명이 포로로 잡혀갔
어요. (…) 하루가 지난 뒤 우리는 그 마을을 다시 찾아갔습
니다. (…) 그녀를 발견했습니다. 눈알이 뽑히고 가슴이 도
려진 채 말뚝에 묶여 있었어요. (…) 날씨는 얼어붙을 것처

럼 추웠죠. 그녀의 피부는 창백했고 머리카락은 회색으로 변했더군요. 겨우 열아홉 살이었는데요."[13] 파블리첸코는 미국인들에게 보내는 덧붙이는 기사에 독일군이 동부 전선에서 저지른 충격적인 폭력 행위를 다음과 같이 생생하게 묘사했다.

저는 미국 국민들이 전쟁이 어떤 것인지 완전히 이해하지 못했을 거라고 생각합니다. 대다수 사람은 지금까지도 전쟁이란 그저 휘발유를 사용하지 못하고, 설탕을 마음껏 사용할 수 없는 일상의 불편함 정도로만 체감합니다. 사방 천지에 갑작스레 폭탄이 떨어지는 것이 어떤 것인지 여러분은 모릅니다. 아기들이 살해되고 여성과 소녀들이 나치에게 폭행당하는 모습을 지켜보아야 하는 고통이 어떤 것인지 여러분은 알지 못합니다. 형체를 알아볼 수 없을 정도 불에 타거나 고문당한 전우의 시신을 발견하는 일이 어떤 것인지 여러분은 모릅니다. 잘 알고 지냈던 용감하고 훌륭한 이웃들이 길가에 줄지어 매달린 모습을 보는 것이 어떤 마음일지 여러분은 절대 모릅니다. 저는 오데사 근처의 소브호즈 일리이치카에서 독일군으로부터 노인들의 집을 탈환하여 들어갔습니다. 이른 아침이었어요. 태양이 막 떠오르고 있었습니다. 우리는 그곳 사람들을 구해주러 간 터였습니다. 그러나 우리가 발견한 것은 108명의 노인이었습니다. 총에 맞고, 고문당하고, 칼로 난도질당하고, 수류탄에 산산조각이 난 108명. 하나같이 나이 많고 병든 사람들이었어요. 심지어 노인 여성들은 극악무도한 히틀러주의자들에게 성폭행까지 당했음을 알 수 있었습니다.[14]

소련군 내 여성들은 독일군에 의한 강간, 고문, 살해 위협 외에도 아군 남성들로부터 만연한 성차별과 괴롭힘에 시달려야 했다. 예를 들어보자. 715연대 소속 저격수 여성 부대는 전선에서 복귀하자마자 본부 마룻바닥을 닦으라는 명령을 받았다. 그들은 "절대 하지 않겠다!"고 단호하게 맞섰다. 남성 상관들은 피로가 누적되었든 말든 청소는 여성이 해야 한다고 여겼던 것일까, 도대체 무슨 생각으로 그런 명령을 내렸을까?[15] 명령에 불복종한 여성 대원들은 막사에서 하룻밤을 보내야 했다. 그러자 야전 취사장에 있던 여성들이 연대의 의미로 여성 대원들에게 남성 병사에게 주는 것보다 훨씬 나은 음식을 제공했다. 또 다른 사례도 있다. 한 무리의 여성 저격수들이 48시간 동안 잠도 자지 않고 격렬한 전투를 벌인 뒤 임시 막사로 돌아왔을 때다. 갑자기 한 병사가 나타나더니 부소대장에게 이상한 명령을 하나 전달했다. 내용인즉 여성 저격수 두 명을 보내 (남성) 장교가 머무는 내무반 바닥을 닦으라는 것이었다. 여성 저격수들도 남성들과 나란히 최전선에서 싸웠다. 하지만 남성 장교들은 여전히 청소는 마땅히 여성이 해야 하는 일이라고 생각했다. 부소대장은 명령을 거부했다. 불복종한 죄로 그녀는 5일간 근신하라는 명을 받았지만, 상급 장교가 이를 번복하여 부소대장은 겨우 막사로 돌아갈 수 있었다.[16]

소련 여군들에게는 성희롱과 성폭행에 대한 두려움도 있었다. 소위 '연애 감정'을 가진 소련 남성들이 (여성들의 의사와 관계 없이) 여성 전우들을 공격하곤 했기 때문이다. 따라서 여성 병사들은 자신을 지키기 위해 다양한 전략을 개발해야 했다.[17] 파블리첸코도 마찬가지였다. 그녀 자신 캠프에서 지내며 상급자 남성들과 맞닥뜨려야 하는 불편한 상황 때문에 최전방에서 싸우기를 바랐다고 인정했다.

군대에서 여성으로서 복무하는 데는 남성과 달리 특별한 어려움이 따른다. 이것은 절대 비밀이 아니다. 남성들은 (여성) 동료들과 함께 있을 때 공정하고 엄격하게 행동해야 하며, 누

구에게도 추파를 던져서는 안 된다! 하지만 인생은 예기치 않게 흘러가게 마련이어서 때로는 어려운 문제가 발생하곤 했다. 그런데 이런 문제는 대개 일반 병사가 아닌 '동료 장교'들이 일으켰다. 그들은 지휘관으로서 자신의 지위, 그리고 지휘관의 명령은 반드시 이행되어야 하며 이를 따르지 않을 시 전시법에 따라 책임져야 한다는 군법 조항을 악용했다. 우리 여성들은 이를 비꼬아 '호의호식'이라고 불렀다. 그렇기에 나는 전선에서 더 많은 시간을 보내는 것을 선호했다. 비록 적의 포화 속에 있더라도 말이다. 거기서는 중간급 장교나 고위급 장교들의 눈에 띌 가능성이 최소화되었으니까.[18]

그렇다고 해서 파블리첸코가 남성 전우들을 완전히 피해 다닌 것은 아니다. 세바스토폴에서 이 용감무쌍한 발키리는 알렉세이 키첸코라는 '바이킹'을 만나 사랑에 빠졌다. 그녀가 묘사한 바에 따르면 그는 '덩치가 크고 균형 잡힌 몸매에 푸른 눈을 가진 금발'의 장교였다. 키첸코는 파블리첸코를 살린 생명의 은인이기도 했다.

1941년 12월 19일, 포탄 파편이 파블리첸코의 등에 박혔다. 땅바닥에 쓰러져 피를 흘리며 그녀는 '드디어 내 차례가 왔구나.'라고 생각했다. 적군은 여전히 집중포화를 퍼붓고 있었다. 그때였다. 죽어가는 파블리첸코를 발견한 키첸코가 다가와 목숨을 걸고 그녀를 안전한 곳으로 옮겼다. 세 번째 중상에서 회복된 후 파블리첸코는 키첸코로부터 청혼을 받았고, 두 사람은 정식으로 결혼식을 올렸다.

파블리첸코는 악재가 끊임없이 밀어닥치는 상황에서도 동료 저격수 키첸코와의 관계 덕에 힘을 낼 수 있었다. 붉은 군대는 막대한 손실을 본 후 나치가 점령한 광활한 서부 지역에서 후퇴했다. 이 소식을 들은 군인들은 점차 사기를 잃어갔다. 이에 소련 당국은 끝없이 몰아치는 나치의 공세에 맞서야 하는 자국 청년들에게 영웅담을 전파해야겠다고 마음먹었다. 파블리첸코는 소련이 찾던 '바로 그 영웅'이었다. 젊고 매력적인 외모, 카운터 스나이퍼(적의 저격수를 사냥하는 저격수)로서의 뛰어난 기술, 병사로서의 용기, 그리고 출중한 능력에 따른 빠른 진급 등은 소련 당국의 요구에 완벽히 부합했다. 1942년 1월, 파블리첸코가 아직 부상에서 회복하는 중이었을 때, 일군의 기자와 사진작가들이 그녀를 찾아왔다. 파블리첸코는 그들의 요청대로 소총을 든 자세로 사진을 찍었고, 자신의 경험을 기자들에게 들려주었다. 이들은 이 여성 저격수의 삶이 더욱 영웅적으로 보이게끔 창의력을 발휘했다. 파블리첸코가 회고록에서 "언론의 창작은 선전 선동의 한 요소일 뿐이다."라고 밝힌 것은 이 같은 맥락에서다. 이어서 그녀는 "정부는 사람들이 솔깃할 만한 이야기를 만들려면 살아있는 영웅이 필요하다는 것을 잘 알고 있다. 당국은 나를 그 역할의 적임자로 보고 선택한 듯했다."[19]라고 말했다. 1942년부터 1945년 사이 소련은 파블리첸코라는 영웅을 알리는 데 전력을 다했다. 파블리첸코의 초상화와 그녀가 전장에서 세운 업적을 간략히 정리한 전단지를 독일-소련 전선에 10만 장 넘게 살포했다. 그 전단지에는 "적을 쏘되 빗맞히지 마라!"[20]라는 문구가 적혀 있었다. 류드밀라 파블리첸코는 이내 소련에서 가장 유명한 사람 중 하나로 부상했고, 당국에서 바라던 대로 많은 젊은 남녀가 앞다투어 저격수 훈련 학교에 등록했다. 독일군 내에서도 그녀의 명성이 자자했다. 금전적인 보상과 함께 승진을 약속하면서 자기편으로 유인했고, 한편에서는 그녀를 체포하게 되면 309조각으로 토막 내겠다며 위협을 가해왔다.

1941년에서 1942년 겨울에 이르는 동안 파블리첸코는 유명세와 사랑을 동시에 누렸다. 그녀는 종종 키첸코와 함께 저격(그들이 '사냥'이라고 부른) 작전에 나가서 세바스토폴을 둘러싼 적군을 공포에 떨게 했다. "남편으로서 그는 항상 나를 걱정해주었고, 전선에서는 여러 적으로부터 나를 보호해주었다."[21] 파블리첸코는 전쟁이 자초한 비현실적인 혼란을 담담히 받아들였다. 그중에는 수많은 죽음과 파괴도 있었지만, 그녀는 독일이 소련을 침공함으로써 벌어진 일련의 전투에서 행한 자신의 군사적 활동이 대의라고 믿었다. 파블리첸코는 사격 훈련을 받으면서 적성을 발견했고 이를 통해 사랑하는 조국을 지켜내는 사명을 다할 수 있었다. 그렇게 확신했다. 그녀는 이 믿음을 함께 전투를 치른 동료 저격수뿐 아니라 남편 키첸코와도 공유했다. "나는 그와 함께 있으면서 처음으로 사랑의 의미와 사랑을 요구하고 사랑을 받는 것, 그리고 모든 것을 바치는 사랑이 무엇인지 알게 되었다. 그 시절, 나는 정말로 행복했다."[22]

하지만 1942년 악명 높은 세바스토폴 공성전에서 파블리첸코는 네 번째 부상을 입었고, 이로써 그녀의 최전선 복무는 사실상 종료된다. 그녀는 회고록에서 그 운명적인 날의 상황을 다음과 같이 묘사했다.

1942년 3월 3일 아침. 날씨가 너무 화창하고 따뜻해서 세바스토폴에 있는 캠프에서 시간을 보내는 게 아까울 정도였다. 알렉세이와 나는 신선한 공기를 들이마시며 참새들이 지저

귀는 소리를 배경음악 삼아 아침 식사를 하기로 했다. 우리는 바닥에 쓰러진 나무 등치에 앉아 있었다. 남편은 내 어깨에 팔을 두르고는 어린 시절 이야기를 들려주었다. 그때 갑자기 적군에서 54연대 전선에 포격을 시작했다. 장거리 포격 명령이 떨어진 듯했다. 첫 포탄은 다행히 후방에서 먼 곳에서 폭발했다. 두 번째 포탄은 빗나갔다. 세 번째 포탄은…. "피곤하지 않아?" 하고 키첸코가 내게 묻는 순간 세 번째 포탄이 우리 등 뒤에서 폭발했다. 수십 개의 파편이 휘파람 소리를 내며 공중에서 흩어졌다. 그가 순간적으로 나를 감싸 안았다. 처음 몇 분 동안 나는 상처가 심각하다고 생각하지 않았다. 알렉세이는 오른쪽 어깨를 움켜쥐고 신음하고 있었다. 오판이었다. 이내 그가 입은 튜닉 소매 아래로 피가 흘러내렸다. 그의 얼굴이 점점 창백해졌다.[23]

파블리첸코는 남편의 팔을 수술하러 야전 병원으로 급히 달려갔다. 부상은 심각했다. 피도 너무 많이 흘렸다. 그녀는 남편 곁에 있기 위해 잠시 전선을 벗어나게 해달라고 부탁했다. 상부는 그녀의 요청을 받아들였다. 몇 년 후 파블리첸코는 키첸코의 곁을 지키며 그가 회복하기만을 고대하던 당시의 심정을 이렇게 회고했다. "나는 많은 일들을 되돌아보았다. 그와의 첫 만남, 해질녘의 숲, 키첸코가 산산조각 난 나무 아래에서 나를 발견했던 순간, 그의 사랑 고백, 그리고 우리의 행복한 결혼 생활을. 알렉세이 아르카디예비치보다 더 가깝고 소중한 사람은 내게 없었다. 그는 일말의 희망조차 보이지 않는 상황에서도 명랑함을 잃지 않았고, 실패에도 쉽게 절망하는 법이 없었으며, 종국에는 성공할 것이라는 확신을 가진 사람이었다…. 나는 나 자신보다 그를 더욱더 신뢰하고 사랑했다."[24] 그날 밤, 키첸코는 의식을 잃지 않으려고 밤새 몸부림쳤다. 중증 부상으로 인한 혼란스러움과 섬망 증세 속에도 그는 잠시나마 반짝 정신을 차리곤 했다. 그러나 상처는 너무나 심각했다. 1942년 3월 4일, '바이킹'은 류드밀라 파블리첸코의 품에서 끝내 숨을 거두었다.

파블리첸코는 남편과 함께 지냈던 막사로 돌아왔다. 사흘 내리 불면증에 설친 그녀는 나흘째 되던 날 소총을 집어 들었다. 다치지 않았다고 믿으며 전투에 나섰다. 하지만 팔이 너무 심하게 떨려서 목표물을 조준할 수 없었다. 떨림 증상이 계속되자 파블리첸코는 의무대대의 신경병리학자를 찾아갔다. 의사는 그녀에게 '전쟁신경증(셸 쇼크)'이라고 진단을 내려주었다. 일종의 전쟁 후유증이었다. 건강을 회복하려면 총을 내려놓아야 했다. 그녀는 치료를 받으러 전선을 떠났다. 그러고는 두 번 다시 저격수로 싸우지 않았다. 소련군은 세바스토폴에서 대패했고, 당국은 파블리첸코의 재능을 활용할 다른 길을 모색했다.

1942년 8월 파블리첸코는 모스크바로 재배치되었다. 그녀는 소련 청년 두 명과 함께 크렘린궁의 이오시프 스탈린 앞에 섰다. 스탈린은 1930년대 후반 정치 경험이 풍부한 당 동지들을 한바탕 숙청한 참이어서 나치 독일과 전쟁을 치를 준비가 전혀 되어 있지 않았다. 당시 미국의 영부인이었던 엘리너 루스벨트는 워싱턴 D.C.에서 국제 총학생회를 개최하려고 준비하는 중이었는데, 파블리첸코는 여기 참가할 소련 대표단의 유일한 여성 위원으로 선발되었다. 언제나 충실히 자신의 의무를 다해왔던 그녀는 한 치의 망설임도 없이 임무를 받아들였다. 모스크바를 떠나기 전, 세 명의 젊은 '학생'은 당시 소련인들은 접하기 힘들었던 옷가지와 사치품으로 온몸을 무장하고 스탈린 앞에 선 터였다. 스탈린은 이들에게 더 필요한 것이 있는지 물었다. 경외감에 휩싸인 청년들은 아무 말이 없었다. 마침내 파블리첸코가 용기를 내어 스탈린에게 러시아어-영어 사전과 영어 문법책을 부탁했고, 스탈린은 기꺼이 이를 건네주었다. 파블리첸코는 지구 반 바퀴를 돌아야 하는 여정을 시작하기 전에 영어 실력을 좀 더 업그레이드 하고 싶어 했다.

1942년 8월 23일, 나치는 스탈린그라드(현 볼고그라드)를 점령하기 위해 총공세를 펼쳤고, 그 결과 역사상 가장 피비린내 나는 전투 중 하나가 벌어졌다. 히틀러를 동부 전선에서 쫓아내려면 소련은 공식 동맹국인 영국과 미국의 지원을 반드시 얻어내야 했다. 연합군은 북아프리카에서 싸우고 있었고, 영국은 독일군을 폭격했으며, 그리스, 유고슬라비아, 불가리아, 헝가리도 저항군을 지원했지만, 영국도 미국도 유럽 제2 전선을 열겠다고 나서지 않았다. 1943년 2월 소련이 스탈린그라드에서 독일군을 격퇴하고 나서야 1943년 7월 시칠리아 상륙작전이 이루어졌고, 1944년 6월에는 노르망디 해변 상륙작전이 개시되었다. 비로소 전쟁의 흐름이 연합국에 유리한 방향으로 바뀌기 시작한 것이다.

파블리첸코와 그 일행은 소련 최초로 백악관에 묵게 되었다. 그들은 심지어 루스벨트 부부의 개인 손님 자격으로 미국에서 첫날밤을 보냈다. 워싱턴에서 파블리첸코와 동료 '학생들'(스물세 살의 저격수이자 소련의 영웅이었던 블라디미르 프첼린체프와 모스크바 청년 조직의 지도자였던 니콜라이 크라사브첸코가 대표단의 일원이었다)은 1942년 8월부터 12월까지 4개월간 미국, 캐나다, 영국을 순방했다. 그동안 전 세계 신문은 앞다투어 스탈린그라드 주변에서 벌어진 치열한 전투를 기사로 다루었다. 대표단의 목표는 단순했다. 소련이 전쟁을 이어가는 데 필요한 군자금을 모금하고, 유럽 제2 전선에 찬성하는 여론을 끌어올리는 일이었다. 그러나 대표단이 미국의 수도에 발을 디딘 순간부터 모든 관심은 파블리첸코에게 집중되었다. 미국 언론은 309명의 파시스트를 사살한 저격수가 스물여섯 살의 젊은 여성이라는 사실에 경악했다. 그들은 이 매력적인 젊은 여성을 냉혈한 저격수의 모습에 오버랩시킬 수가 없었다. 그렇지만 파블리첸코의 열정과 건강한 신체, 타고난 매력은 미국 대중을 단박에 사로잡았다.

미국 기자들은 질문 공세를 이어갔다. 그러나 전장에서 세운 영웅적인 업적보다는 그녀의 외모에 관한 질문이 더 많았다. 동료 저격수였던 프첼린체프는 대표단으로 미국에서 보냈던 시간을 회상하면서 "기자들은 파블리첸코에게 까다롭거나 무례한 질문들을 퍼부어댔다. 그들의 호기심에는 한계가 없었다."고 말했다.[25] 〈뉴욕타임스〉에서

"파블리첸코는 화장은커녕 립스틱도 바르지 않는다."[26]고 보도하자 한 여성 기자는 러시아의 여군들이 전선에 나갈 때 화장을 해도 되는지 물었다. 파블리첸코는 "군에서 화장을 금지한 규정은 없지만 전투가 벌어지고 있는데 어느 누가 반짝이는 코를 생각할 시간이 있겠습니까?"[27]라고 간단히 대답했다. 회고록에서 그녀는 기자회견에서 오갔던 대다수 내용을 그대로 옮겨 적었다.

질문(여성 기자): 지금 입고 있는 옷은 퍼레이드 유니폼인가요, 아니면 평상복인가요?

파블리첸코: 우리는 퍼레이드 같은 걸 벌일 시간이 없습니다.

질문(역시 여성 기자): 유니폼 때문인지 좀 뚱뚱해 보이는데요. 별로 신경 쓰이지 않나요?

파블리첸코: 전설적인 붉은 군대의 군복을 입게 되어 자랑스러울 뿐입니다. 파시스트와의 전투에서 쓰러진 동지들의 피로 성화된 옷이니까요. 이 군복에는 동지들이 전장에서 세운 군사적 공로를 인정하는 레닌 훈장이 새겨져 있습니다. 이런 말씀을 드리기는 조금 그렇지만, 솔직히 당신이 폭격을 경험해보셨으면 좋겠습니다. 분명 화장이나 실밥 따위에 신경 쓸 겨를이 없을 것입니다.

질문: 담배 회사 필립 모리스에서 계약을 제안했다던데요. 담뱃갑에 당신의 얼굴을 그려 넣는 대가로 기꺼이 50만 달러를 지불하겠다고 합니다. 동의하실 건가요?

파블리첸코: 아니요. 악마에게나 가라고 하시죠.[28]

〈필라델피아 인콰이어러Philadelphia Inquirer〉의 '현대 여성을 위한 특집' 섹션에 글을 쓴 루스 코완은 특히 파블리첸코의 외모에 열광했다.

스물여섯 살의 매력적인 키예프 대학생인 파블리첸코를 만나고 싶어 하는 남자들이 많았다. 역사학자가 꿈인 그녀는 현대 군인들의 전설이었다. 제복을 입은 남성은 물론 일반인 여성들도 그녀 주위로 몰려들었다. "어떡하면 당신처럼 아름다운 피부를 유지할 수 있나요?"라고 질문하는 사람도 있었다. 류드밀라의 건강한 장밋빛 뺨을 보고 하는 소리였다. 어떤 날씬한 여학생은 이렇게 말했다. "저를 러시아로 데려가서 저격수로 훈련시켜주세요!"[29]

미국인들은 파블리첸코가 저격수로서 전장에서 세운 혁혁한 업적과 그녀의 '여성스러움'을 동시에 생각하기 어

79

려웠나 보다. 사람들은 파블리첸코를 직접 만나기 전까지 그녀를 냉혈한 성격의 저격수일 것으로 추측했다. 파블리첸코가 보스턴을 방문했을 때 〈크리스천 사이언스 모니터 Christian Science Monitor〉의 한 기자는 이렇게 말했다.

"이 강인한 '소녀' 저격수가 냉정하고 딱딱할 것이라고 예상했던 사람들은 그녀가 지극히 따뜻하고 인간적인 성격의 소유자라는 것을 알고는 소스라치게 놀랐다. 4번의 부상을 나타내는 표식을 소매에 달고, 가슴에는 4개의 훈장을 단 파블리첸코 중위는 활기차고 직설적이지만 동시에 매우 여성스러웠다."[30] 우디 거스리는 〈미스 파블리첸코 Miss Pavlichenko〉라는 곡을 직접 지었는데, 가사에서 그는 '파블리첸코의 달콤한 얼굴'과 '그녀의 총에 쓰러진 300여 마리의 나치 개'를 대비하여 강조했다.[31]

파블리첸코는 앨리스 휴즈와 진행한 라디오 인터뷰에서 미국 기자들이 자신에게 던진 '어리석은 질문'에 대해 불만을 토로했다.[32] "미국 여성들에게 무엇보다 중요한 것은 내가 군복 안에 실크 속옷을 입었는가 안 입었는가 하는 문제인 것 같다. 군복이 무엇을 의미하는지 그들은 알지 못한다."[33]라고 그녀는 말했다. 그러나 미국인들의 경박함을 지적하는 그녀에게 시비를 거는 사람은 없었다. 딱 한 사람만이 파블리첸코를 반박했다. 말비나 리브세이는 〈워싱턴 포스트〉에 기고한 「더 젠틀한 섹스」라는 칼럼에서 미국 여성을 옹호했다. 파블리첸코가 지적한 속옷 질문 같은 문제는 '자유롭게 말할 권리, 언론이 무엇이든 자유롭게 다룰 권리, 자유롭게 웃을 수 있는 권리'가 있는 나라에 그녀가 와 있기에 가능한 것이라면서 스탈린 정부의 권위주의적 행태를 은근히 비판했다. 리브세이는 외모에 관심을 많이 쏟지 않는 파블리첸코를 여성스럽지 않은 사람으로 몰아가고 싶었던 모양이다. "미국 여성들이 유니폼의 모양새에 신경을 쓴다면 어떨까요? 심지어 그 안에 입는 속옷까지 신경 쓴다면요?" 리브세이는 또 이렇게 덧붙였다. "유능한 군인이라면 마땅히 자신의 실력뿐만 아니라 외모에도 자부심을 가져야 하는 것 아닌가요? (…) 잔 다르크도 항상 아름답고 빛나는 갑옷을 입고 그림에 등장하잖아요? (…) 전 세계 여성들은 수 세기 동안 자신의 외양을 가꾸는 데 관심을 기울여왔습니다. 군복을 입는다고 해서 하루아침에 그런 관심을 거둘 이유는 없습니다."[34] 파블리첸코도 이런 류의 평판에 신경을 쓴 것 같다. 손톱에 매니큐어를 칠하고, 코에 파우더를 바르는 등 한껏 외모를 치장하고 국제 총학생회에 참석한 것을 보면 말이다.

국제 총학생회를 마치고 파블리첸코와 소련 대표단은 미국 순방에 나섰다. 프첼린체프와 크라사브첸코는 같은 도시에서 연설했고, 파블리첸코는 미국 영부인 엘리너 루스벨트와 함께 다른 도시의 행사에 참석했다. 파블리첸코와 루스벨트는 순방을 다니면서 한결 가까워졌는데, 그녀는 이때 새로운 재능을 발견한다. 바로 자신에게 뛰어난 대중 연설 능력이 있다는 점이었다. 예를 들어 시카고에서는 남성 기자들로 가득 찬 회의실에서 다음과 같이 말하여 충격을 주었다. "저는 25살이고 지금까지 309명의 파시스트를 사살했습니다. 여러분은 너무 오랫동안 제 등 뒤에 숨어 있었다고 생각하지 않습니까?"[35] 그녀의 목소리가 사그라들 때까지만 해도 방 안에는 정적만 감돌았다. 하지만 이내 박수가 터져 나왔다. 헐렁한 군복을 입은 저격수 소녀의 용감한 발언에 남성들은 환호성을 보냈다. 파블리첸코는 나중에 당시의 발언에 대해 이렇게 설명했다. "콜럼버스가 발견한 대륙의 주민들에게, 즉 운 좋고 여유로우며, 지극히 계산적인 주민들에게 통할 만한 직관적인 이야기를 전하고 싶었다."[36] 그녀는 자신의 여성스러움에 집착하는 미국인들의 관점을 역으로 이용하여 왜 (용감한) 미국 남성들이 자신과 같은 (외모에 신경 쓸 일이 더 많은) 여성의 연약한 등 뒤에 안주하고 있는지 비꼰 것이다.

파블리첸코는 미국 순방 시 선물을 많이 받았다. 각계 각층의 팬으로부터 찬사도 받았다. 1942년 9월 16일, 국제 모피·가죽 노동조합은 소녀 저격수와 그녀의 남성 동지에게 열광하는 5,000명 뉴욕 시민 앞에서 선물 전달식을 거행했다. 두 남성에게는 실용적인 양털 안감이 들어간 가죽 재킷 두 벌을 선물했다. 파블리첸코에게는 (여성이라면 누구나 아름다움을 지향해야 한다고 누누이 강조했던 것처럼) 실용성보다는 아름다움이 강조된 화려한 옷을 선물했다. 〈뉴욕타임스〉는 그녀가 '오페라 무대에서나 볼 법한 아름다운 라쿤 모피 코트'를 선물로 받았다면서 붉은 군대의 저격수가 그 코트를 입고 곧 오페라에 출연하기라도 할 것처럼 떠벌렸다.[37] 파블리첸코는 끊임없이 자신의 여성성만을 이슈화하는 미국인들에게 지친 나머지 엘리너 루스벨트에게 불평을 늘어놓기도 했다. 하지만 조국을 위해 끝까지 싸우겠다는 결심만큼은 언제나 확고했다. "당신 나라에서 저는 서커스 공연에 나오는 여배우처럼 농담의 대상, 호기심의 대상이 된 것 같습니다. 수염 난 여자처럼요. 하지만 저는 붉은 군대의 장교입니다. 조국의 자유와 독립을 위해 이제껏 싸워왔고, 앞으로도 계속 싸울 생각입니다."[38]

류드밀라 파블리첸코는 여행하는 동안 미국인들의 생활을 가까이서 관찰했다. 그 과정에서 그녀는 미국인들 내에 존재하는 불만과 모순을 발견했다. 그것은 언제든 폭발할 것 같았다. "미국은 한편으로는 사치의 땅이고, 다른 한편으로는 빈곤의 땅이다. 주류 세력인 백인과 달리 흑인들은 매우 열악한 환경에서 살고 있다. 기본적인 생활 여건이 갖추어지지 않은 지역을 방문한 적이 있었기에 이들이 실제로 어떻게 살아가는지 두 눈으로 확인할 수 있었다. 노골적인 차별도 만연했다. 기차에 백인 전용 칸과 유색인 전용 칸이 따로 있을 만큼 인종차별이 공공연하게 행해졌다."[39] 파블리첸코에게 미국은 자유를 상징하고 민주주의를 열렬히 지지하는 국가였다. 그런 나라가 피부색에 따라 사람들을 차별하다니. 그녀에게는 대단한 모순이 아닐 수 없었다. 파블리첸코는 1942년 미국 열차에서 인종 분리의 현장을 목도한 뒤 이 문제에 대해 깊이 성찰했다. 자본주의 사회에서 번성했던 인종적 불평등에 대한 감수성이 여실히 드러나는 부분이다.

파블리첸코는 미국 순방에서 그곳 여성들이 자국의 여성들보다 열등한 위치에 있다는 것을 깨달았다. 이 점에 주목한 그녀는 자신의 유명세를 이용해 미국 여성들에게 사회주의 체제를 널리 소개하고자 애썼다. 남녀평등으로 가는 길은 자본주의보다 사회주의 시스템 안에서 더 가깝다고 말이다.

러시아 여성들은 전쟁이 발발하기 훨씬 전부터 완전한 평등의 토대 위에 있었다. 혁명 정부의 새날이 밝았을 때부터 소비에트 연방의 여성들은 남성과 동등한 권리를 누렸다. 가장 중요한 것 가운데 하나는 모든 여성이 자신만의 전문성을 가지고 있다는 점이다. 이는 실제로 여성들을 남성만큼 독립적으로 살아갈 수 있게 해주는 경제적인 토대와 연결되기에 매우 중요하다. 소비에트 여성들은 인간으로서 갖는 존엄성을 온전히 인정받았기 때문에 자존감이 높다. 우리가 무엇을 하든 우리는 여성이라는 정체성뿐만 아니라 개별적인 인격체로서 또 인간으로서 존중받는다. 이는 소련 여성이 긍정적인 자아 정체성을 형성하는 데 매우 중대한 토대이다. 우리는 오로지 인간으로서 정당한 대우를 받아야 한다. 성별로 인한 그 어떤 차별도 묵과해서는 안 된다. 이것이 바로 우리 소련 여성들이 남성들과 똑같이 전쟁에서 자신의 역할을 감당하는 배경이다. 미국인들은 대개 여성이 참전하는 것을 안타깝게 여긴다. 그들은 전쟁이 여성 군인을 남자도 아니고 여자도 아닌 이상한 생명체로 바꾸어 놓았다고 생각하는 모양이다. 하지만 우리는 여성이다. 적절한 시간과 장소에서라면 우리도 멋진 옷을 입고 손톱을 예쁘게 다듬을 수 있다. 우리는 전쟁 이전과 마찬가지로 여전히 여성이고 인간이다. 단지 전쟁이 우리를 더 강한 여성으로 만들었을 뿐이다.[40]

에스더 뉴턴(Esther Newton, 1940~)이나 주디스 버틀러(Judith Butler, 1956~) 같은 학자들이 젠더 수행성 개념을 이론화하기 훨씬 전부터 파블리첸코는 미국 대중에게 남성성과 여성성이라는 개념은 자연스럽게 고정된 것이 아니라 상황에 따라 변하는 유동적인 것이라고 설명했다.[41] 파블리첸코는 소련의 사회주의는 시민이 남성이나 여성이기 전에 무엇보다도 '개별적인 인격체'가 되도록 허용했다고 여겼다. 따라서 이들이 추구하는 목표를 달성하는 데 있어서 성별과 관련된 그 어떤 것도 방해가 되면 안 된다고 생각했다. 성 역할 고정관념에 반하더라도 말이다. 파블리첸코는 남성성이나 여성성이라는 특성은 나치 처단이라는 목표와 근본적으로 무관하므로 미국인들이 조국을 지키기 위해 싸운 소련 여성들이 여성성을 상실했다고 여기는 이유를 도무지 이해하지 못했다. 파블리첸코는 '전선에서 화장해도 되는가?'와 같은 외모 관련 질문에 대한 자신의 답변을 예로 들어 '코에 파우더를 바르는 행위' 자체를 거부한 것이 아니라 전투 중에는 화장할 시간이 충분하지 않다고 말했을 뿐이라고 설명했다. 그녀는 모든 여성이 나치 저격수를 포함하여 하고 싶은 일은 무엇이든 할 수 있고, 또 그렇게 해야 한다고 믿었다. 이것이 파블리첸코가 생각한 '여성성의 이데아'였다.

20세기에 활동했던 다수의 사회주의 여성 운동가와 서구의 페미니스트들은 서로 갈등을 빚기도 했다. 사회주의 페미니스트가 '철저히 여성적인 것'을 받아들였다면, 서구 페미니스트들은 젠더 이분법을 지우거나 무시하려고 했다. 서구 페미니스트는 진정한 성평등이 이분법적인 성별 고정관념에 근거한 스펙트럼, 즉 남성과 여성이라는 양극단을 거부하는 안드로지니를 비롯한 비이분법적 정체성에 있다고 생각했다. 이들에게 사회주의 페미니스트의 주장은 상반된 입장으로 여겨질 수밖에 없었다. 그러나 초기 사회주의자들은 문화적으로 특정한 남성성과 여성성에 대한 이상에 그다지 신경을 쓰지 않았다. 1972년 스타니슬라프 로스토츠키가 제작한 영화 〈여명은 고요하다〉가 좋은 예로, 이것은 제2차 세계대전에 참여한 여성 대공포병들의 용맹함을 찬양하는 작품이다.[42] 이 영화의 주인공인 페도트 바스코프 상사는 여군들을 지휘하며 점차 그들이 지닌 용기와 끈기를 인정하게 된다. 이들 포병은 모두 고전적인 아름다움을 지녔는데, 그중 한 캐릭터는 몸에 맞지 않는 헐렁한 군복 안에 실크 슬립을 입고 있는 것으로 묘사되었다. 이는 아마도 미국인 기자들이 파블리첸코에게 어떤 속옷을 주로 입는지 물었던 것에 대해 답변한 것으로 보인다. 대부분 흑백 화면인 이 영화에서 여성 병사들의 꿈 중 사랑, 가족, 또는 모성과 연결된 부분은 기묘한 컬러로 표현된다. 이로써 시청자에게는 여성성을 강조하는 동시에 '여성성'에 흔히 따라붙는 상투적인 요소들을 군사적 영웅주의와 결합시킨다.[43]

러시아의 역사학자 안나 크릴로바는 1930년대 후반과 1940년대 초반에 소련이 보여준 젠더 이분법에 대한 관점은 "다양하고 모순적인 차원"을 포함한다고 주장했다. 크릴로바의 평가에 따르면, 1936년 이후의 시기에 전통적인 성 역할이 강조되었다고 주장하는 서구 역사학자들은 당시 많은 소련 여성이 성별 주체성 측면에서 실제로 변화를 겪었다는 사실을 인정하지 않았다. 크릴로바는 '자연스러

운' 성별 차이에 집착했던 서구 사회와 달리 소련에서 성
역할에 대한 개인적 선택은 공산주의 사회 건설이나 나치
침략으로부터 국가를 방어하는 집단적·정치적 목표보다
덜 중요한 것으로 치부되었다고 말한다. 파블리첸코 역시
화장을 하고 나가 나치를 저격할 수 있었다.

　　1930년대 후반, 류드밀라 파블리첸코와 같은 여성들
은 크릴로바가 "대안적 여성성"이라고 부르는 것을 받아들
였다. 이는 크릴로바가 "모성애와 군사적 폭력"이 공존할
수 있다고 본 새로운 소련 여성의 이상형이었다. 그 결과
"프로답게 폭력을 행사하는 여성 전사 세대"가 탄생했다.[44]
소련과 대조적으로, 1948년에 제정된 미국의 '여성 군대 통
합법'은 미 공군, 육군, 해군에서 여성의 비율을 전체 병력
의 2%로 제한했다. 이 법은 여성이 전투 직책이나 전투에
참여할 가능성이 다분한 선박이나 항공기(병원선 제외)에
서 복무하는 것을 금지했으며, 의료 분야를 제외하고는 여
성이 올라갈 수 있는 최고 계급에 상한선을 두었다. 1987년
의회 증언에서 하원 군사위원회의 국가 안보 전문가는 이
렇게 말했다. "1948년 당시 일부 의회 의원들은 여성은 전
투에 필요한 힘, 혹은 체력을 갖추지 못했다고 생각했다.
또한 당시 사회에서 여성의 역할은 전투에 여성을 투입하

는 정책을 상상할 수 없게끔 만들었다."[45]

파블리첸코가 손톱을 칠하고 '여자다움'을 표현하는 동시에 전선에서 막 돌아온 전투에 능한 군인의 정체성을 연기할 때, 그녀는 미국과 소련이 젠더에 접근하는 방식에 중요한 차이가 있다는 것을 알아챘다. 미국과 소련 모두 고정된 성별 이분법에 대한 가부장적 관념을 받아들였다는 점은 같았다. 그러나 다른 점도 있었다. 미국인들은 여성이 신체적으로 약하기 때문에 전투에 참여할 수 없다고 생각했고, 소련은 저격수, 조종사, 낙하산 사수, 대공포수 등 특별히 신체적 힘이 요구되지 않는 전투에는 여성들을 투입할 수 있다고 여겼다. 파블리첸코와 같은 여성들은 '군인'이라는 범주를 탈젠더화하기보다는 대부분의 자유주의 페미니스트들이 문제적 본질로 여겨 받아들이기를 거부하는 이상화된 여성상을 만드는 데 기여했다. 소련의 정책은 남성과 여성의 차이에 대한 고정관념을 도리어 강화했고, 성차별의 잔재도 지울 수 없었다. 그러나 결과적으로 붉은 군대의 여성들은 미국의 여성 군인들보다 훨씬 앞선 셈이었다. 미국에서는 여군들이 2015년에 와서야 전투에서 남성과 완전히 평등한 위치에서 싸울 수 있었기 때문이다.

소련 대표단이 미국을 떠난 후 파블리첸코와 두 동지는 더 많은 사람과 만나기 위해 캐나다와 영국을 방문했다. 그곳에서 연설을 많이 하고, 집회도 열었으며, 수시로 기자회견을 진행했다. 모든 공개적인 활동에서 파블리첸코는 여전히 대중의 관심 한복판에 있었다. 1942년 11월, 그녀는 런던에서는 2,000명의 여성 앞에서 연설했다. 그들은 파블리첸코에게 더 많은 나치를 죽일 수 있는 리볼버와 키예프 대학에서 공부할 때 사용할 영어책 두 권, 그리고 미래에 그녀가 꾸릴지도 모르는 가정에서 쓰일 만한 은주전자를 선물했다. 〈뉴욕타임스〉는 "러시아의 강인한 여주인공"이 영국 여성들에게 "깊은 인상을 남겼다."[46]고 보도했다. 프첼린체프는 "솔직히 말해서 그녀는 사람들과 꽤 잘 어울려 지냈습니다. 게스트와 호스트들은 그녀의 미소와 무심한 태도에 흠뻑 빠졌어요. 니콜라이와 저는 그녀에게 상대가 되지 않았습니다."[47] 영국에 있는 동안 파블리첸코는 영국 여성들이 남성과 똑같이 일하면서도 동일한 임금을 받지 못한다는 사실에 경악을 금치 못했다. 투어를 마치고 고향에 돌아가길 원했던 그녀는 1942년 12월, 비로소 소련으로 귀환했다.

1943년, 소련 정부는 파블리첸코가 세운 공로를 치하하기 위해 그녀를 소련의 영웅으로 추서했다. 파블리첸코는 소령으로 진급한 후 1944년까지 저격수 학교에서 학생들을 가르쳤다. 그러고는 대학에서 역사학 학위를 마저 끝내려고 휴직을 신청했다. 연합군이 승리하면서 드디어 전쟁은 막을 내렸다. 파블리첸코는 종전 후 공식적으로는 기자이자 군사 전문가의 직함을 달고 일했다. 그러나 실제로는 특별한 날이나 기념일이면 무대에 오르는 '행사 전문 영웅' 역할을 수행해야 했다. 정부는 소련 국민의 애국심을 한껏 고양할 필요를 느낄 때마다 그녀를 이용했다. 여성 전쟁 영웅으로 기념하고 우상화한 것이다. 인도와 중국 소녀들의 침실 벽에는 파블리첸코와 그녀의 저격용 소총이 그려진 포스터가 나란히 붙곤 했다. 덕분에 파블리첸코는 소련을 넘어 세계적인 영웅으로 거듭났다. 쿠바, 베트남, 모잠비크와 같은 국가에서는 여성들도 혁명 투쟁의 일환으로 무기를 들었다. 그들은 파블리첸코를 비롯해 제2차 세계대전에서 소련을 위해 싸운 영웅적인 군인들의 정신을 이어받고자 했다.

소련은 제2차 세계대전에서 가장 큰 피해를 입은 국가였다. 전쟁을 치르는 동안 2,400만 명 이상의 소련인이 사망했는데,[48] 이는 어느 나라보다도 많은 숫자다. 그리고

'전쟁을 기억하라고 강요하는 정치'는 이후 소련과 러시아 인민의 애국심을 강화하는 데 이용되면서 복잡하게 얽히곤 했다.[49] 일부 학자들은 파블리첸코의 초상화가 담긴 전단지, 과장되게 묘사한 소련에서의 삶, 예상을 뛰어넘게 성공을 거둔 미국 투어 등을 꼬투리 삼아 파블리첸코를 사기꾼으로 몰기도 했다. 그녀가 세운 업적이 소련 당국의 조작에 불과하다는 주장을 펼치기도 했다.[50] 그러나 그녀가 저격수로 자원했거나 최전선에서 싸웠다는 사실에 이의를 제기하는 사람은 아무도 없었다. 군에서 기록한 바에 의하면, 파블리첸코는 육군 중위와 해군 소령에 준하는 계급장을 달았고, 총 네 번 부상을 당했으며, 갑작스러운 남편의 죽음으로 외상 후 스트레스 장애 진단을 받았다. 하지만 그녀는 스탈린의 특사로서 미국 등지로 선전 여행을 떠났기에 1942년 3월 이후에는 전선에 나간 적이 없었다. 따라서 백발이 성성한 채 여러 장애와 상처를 안고 돌아온 다수의 여성 병사와 달리 파블리첸코에게는 왼쪽 눈썹 위에 생긴 작은 흉터 하나와 옷으로 충분히 가릴 수 있는 등에 파인 깊은 흉터만 남아 있다는 것도 분명한 사실이다. 온갖 추측과 상관없이, 파블리첸코는 스물네 살에 입대하여 동부 전선에서 독일군이 저지른 잔학한 행위와 야만성을 직접 목격했으며, 오데사와 세바스토폴에서 벌어진 파괴적인 전투를 경험했고, 미국으로 떠날 때는 불과 스물여섯 살이었다는 것은 자명하다.

파블리첸코도 전쟁의 트라우마와 "바이킹"을 잃은 충격과 슬픔에서 완전히 벗어나지 못했다. 최전선에서 싸웠던 다른 여성들과 마찬가지로 파블리첸코 역시 생존자 증후군을 비롯하여, 우울증, 외상후 스트레스 장애에 시달려야 했다. "전선에서 입은 상처와 포탄으로 인한 충격은 세월이 흐르면서 점점 더 심해졌다."[51] 그녀는 1953년에 군에서 공식적인 절차 아래 "2급 장애인"으로 전역했다. 1957년 엘리너 루스벨트가 소련을 방문해 그녀의 옛 친구를 찾았을 때, 파블리첸코는 모스크바의 방 두 개짜리 소박한 아파트에 살고 있었다.

루스벨트와 파블리첸코가 나눈 우정은 전 영부인에게 심오하고도 흥미로운 방식으로 영감을 주었던 것 같다. 1961년, 존 F. 케네디 대통령은 루스벨트를 최초로 대통령 여성 지위 위원회 위원장으로 임명했다. 케네디는 소련이 여성을 교육하고 훈련하는 데 아낌없이 투자하는 것을 보고 여성을 인재로 육성하는 일이 미국의 국가 안보를 위해 반드시 필요하다고 확신했다. 엘리너 루스벨트는 1962년

11월 사망할 때까지 생애 마지막 공직에서 여성 관련 법안 421건을 검토하는 역할을 맡았다. 1963년 보고서인 "미국 여성"은 미국의 법률에서 그리고 직장에서 여성이 차별당하는 구체적인 사례들을 제시했는데, 이 보고서에 담긴 권고 사항은 "제2차 페미니즘 운동"이 탄생하는 발판을 마련해주었다. 파블리첸코와의 만남과 우정은 엘리너 루스벨트에게 중대한 영향을 끼쳤다. 미국 여성들에게 결혼과 모성이라는 좁은 울타리를 넘어서 기회를 제공해야 한다는 확신 말이다.

파블리첸코는 회고록의 마지막 장에 "나는 배제되었다!"라는 제목을 붙였다. 미국이 주도한 맨해튼 프로젝트 이후 본격적으로 핵의 시대가 도래하게 되자 파블리첸코는 저격수도 저격술도 더는 쓸모없어져 과거의 유물이 되어버린 세상을 애도했다. 그러면서 만일 또 다른 세계대전이 발발한다면 이번에는 전 인류가 멸망할지도 모른다는 두려움에 사로잡혔다. 파블리첸코는 여전히 저격수로서 역사상 가장 기록이 좋은 여성이라는 타이틀을 유지하고 있다. 예전과 전혀 다른 양상으로 전쟁이 펼쳐지는 세상에서는 파블리첸코 같은 저격수가 필요 없기 때문이다. 파블리첸코는 회고록 말미에 세바스토폴에 묻힌 형제자매 묘지의 '장엄한 침묵' 속에 홀로 앉아 있었던 순간을 회상했다.

> 주변은 고요했다. 삼나무 사이를 날아다니는 새들이 지저귀는 소리만 들려왔다. 가끔 바다에서 불어온 돌풍에 야생 장미 덩굴이 바스락거리는 소리가 들릴 때도 있었다. 높고 견고한 벽에 둘러싸인 묘지는 바깥 세계와 완전히 분리되어 있었다. 묘지로 가는 오솔길과 주변에 길게 뻗어 있는 산책로, 묘비 위로 반짝이는 맑은 하늘만 보였다. 제54 소총연대 병사들과 장교들이 용감한 장교이자 나의 남편이었던 알렉세이 키첸코 중위를 묻었던 그날 이후로 이곳은 변한 것이 없다. 마치 시간이 멈춰버린 것만 같다.[52]

대다수 참전용사와 마찬가지로 파블리첸코도 전쟁으로 인한 상처와 사랑하는 이를 잃은 슬픔을 알코올로 달랬다. 그러면서 점점 더 깊은 우울감에 잠식되었다. 1974년 10월 10일, 류드밀라 파블리첸코는 58세의 나이로, 장성한 아들의 품에서 뇌졸중으로 사망했다. 그녀가 사망한 지 2년이 지났을 때 소련은 파블리첸코의 초상을 기념우표에 새겨 불멸의 존재로 만들었다. 오늘날까지도 그녀의 일대기를 변형하고 꾸민 이야기가 RejectedPrincesses.com과 같은 웹사이트나, 〈드렁크 히스토리Drunk History〉와 같은 코미디 시리즈, 2014년 러시아가 크림반도를 병합하기 전에 러시아-우크라이나가 합작하여 만든 영화 〈세바스토폴 전투〉 같은 데에서 계속 회자되고 있다.[53] 여성 저격수는 여전히 매혹적인 존재다.

스베틀라나 알렉시예비치의 책에는 제2차 세계대전 당시 소련 여성에 관한 멋진 일화가 실려 있다. 1962년 10월 쿠바 미사일 위기 당시, 한 여성 참전용사가 해변 리조트로 가기 위해 준비를 하고 있었다. 그녀는 옷과 세면도구 외에 만에 하나 전쟁이 터질 경우를 대비해 군인증도 챙겼다. "나는 이미 해변에서 쉬고 있었다. 식당에서 같은 테이블에 앉아 있던 사람에게, 정말 별일 아닌 듯 우연히, 이곳에 올 준비를 하면서 군인증도 챙겼다고 말했다." 라고 참전용사가 알렉시예비치에게 말했다. "그러자 우리 테이블에 있던 한 남자가 잔뜩 흥분해서는 '휴가 갈 때 군인증을 가져가는 건 러시아 여자밖에 없지. 무슨 일이 생기면 바로 모병소로 가려고 말이야.'라고 말하는 것을 들었다."[54]

러시아 여성들은 어떻게 1962년에 이런 행동을 할 수 있었을까? 류드밀라 파블리첸코와 그녀의 동료 참전용사들이 태어난 세계를 이해하려면 우리는 시간을 거슬러 과거로 돌아가야 한다. 그곳에서 우리는 볼셰비키 혁명을 일구고, 세계 최초의 노동자 국가를 건설하는 데 기여한 세 명의 레드 발키리를 만날 수 있다. 이들은 각자의 방식으로 류드밀라 파블리첸코를 비롯해 20세기 수억 명의 여성들의 삶을 변화시킨 독특한 형태의 사회주의 여성 운동의 기초를 놓았다. 그중에서도 가장 두드러지고 논란이 많았던 인물은 바로 최초의 "코뮤니스트 발키리"인 알렉산드라 미하일로브나 콜론타이였다.

두 번째 발키리

혁명의 아이콘
알렉산드라 콜론타이

(1872~1952)

미국 언론은 콜론타이에게 집착했다. 그들은 그녀를 "혁명의 붉은 장미" "프롤레타리아트의 잔 다르크" "페트로그라드 볼셰비키 봉기의 히로인" 그리고 "프롤레타리아트의 세이렌"이라고 불렀다. 1918년 〈커런트 오피니언 *Current Opinion*〉은 콜론타이에 대해 "내각에서 한자리를 차지했으며, 파리지앵처럼 옷을 입고, 결혼 제도를 그다지 신뢰하지 않는 여성"[1]이라고 썼다. 1924년 〈필라델피아 인콰이어러〉는 그녀를 '코뮤니스트 발키리'라고 불렀고, 1년 후 〈뉴욕타임스〉는 그녀가 외교관으로 활동하던 노르웨이에서 '코뮤니즘'을 선전하기 위해 위장 결혼을 했다며 신랄한 비난을 퍼부었다. 1927년, 〈워싱턴 포스트 *Washington Post*〉는 미국 정부가 "남편이 여섯 명이나 되는" 멕시코 주재 신임 소련 대사가 미국 시민들의 안전에 위협이 된다고 판단해 입국을 거부했다는 소식을 전했다.

19세기 중반부터 사회주의, 공산주의, 아나키즘 등 다양한 이론적 배경을 지닌 여성들이 여성 해방을 위해 싸워왔지만, 이제까지 알렉산드라 미하일로브나 콜론타이(Alexandra Mikhailovna Kollontai, 1872~1952)만큼 실질적인 권력과 수단, 즉 저술로 자신의 견해를 알리거나 포럼처럼 공식적인 자리에서 의견을 표명하는 등 국제 사회에 지속적으로 영향력을 끼쳤던 여성은 없었다. 21세기의 관점에서 보아도 콜론타이의 선견지명은 놀랍기 그지없다. 그녀는 100여 년 전에 이미 여성을 위해 이론을 정립하고, 선동하며, 조직했다. 여성의 완전한 해방을 위해 부지런히 싸웠고, 동시에 미래 사회주의 사회에서 사랑, 성, 우정, 그리고 가족의 역할을 재구상했으며, 이러한 재구상을 19세기 말 제정 러시아라는 제약 속에서 실천하려고 노력했다. 좌파 성향의 콜론타이는 평화주의자이자 사회민주주의자로 정치 생활을 시작하여 혁명적 코뮤니스트로 거듭났고, 세계 최초의 여성 대사 가운데 한 명으로 망명길에 오르기 전 잠시 아나키즘에 빠지기도 했다.

콜론타이가 용감하게 제시한 성의 자율성 개념은 빅토리아 시대의 도덕관념이 가한 질식할 듯한 속박에서 여성을 해방하고자 했다. 역사학자 마리아 부커는 자신의 책 『여성의 세기』에서 이렇게 말했다.

콜론타이는 제정 러시아의 그 어떤 코뮤니스트 혁명가보다도 성 불평등을 독창적으로 분석하는 방법을 발전시켰으며, 자유연애 사상을 제안했다. 즉 법과 관습을 통해 고착된 결혼 및 양육 제도를 폐지하고 새로운 형태의 평등과 공동체적 상호 신뢰를 쌓아갈 길을 닦고자 한 것이다. 그녀는 누구나 자신의 능력을 최대한 발휘하며 성장하는 세상, 모든 사람이 성별에 따른 불평등한 부담 없이 공공의 선을 위해 자신을 헌신할 준비가 되어 있는 세상을 꿈꾸었다.[2]

콜론타이가 제안한 아이디어 일부는 시대착오적으로 보일 수 있지만, 1922년 당시와 마찬가지로 오늘날에도 여전히 급진적으로 느껴지는 것도 있다.

1872년 상트페테르부르크에서 태어난 알렉산드라 미하일로브나 도몬토비치는 부유하지만 정치적으로는 자유주의적인 귀족 가문에서 자라났다. 아버지는 차르의 군대에서 장교로 복무했고 어머니는 핀란드 출신의 부유한 사업가의 딸이었다. 장교와 사업가 딸의 결혼은 당시 사교계에서 꽤나 파장을 불러일으켰다. 본래 아버지가 정해준 짝과 결혼할 운명이었으나 비참한 삶 대신 알렉산드라의 아버지와 함께 살기 위해 집에서 도망쳐 나왔기 때문이다. 집에서 가정교사에게 교육받은 어린 알렉산드라는 열성적으로 공부하면서 끊임없이 지식을 갈망하는 총명한 학생이었다. 그녀는 일곱 살에 이미 프랑스어, 독일어, 영어는 물론 핀란드어, 이탈리아어, 불가리아어를 능숙하게 구사할 수 있었고 우크라이나어 실력도 상당한 수준에 이르렀다. "겉으로 보기에 내 유년 시절은 매우 행복했다." 콜론타이는 1926년 자서전에서 이렇게 말했다. "나는 가족 중에서 가장 어리고, 가장 버릇없고, 가장 응석받이였다."[3]

1878년, 오스만 제국에서 불가리아가 막 해방되었다. 콜론타이의 아버지는 불가리아의 새로운 헌법을 작성하는 작업을 돕기 위해 발칸 반도로 파견되었다. 콜론타이도 아버지를 따라갔다. 그곳에서 그녀는 혁명 투쟁을 통한 정치적 자유를 처음으로 경험하게 된다.

콜론타이는 미래를 위해 좋은 남편을 찾아야 한다는

압력에 시달려야 했다. 비슷한 계층의 여성들이 걸어온 현실을 감안할 때 콜론타이 역시 그 길을 모면하기란 불가능해 보였다. "나는 미래와 가족을 위해 좋은 배우자를 만나야 했다. 어머니는 어린 나를 시집보내려고 했다. 실제로 나의 큰언니는 고작 열아홉에 일흔이 다 된 노신사와 정략결혼을 해야 했다. 나는 언니처럼 경제적 안전을 목표로 한 결혼, 즉 돈 때문에 하는 결혼은 하고 싶지 않았다. 오직 사랑으로, 뜨거운 열정으로 결혼하고 싶었다."[4] 콜론타이는 스물한 살이 되었을 때 어머니의 극렬한 반대를 무릅쓰고 가난한 사촌인 블라디미르 콜론타이와 결혼했고, 1893년에 아들 미하일(애칭은 미샤였다)을 낳았다.

콜론타이는 자신이 전통적인 결혼 생활에 안주할 수 없다는 것을 깨달았다. 특권층에서 태어났지만 당시 제정 러시아의 격변하는 정치적 상황을 외면할 수 없었다. 1861년 개혁의 하나로 농노해방이 시행되면서 오랫동안 유지되던 봉건제가 무너졌고 농노들은 자유를 되찾았다. 산업 자본주의가 부상하면서 철벽 독재를 이어오던 로마노프 왕조의 아성에도 균열이 생기기 시작했다. 해방된 농민들은 도시로 몰려들었다. 상트페테르부르크를 위시한 여러 도시에는 자기 노동력 이외에는 팔 것이 없는 농노들로 붐볐다. 19세기 말의 사회적 격변과 유럽 전역으로 확산된 마르크스주의는 차르를 반대하던 자들에게도 영감을 주었고, 혁명가들이 불러일으킬 사회적 혼란을 우려한 비밀경찰은 이들을 얼어붙은 시베리아로 추방했다.

엔지니어로 일하던 블라디미르 콜론타이는 1896년 1월, 젊은 아내를 데리고 상트페테르부르크 서쪽의 도시 나르바에 있는 크렝홀름 방직공장을 방문했다. 그는 다른 엔지니어 팀과 함께 작업장의 공기 질을 개선하기 위해 새로운 환기 시스템을 설치할 계획이었다. 알렉산드라 콜론타이는 젊은 노동자들 몇몇과 이야기를 나눌 기회가 있었다. 그들은 하루 18시간 공장의 탁한 공기를 들이마시며 일해야 한다는 것, 일요일에도 단 몇 시간밖에 쉬지 못하는 현실을 털어놓았다. 공기 중의 섬유 먼지가 노동자들의 폐를 손상시켰고, 막사 안에는 결핵이 맹렬한 속도로 퍼져가고 있었다. 그곳에서 일하는 노동자 대다수는 불과 3~4년 만에 목숨을 잃어야 했다. 1만 2천 명의 노동자들은 비좁은 회사 숙소에 있는 허술한 이층 침대나 바닥에 흩어져 잠을 자고 있었다. 아이들은 기숙사의 열악한 환경에 방치된 채 하루하루를 보냈다. 콜론타이는 훗날 〈샌프란시스코 불레틴〉에서 나온 미국 종군 기자와 진행한 인터뷰에서 이렇게 말했다. "공장장에게 허락을 받아 섬유 공장에서 하루를 보내며 노동자들의 실생활을 관찰할 수 있었습니다. 그일은 제 인생 전체를 바꿀 정도로 깊은 인상을 남겼습니다. 러시아 노동자들이 처한 상황을 바꾸기 위해 무엇이든 해야 한다고 생각했습니다. 사회주의에 대해 아는 바가 전혀 없었지만, 닥치는 대로 책을 읽으면서 사회주의로 가는 길을 찾기 시작했습니다."[5]

콜론타이는 사회주의에 관한 책을 두루 섭렵했다. 특히 아우구스트 베벨이 쓴 『여성과 사회주의Die Frau und der Sozialismus』(1879)와 프리드리히 엥겔스의 저서 『가족, 사유재산, 국가의 기원Der Ursprung der Familie, des Privateigenthums und des Staats』(1884)에 관심을 기울였다. 『여성과 사회주의』는 베벨이 파리 코뮌을 지지한 혐의로 투옥된 상태에서 쓴 책으로 전 세계에 지대한 영향력을 끼쳤다. 1914년 제1차 세계대전이 발발할 때까지 20개 언어로 번역되어 50개 판본이 출간될 정도로 많은 사람에게 읽혔다.[6] 콜론타이는 베벨과 엥겔스를 비롯한 주요 사회주의 이론가들의 연구를 통해 여성 개개인이 맞닥뜨리는 운명이 어떻게 해당 사회의 지배적인 경제 생산 방식에 복잡하게 얽혀 있는지 점차 깨닫게 되었다. 특히 일부일처제로 구성된 핵가족 제도가 사유재산을 옹호하는 이데올로기 구조를 뒷받침한다는 게 문제였다. 어머니들은 악취가 만연한 섬유 공장에서 쥐꼬리만 한 급여를 받으며 일해야 했고, 동시에 차르와 러시아 경제를 주름잡은 엘리트들을 위해 차세대 노동자와 군인을 출산해야 했다. 어머니이자 노동자로서, 그들은 생산 수단의 소유주들에 의해 이중으로 착취당했다. 그것이 눈앞의 현실이었다. 콜론타이는 여성들이 노동에 공식적으로 참여하는 만큼 남성으로부터 경제적으로 독립해야 한다는 베벨과 엥겔스의 주장에 동의했지만, 그것만으로는 충분하지 않다는 것을 알고 있었다. 아내이자 어머니로서 여성의 적절한 역할에 대한 사회적 기대에 맞서 싸우면서, 콜론타이는 사회주의가 단순히 생산 수단의 집단 소유 그 이상을 요구한다고 직감했다. 단순히 여성이 경제적으로 독립하는 것뿐 아니라 가정에서도 완전히 새로운 형태의 사회적 관계를 형성해야 한다고 본 것이다.

베벨과 엥겔스의 의견에 동조한 콜론타이는 독립된 핵가족을 사회 내 부와 특권이 세대에서 세대로 전해지게 하는 전형적인 제도로 파악했다. 이는 아버지가 합법적인 자녀(법적으로 결혼한 부모 사이에서 태어난 자녀)에게 상속하는 방식이다. 이런 사회에서 여성의 몸은 섬유 공장이나 증기기관과 마찬가지로 하나의 생산 수단에 불과했다. 아내를 남편의 소유물로 간주하여 합법적인 상속인을 낳게 하는 법은 여성을 일종의 상품으로 만들었다. 콜론타이는 1909년에 발표한 팸플릿 "여성 문제의 사회적 기반"에 다음과 같이 썼다. "오늘날의 가족 제도, 즉 관습과 법으로 뒷받침되는 이 구조 속에서 여성은 단지 개인으로서만이 아니라 아내와 어머니로서도 억압받고 있습니다. 문명화된 대부분의 국가에서 민법은 여성을 남편에게 어느 정도 종속시켜, 남편이 아내의 재산을 마음대로 할 수 있을 뿐만 아니라 도덕적·육체적 지배권까지 부여하고 있습니다."[7]

콜론타이가 보여준 주요한 통찰 가운데 하나는 전통적인 가부장제와 19세기 말 러시아에서 급부상한 자본주의 정치경제 간의 관계를 분석한 것이다. 오랜 세월 이어져 온 남성의 지배에서 벗어나기 위해, 여성들은 가사 노동을 완전히 사회화하는 '노동자 국가'를 건설하는 데 참여해야 했다. 가난한 여성들에게 하녀, 가정교사, 요리사 등의 형태로 가사 노동을 떠넘기는 대신 콜론타이는 가정 내 관계의 근본적인 변화를 상상했다. 집단적이고 공적인 방식으로 가사 노동을 제공함으로써 여성들이 아버지나 남편에게 의존하지 않고 경제적 독립을 이룰 수 있게 하는 것이다. 그녀는 이 문제에 대해 다음과 같이 설명했다.

여성에게 더없이 억압적이었던 가족이라는 폐허 위에서 우리는 곧 새로운 세상을 마주할 것입니다. 남성과 여성은 이전의 권력관계와 전혀 다른 관계를 포함하는 새로운 형태, 즉 애정과 동지애로 이루어진 결합, 코뮤니즘 사회에서의 동등한 두 사람의 결합, 둘 다 자유롭고 독립적이며 노동자가 될 수 있는 새로운 형태가 생겨나는 것을 목격하게 될 것입니다. 여성은 더는 가정 내 '노예'로 살아가지 않아도 됩니다! 가족 내 불평등도 사라집니다. 여성은 남편이 자신을 버려도 어린 자녀를 품에 안은 채로 두려움에 떨 필요가 없습니다. 이전처럼 여성에게 일체의 지원이나 도움을 주지 않았던 사회와 다르기 때문입니다. 코뮤니즘 사회에서 살아가는 여성은 남편에게 의존하는 대신, 일에 의존할 것입니다. 그녀를 지탱하는 것은 남편이 아니라 그녀의 튼튼한 팔입니다. [8]

나르바에서 돌아온 콜론타이는 상트페테르부르크의 방직 공장에서 일하는 여성 노동자들을 선동하기 시작했다. 탐욕스러운 러시아 산업가들에 맞서는 여성들의 파업을 지원하기 위해 출판물을 배포하고 모금 활동을 벌였다. 당시 상트페테르부르크에도 페미니즘 운동이 막 움트고 있었지만, 콜론타이는 이미 특권을 누리고 있는 여성들의 권리를 확대하는 일에는 관심이 없었다. "페미니스트들은 기존의 계급 사회라는 틀 안에서 평등을 추구하지만, 결코 이 사회의 근간인 불평등한 구조를 공격하지는 않는다. 그들은 자신만을 위한 특권을 요구하며, 기존의 특권과 권한에는 도전하지 않는다."라고 그녀는 주장했다.[9] 마르크스주의자인 콜론타이는 여성 노동자들이 남성 노동자들과 협력하여 차르 체제를 전복해야 한다고 역설했다. 오직 힘을 함께 모을 때만 노동자와 농민이 토지, 공장, 기계를 공동으로 소유하고, 이로써 혜택을 나누어 갖는 새로운 사회를 건설할 수 있다고 여겼기 때문이다.

콜론타이는 야학을 열어 노동자들을 가르치고, 비밀 경찰에 의해 박해받는 정치범과 다른 사회주의 활동가들을 돕기 위해 지하 네트워크를 조직했다. 그녀가 혁명 투쟁에 몰두할수록 사랑하는 남편과는 사이가 점점 멀어져갔다. 노동자를 위해 전면에 나섰던 콜론타이와 달리, 남편의 정치적 상상력은 공장 내 공기를 개선하기 위해 환풍구를 설치하는 데만 머물렀기 때문이다. 알렉산드라 콜론타이는 본국을 떠나기로 결정을 내렸다. 차르 체제의 러시아는 여성이 고등 교육을 누릴 기회를 제한했기 때문에 혁명에 필요한 공부를 지속할 수 없었다. 1898년, 알렉산드라 콜론타이는 남편과 어린 아들을 떠나 취리히 대학에서 경제학을 더 공부하기로 마음먹는다. 그곳에서 콜론타이는 자신처럼 마르크스주의의 이상에 영감을 받은 많은 러시아 및 서유럽 학생들과 활동가들을 만났다. 대학에서 콜론타이는 다시 한번 책 속에 파묻혔다. 그리고 이 시간을 통해 그녀는 여성, 가족, 경제라는 세 요소의 관계에 대한 급진적인 시각을 발전시켰다. 젊었을 때는 내성적이고 수줍음이 많았지만, 그녀는 이내 뛰어난 연설 능력을 갖추게 되었다. 파블리첸코와 마찬가지로 콜론타이 역시 자신이 대중 연설에 재능이 있다는 것을 발견했다.

1903년 러시아로 돌아온 콜론타이는 사회민주노동당 활동에 전념했다. 사회적으로 여전히 열악한 위치에 있는 여성들의 상황을 바꾸기 위해서였다. 남편과 별거 상태에 있던 그녀는 어린 아들 미샤를 데리고 불가리아 출신의 친구 조야 샤두르스카야와 함께 가정을 꾸렸다. 콜론타이와 샤두르스카야는 1878년 불가리아에서 어린 시절 처음 만나 우정을 쌓았는데, 이 우정은 평생 지속되었다. 샤두르스카야는 콜론타이의 아들 미샤가 태어난 후 신혼인 친구와 함께 상트페테르부르크에 가서 살았고, 1908년부터 1917년까지 콜론타이를 따라 서유럽으로 망명했다. 10월 혁명 이후 초기에 모스크바에서 알렉산드라, 미샤와 함께 살았고, 노르웨이와 스웨덴에서 외교관으로 근무하는 동안에도 콜론타이를 자주 방문했다. 샤두르스카야는 결혼하지 않은 채 작가이자 저널리스트로서 자립하여 살았으며, 필요할 때면 쉽게 삶을 정리하고 어디로든 떠날 수 있었다. 샤두르스카야는 실제로 콜론타이가 꿈꾸었던 "새로운 여성"의 전형이었다. 콜론타이는 샤두르스카야를 "내 아들을 제외하고는 세상에서 가장 소중한 사람"이라고 묘사했다. 조야와의 우정과 서로를 향한 충성심은 콜론타이가 경험한 그 어떤 결혼 관계나 연애 사건보다 오래 갔다. 콜론타이는 나중에 샤두르스카야와의 오랜 관계를 설명하면서 이렇게 말했다. "우정은 성적 사랑보다 더 사회적인 감정입니다. 여러 사람과 동시에 친구가 될 수 있는 이유는 각기 다른 사람들이 자극하는 다양한 감정 때문입니다."[10] 콜론타이는 일방적인 낭만적 사랑이 모든 정서적 욕구를 충족시킬 수 없다는 점을 이해했다. 다자간 연애 관계도 긍정했다. 하지만 그녀는 다자간 연애에서도 낭만적인 관계

뿐만 아니라 우정, 동료애, 가족과 같은 다양한 유대감을 함께 발전시켜야 한다고 주장했다.

콜론타이는 러시아 지하조직에서 활동하는 동안 (1905년 실패한 혁명에 참여하기 전후로) 많은 혁명가와 깊은 우정을 쌓았고, "동지적 사랑"에 대한 자신의 생각을 구체화하기 시작했다. 1921년 콜론타이는 "집단 구성원들 간의 유대가 강할수록 고착된 결혼 관계를 맺을 필요성은 줄어든다."[11]라고 말했다. 콜론타이는 일상화된 경제적 경쟁과 생존을 위한 기본적인 투쟁으로 인해 개개인이 고립되고 지친 사회에서는 낭만적인 관계를 과도하게 추종한다고 주장했다. 그녀의 관찰은 오늘날에도 공감을 불러일으키는 바 있다. 콜론타이는 1921년에 이렇게 썼다.

부르주아 사회에서 이상적인 모습은 결혼한 부부였으며, 이들은 서로를 완벽히 보완해 주기 때문에 사회와의 접촉이 필요하지 않았다. 그러나 코뮤니스트 가치관은 그와는 정반대로, 젊은 세대가 개개인의 성격을 온전히 발전시킬 수 있도록 교육받아야 한다고 요구한다. 개개인은 다양한 관심사를 가지고 여러 사람, 그리고 남녀 모두와 접촉하며 살아가야 한다. 코뮤니스트 가치관은 사람들 사이에서 다양한 형태의 사랑

과 우정이 발전하도록 장려한다.[12]

콜론타이는 자신이 구상한 미래 사회주의 사회에서는 안전망이 확대되고 가사 노동이 사회화되어 일상생활의 스트레스가 줄어들 것으로 기대했다. 이런 사회에서는 보통 사람들도 아파트, 식당, 세탁소와 같은 공동 자원을 마음껏 이용함으로써 가장 기본적인 물질적 필요를 충족시킬 수 있을 것이다. 그 어떤 여성도 돈이나 음식, 혹은 의복이나 거처를 얻으려고 결혼할 필요가 없어진다. 콜론타이는 "성관계와 관련하여 코뮤니스트 가치관은 무엇보다도 재정적 또는 기타 경제적 고려에 기반한 모든 관계를 종식시킬 수 있다."라고 설명했다.[13] 경제적인 사항을 더는 고려하지 않아도 될 때 로맨틱한 파트너는 오직 사랑, 매력, 상호 애정에 의해서 선택될 것이다. 또한 이러한 로맨틱한 관계는 동료 및 동지들과 형성한 넓은 우정 네트워크에 속하게 될 것이며, 이들은 서로에게 지적 동반자나 감정적 지원을 제공하게 된다. 콜론타이 역시 그 자신 부르주아적 낭만적 사랑의 이상에서 벗어나려고 노력했다. 남편도 있고 연인도 있었지만, 그녀의 삶에서 핵심을 이루었던 사람은 아들과 조야, 당의 동지들이었다. 콜론타이에게 진정한 사랑은 혁명의 대의였다. 그녀는 같은 목표를 위해 싸운 모든 이와 깊은 유대감을 형성했고, 그 유대감은 그녀를 성장시키고 지탱해주었다.

1907년 콜론타이는 독일 슈투트가르트에서 열린 제1차 국제 사회주의 여성 회의에 참석했다. 이 자리에서 그녀는 자신이 줄곧 '부르주아 페미니스트'라고 불렀던 이들과의 의견 차이를 다시 한번 확인하게 되었다. 1909년 콜론타이는 "여성의 세계도 남성 세계와 마찬가지로 두 개의 진영으로 나뉘어 있다. 한 그룹의 이해관계와 열망은 부르주아 계급과 밀접하게 연결되어 있고, 다른 그룹은 프롤레타리아트와 밀접한 관계를 맺고 있는데 그들이 요구하는 여성 해방은 여성 문제에 대한 완전한 해결책을 포함하는 것이다."라고 썼다. "즉 두 진영 모두 '여성 해방'이라는 일반적인 슬로건을 따르지만, 그들의 목표와 관심사는 서로 달랐다."[14] 콜론타이는 부유한 여성들과의 투쟁만큼이나, 아니 어쩌면 그보다 더, 남성 동지들이 여성 문제를 진지하게 받아들이도록 하는 일에 전력을 다했다. 그러나 여성 노동자들에게 필요한 기본적인 교육도 혁명이 내포한 더 큰 목표에 비해서는 종종 부차적인 것으로 여겨졌으며, 일부 여

성 동지들조차도 당의 내부에 별도의 여성 조직이 있어서
는 안 된다고 주장했다. 남성들을 자극할 수 있다는 우려
때문이었다. 콜론타이는 1908년 러시아 여성들을 조직하
려던 자신의 노력을 회상하며 이렇게 말했다.

> 당원 동지들은 저를 비롯하여 저와 견해를 같이하는 여성 동
> 지들을 '페미니스트'라고 비난하고 여성에 관한 문제만을 너
> 무 강조한다고 비난했어요. (…) 저는 당에 여성 해방이라는
> 대의를 이루기 위해 함께할 것을 요구했습니다. 물론 쉬운 일
> 은 아니었지요. 대다수가 소극적으로나마 이런 목표를 최우선
> 으로 삼는 데 저항했습니다. 이해도 부족했고, 다른 문제에 비
> 해 관심을 보이는 사람도 극히 드물었어요. 이 모든 게 여성 해
> 방으로 가는 길을 계속해서 가로막는 장애물이었습니다. [15]

콜론타이는 끈질기게 자신의 주장을 펼쳐나갔다. 여
성 문제에 집중하는 것이 노동자 운동의 힘을 강화할 것이
라고 강조한 것이 하나의 예다. 그녀는 또한 동료들에게 여
성 노동자들을 대상으로 한 특별한 방식의 선동이 전체 프
롤레타리아트 투쟁에 필수적이라는 사실을 설득하려고 노
력했다. 여성 노동자들은 대체로 남성 동료들보다 교육 수

준이 낮고 정치적 의식이 부족했으며, 문맹인 경우도 많았다. 그래서 다른 방식의 접근이 필요했다. 또한 아내와 어머니로서 수행해야 할 의무 때문에 불법적인 정치 모임이나 교육 활동에 참여할 수 있는 시간이 제한되었기에 사회주의 운동가들은 여성 노동자들에게 다가갈 수 있는 창의적인 방법을 찾아야 했다. 콜론타이는 또한 여성들이 현재 당면한 문제로 인해 남성과는 다른 요구사항을 가지고 있음을 이해했다. 즉 자신과 같은 운동가들이 출산휴가나 육아처럼 구체적인 문제를 해결하려고 노력해야만 여성들을 혁명에 참여시킬 수 있다고 보았다. 콜론타이는 독일에서 활동했던 클라라 제트킨의 경우를 따라 사회민주당, 사회주의당, 공산당과 같은 정당 안에 여성 문제를 담당하는 부서를 따로 신설해야 한다고 주장했다. 콜론타이는 1907년에 이렇게 썼다. "당 내부에 프롤레타리아트 여성들의 독립된 조직을 두는 것은 명확한 조직적 이점을 가진다. 이러한 조직은 여성 노동자들의 구체적인 필요와 요구에 당의 주의를 집중하게 만들며, 정치적으로 의식이 덜 깨어 있는 여성 프롤레타리아트들을 당 주위로 결집시키는 일을 더욱 수월하게 해줄 것이다."[16]

콜론타이는 상트페테르부르크에서의 경험을 통해 남

성 노동자들이 사회주의 운동 전체에서 여성 문제의 중요성을 이해하지 못한다는 사실을 알게 되었다. 특히 섬유 산업에서 여성 노동자들의 수가 증가하면서 이 문제가 더 부각되었다. 러시아 자본가들은 남성보다 여성 노동자를 선호했다. 여성 노동자는 남성 노동자보다 저렴한 가격에 고용할 수 있고, 훨씬 온순하며, 알코올중독에 걸릴 위험 또한 적다는 것이 그 이유였다. 그러나 대다수 프롤레타리아트 남성들은 여성들이 공장에 점점 더 많이 투입되는 상황을 불편하게 여겼다. 자신들의 아내가 힘들게 일하고 들어온 남편을 내조하지 않고 회의나 수업에 참석한다고 비난했다. 그러나 콜론타이는 남성들의 쇼비니즘(남성우월주의)을 이유로 그들을 포기하는 대신, 여성 사회주의자들이 더 적극적으로 남성들을 교육해야 한다고 주장했다.

> 동지들에게 모든 영역에서 여성 노동자의 평등권 문제에 대하여 올바른 태도를 심어주고 실제로 여성의 평등 시민권을 쟁취하기 위한 투쟁에 동지들을 끌어들이려면 단 하나의 길밖에 없다. 여성들이 당을 중심으로 힘을 결집하는 것이다. 여성 노동자들이 당내에 여성 사무국과 여성이 주축인 위원회를 비롯하여 사무국을 설치해야 하는 이유는 여성이 스스로

정치적 권리를 쟁취하기 위해 별도의 투쟁을 벌이고 자신의 이익을 지키는 데 목적이 있는 것이 아니다. 당 내부에서 당에 압력을 행사하고 (남성) 동지들이 여성 프롤레타리아트의 이익을 위해서도 투쟁을 벌이도록 강제하기 위한 것이다.[17]

기존의 당 구조 내에서 남성 동지들과 함께 일해야 한다고 주장한 콜론타이는 결국 초대 볼셰비키 정부에서 가장 강력한 여성 정치인으로 부상했다.

콜론타이가 벌인 정치적 활동은 당국의 의심을 샀고, 급기야 여러 차례 발부된 체포 영장 때문에 몸을 피해야 했다. 결국 러시아를 떠나야 했던 콜론타이는 1908년부터 1917년까지 소위 '활동가'로서 유럽을 떠돌며 살았다. 1910년 8월, 그녀는 제트킨과 함께 코펜하겐에서 열린 제2차 국제 사회주의 여성대회에 참석했다. 제2 인터내셔널 8차 총회가 열리기 직전이었다. 이 회의에서 20세기 초 유럽의 사회주의 여성들은 정책 권고안을 위한 틀을 마련했는데, 이 프로그램은 불과 7년 후 콜론타이가 신생 국가 소련에서 시행하게 된 내용이었다. 이 권고안의 네 번째 의제인 '모성과 임산부와 영유아를 위한 사회적 보호와 지원'에는 다음과 같은 요구가 포함되었다.

- 8시간 노동제와 14세 미만 아동의 노동 금지
- 임신한 여성은 출산 8주 전부터 일을 그만둘 권리를 갖고, 아기가 생존할 경우 출산 후 8주간의 유급 출산 휴가를 받을 수 있음
- 수유 중인 어머니에게는 추가로 5주간의 휴가를 부여함

이러한 혜택은 공장 노동자뿐만 아니라 농업에 종사하는 여성과 가사 노동자를 포함하여 모든 여성 노동자에게 적용되었다. 여성 노동자를 위한 출산휴가 정책에 쓸 자금을 지원하기 위해 주 정부는 세수에서 모성 보호 전용 기금을 따로 마련했다. 여성의 돌봄 의무를 공공부문에서 지원하는 이와 같은 정책은 훗날 진보적 사회의 상징이 되었고, 사회주의적 발전을 추구한 여러 탈식민 국가들을 포함한 세계 각지의 모범이 되었다.[18]

그러나 제1차 세계대전이 발발하자 상황이 달라졌다. 전쟁은 유럽 사회주의 공동체에 돌이킬 수 없는 균열을 일으켰다. 거의 모든 국가의 사회민주당은 서로 협력하여 세

계 평화를 실현하겠다는 국제주의에 대한 약속을 저버리고 전쟁의 불길 속으로 성급히 뛰어들었다. 알렉산드라 콜론타이, 클라라 제트킨, 로자 룩셈부르크를 비롯한 여성 운동가들은 독일 사회민주당과 유럽의 멘셰비키 성향 정당들의 배신에 격렬히 분노했다. 이들 정당은 한때 전쟁을 부르주아 제국주의의 도구라 규탄하며 전 세계 노동계급의 연대를 촉구했었다. 그러나 제1차 세계대전이 발발하자 이들은 '조국 수호'를 명분으로 전쟁을 지지하는 데 표를 던졌으며, 특히 독일의 경우 카이저에게 전쟁 자금을 승인받기 위해 만장일치로 찬성표를 던졌다. 가혹한 프롤레타리아트적 삶의 조건을 경험한 노동자들이 어떻게 자신들을 착취한 바로 그 부르주아 계급을 갑자기 수호하려고 나설수 있었을까?

알렉산드라 콜론타이가 파리에서 함께 활동했던 블라디미르 레닌은 전쟁에 대해 극단적인 입장을 취했다. 레프 톨스토이의 전통을 따라 처음에는 평화주의를 지지했던 콜론타이와 달리 레닌은 각국의 군인들이 총과 무기를 사용하여 자신들의 정부를 상대로 내전을 일으켜야 한다고 주장했다. 전쟁 첫해에는 민족주의적 정서가 우세하여 볼셰비키의 입장이 외면당했지만, 전쟁이 장기화되면서 볼셰비키의 호소력은 점차 증대되었다. 레닌이 표명한 제국주의 전쟁 반대에 대한 원칙적 입장은 결국 콜론타이를 멘셰비키로부터 멀어지게 했다. 콜론타이는 새로운 관점을 흔쾌히 받아들임으로써 그녀 자신 예기치 못한 역사적 사건에 대응하여 정치적 지향을 바꿀 의지가 있다는 것을 몸소 보여준 셈이다. 1915년까지 콜론타이는 레닌과 그의 아내 나데즈다 크룹스카야, 그리고 이들의 동료였던 이네사 아르망과 정기적으로 통신을 주고받고 협력하는 동지가 되었다.

1911년부터 1916년 사이, 콜론타이는 볼셰비키 활동가였던 알렉산드르 슐랴프니코프(훗날 노동당 소속 인민위원장으로 임명된다)와 길고도 간헐적인 연애를 했다. 그는 서유럽으로 망명한 러시아 금속 노동자이자 노동조합 지도자이기도 했다. 두 사람은 1911년 말 콜론타이가 서른아홉 살, 슐랴프니코프가 스물여섯 살이던 해에 파리에서 처음 만났다. 콜론타이가 당시 상황을 기록한 일기를 보면 두 사람은 나이와 사회적 신분 차이에도 불구하고 강렬한 '불꽃'을 경험했다.[19] 이 시기에 쓰인 레닌의 일부 서신을 보면 그가 콜론타이를 슐랴프니코프의 '아내'라고 부르는 대목이 등장하지만 두 사람은 결혼하지 않았다.[20] 콜론타이와 슐랴프니코프는 로맨틱한 관계에만 머물지 않았다. 긴밀한 정치적 동지로 발전한 것이다. 그들은 스칸디나비아를 거쳐 러시아로 문서를 밀반입하며 뜻을 같이하는 운송자들과 연결된 일종의 "북방 철로"를 통해 활동했다. 전자 통신이 불가능했던 시대에 국경을 넘어 신문, 팸플릿, 그리고 메시지를 밀반출하는 일에는 복잡한 조직력이 필수적으로 뒷받침되어야 했다. 게다가 이런 일은 망명자들의 시간과 에너지를 상당히 소모시켰다.[21] 콜론타이와 슐랴프니코프의 업무적 협력과 우정은 연애가 끝난 후에도 오랫동안 지속되었다.

1915년 말, 콜론타이는 미국 사회주의자들의 초청으로 4개월간의 강연 투어를 떠난다. 유료로 진행된 이 순회 강연에서 그녀는 사회주의, 여성의 권리, 평화주의를 주요 이슈로 다루었다. 콜론타이는 81개 도시를 방문하여 4개 국어로 총 123회 강연을 진행했는데, 그녀의 탁월한 연설에 미국 전역의 사회주의 지지자들이 매료되었다.[22] 콜론타이는 뉴욕에서 잠시 시간을 보낸 후 뉴저지주 패터슨에 몇 달간 거주했다. 아들이 그곳에서 공과대학에 다니고 있었기 때문이다. 콜론타이는 미국을 여행하며 겉으로는 위대해 보이는 아메리칸드림의 내면에 감춰진 심각한 계급

균열을 목격했다(이는 27년 뒤 류드밀라 파블리첸코가 미국을 방문하며 깨달은 것과 유사하다). 콜론타이는 강연 투어를 마친 후 이렇게 썼다. "네 달 반 동안 나는 정치인들이 군국주의를 옹호하며 끈질기게 설교하는 모습을 보았고, 노동자들이 무절제한 자본에 맞서 격렬한 투쟁을 벌이는 모습을 보았다. 또 미국 경찰이 휘두르는 무소불위의 권력과 신탁왕의 전능함 앞에 엎드려야만 하는 사람들, 부패하여 공정함을 잃어버린 미국 법원, 미국 자본주의의 종을 자처하는 비굴한 언론을 직접 확인했다."[23] 콜론타이는 자유의 여신상에 대한 짧은 에세이에서 "한때 유럽 태생인 우리 아버지와 할아버지의 심장을 행복과 환희로 뛰게 했던 미국은 이제 더는 가난하고 억압받는 사람들에게 자유를 약속하는 나라가 아니었다."라고 소회를 털어놓았다.

제1차 세계대전이 장기화되자, 러시아인들은 경제적 혼란과 막대한 인명 손실에 점점 분노했다. 1917년 2월, 수 세기 동안 유지되었던 전제정치는 자발적인 파업, 여성들의 시위, 군대의 반란과 폭력적인 충돌 끝에 무너졌다. 그 결과 러시아 황제가 퇴위했다. 거대한 제국의 통제권은 이제 급작스럽게 부르주아 임시 정부에 넘어가게 되었다. 콜론타이는 이 소식을 듣고 곧바로 상트페테르부르크(지금의 페트로그라드)로 돌아와 알렉산드르 케렌스키가 이끄는 새 정부하에서 시내에 적을 둔 세탁 노동자들의 첫 파업을 이 끌었다. 이 과정에서 그녀는 체포되어 두 달간 감옥 생활을 했으나 이후 보석으로 풀려나 가택 연금 상태에 놓였다.[24] 임시 정부가 제1차 세계대전의 참화에서 빠져나오기를 거 부하자, 콜론타이는 볼셰비키를 지지하며 레닌과 동맹을 맺었다. 결국 그녀는 무장봉기를 통한 권력 장악에 찬성표 를 던졌다. 1917년 10월 혁명 이후, 레닌은 10월 28일 콜론 타이를 사회복지 인민위원으로 임명했다.

혁명 직후 콜론타이는 권력의 중심에 섰다. 그녀는 여 성 해방, 성적 이중 잣대의 철폐, 그리고 여성을 가정 내의 종속적 역할에서 해방하는 새로운 사회주의 윤리 체계의 창조라는 오랜 목표를 실현하기 위해 앞에 나섰다. 1917년 12월, 콜론타이는 진보적인 소련 법률가들의 도움을 등에 업고 교회 결혼을 민법 결혼으로 대체하고 이혼을 자유화 하는 두 가지 법령 제정을 주도했다. 1918년 미국 저널리스 트 루이스 브라이언트는 콜론타이를 만났을 때 그녀의 강 렬한 열정과 성실함에 깊은 감명을 받았다고 털어놓았다. "콜론타이는 지치지 않고 일하며, 불타는 열정에서 비롯된 끈기를 바탕으로 엄청난 성과를 이뤄냅니다."[25]

1918년 10월, 소련의 최고 입법 기관은 이러한 법령들을 새로운 가족법에 통합했다. 이 법은 '사망, 출생, 결혼에 관한 민법 조례'로 명명되었다.[26] 새로운 법전은 수 세기 동안 이어져 온 가부장적·종교적 권위를 무너뜨렸고, 여성들을 아버지와 남편의 소유물로 간주하던 모든 법을 폐지했으며, 더는 교회가 여성의 결혼과 이혼 문제에 통제력을 발휘하지 못하게 했다. 이로써 여성들은 남성과 법적으로 평등해졌고, 기혼 여성들도 자신의 임금을 마음대로 사용할 수 있게 되었다. 또한 이 법은 모든 자녀가 부모로부터 지원을 받을 권리를 보장했고, 고아들이 국가의 보호를 받을 수 있도록 명문화했다.

콜론타이는 또한 공동으로 운영하는 국영 세탁소, 구내식당, 아동센터 등의 방대한 네트워크를 구성하자고 제안했다. 그녀는 여성이 가사로부터 해방되면 남성과 동등한 조건으로 공적 영역에 진출하여 원하는 교육을 받고 직업을 갖게 될 거라고 기대했다. 여성들이 기술과 재능을 계발하면서 자기 삶에 대한 주도권과 통제권을 획득하게 되면 남성과 다름없이, 즉 남녀 모두 다양한 일을 통해 수입을 창출하여 경제적 자립을 이룰 수 있을 터였다. 나아가 경제적으로 독립한 여성들은 이제 사랑과 상호 애정을 기반으로 연인 관계를 선택할 수 있게 되며, 부르주아 결혼에서 흔히 보였던 계산적인 의존관계를 탈피할 수 있을 것이라고 콜론타이는 확신했다.

새로운 법령은 콜론타이가 구상한 원대한 계획의 핵심 이슈를 담고 있었다. 바로 여성 평등과 부르주아식 일부일처제의 종말이다. 이 법안이 통과된 후 러시아에서는 이혼율이 급증했다. 러시아 여성들은 마침내 폭력적이거나 알코올 중독자인 남편과의 결혼에서 벗어날 자유를 얻었고, 남성들은 임신 때문에 책임을 떠안아야 했던 여성들과의 결혼을 해소할 수 있게 되었기 때문이다. 콜론타이는 이러한 해방이 그녀가 구상한 '동지적 사랑(comradely love)'이라는 새로운 관계의 시대를 열어줄 것이라 기대했다. 한편 레닌은 콜론타이의 사적 관계 구상에는 큰 관심을 두지 않았으나, 가사 노동이 비생산적인 고역이라는 점에는 동의했다. 제1차 세계대전으로 수많은 남성을 잃은 러시아에서 레닌은 콜론타이가 여성들을 동원하여 어떤 대가를 치르더라도 신생 국가를 지켜야 한다고 보았다. 혁명의 성패 여부는 여성들의 공식적인 노동 참여에 달려 있었고, 적어도 첫 10년 동안 볼셰비키는 흔들리는 경제를 지탱하기 위해

서라면 전통적 가족 구조의 기반을 무너뜨린다 해도 이를 기꺼이 수용할 준비가 되어 있었다.

콜론타이는 1918년 3월 28일까지 장관직을 유지했으나, 브레스트-리토프스크 조약의 참담한 조건에 항의하며 사임했다. 이 조약은 러시아를 제1차 세계대전에서 벗어나게 했지만, 독일에 거대한 영토를 양도해야 하는 대가를 치르게 되었다.[27] 여러 어려움에도 굴하지 않고 여전히 여성의 권익을 위해 헌신했던 콜론타이는 1919년 제8차 공산당 대회에서 괄목할 만한 승리를 얻어냈다. 당 대회에서는 여성들을 대상으로 한 당의 활동을 강화하자는 콜론타이의 결의안을 채택했고, 국영 세탁소, 구내식당, 아동시설의 수를 더욱 확대하기로 약속했다.[28] 같은 해 콜론타이는 이네사 아르망과 함께 공산당 중앙위원회 산하에 여성부 '젠오트델'(Zhenotdel)을 설립하는 데 기여했다.[29] 1920년에는 세계 최초로 임신 초기 12주 내 필요에 따라 낙태를 허용하는 법을 제정했다.[30]

1919년부터 1923년까지의 러시아는 혁명, 내전, 기근을 거쳐 신경제정책(NEP)으로 전환되는 혼란과 격변의 시기였다. 신경제정책은 콜론타이가 혐오했던 자본주의로

부분적으로 회귀한 정책이었다. 1918년 초, 콜론타이는 새로운 연인과 결혼하기로 결심했다. 그의 연인은 우크라이나 농민 출신으로 크론시타트의 수병이자 궁극적으로 발트 함대의 지도자가 된 파벨 디벤코였다. 디벤코는 콜론타이보다 16세 연하였다. 그들의 나이와 사회적 지위의 차이는 가장 진보적인 볼셰비키조차도 들썩이게 만든 일대 스캔들이었다. 레닌은 콜론타이의 연애가 부적절하다고 생각하여 행여 새 정부를 건설하는 데 방해가 되지나 않을까 걱정했다. 디벤코는 두 사람을 둘러싼 악의적인 소문을 없애기 위해 새로운 민사혼 제도에 따라 자신들의 관계를 공식화하고 싶어 했다. 콜론타이의 어린 시절 친구였던 조야 샤두르스카야도 디벤코가 콜론타이의 여성 혁명 활동에 지장을 초래할까 두려워했다. 조야는 콜론타이에게 말했다. "너 정말 그를 위해 자유의 깃발을 내려놓을 거야? 너는 평생 결혼 생활이 가져오는 노예 상태에 맞서 싸워왔잖아. 그 노예 상태가 언제나 우리의 일과 성과와 충돌했다는 걸 누구보다 잘 알면서."[31] 조야의 경고는 결국 현실이 되었다. 콜론타이와 디벤코의 결혼 생활은 오래가지 못했다. 1919년 콜론타이가 심각한 심장 발작을 겪은 이후 두 사람의 관계는 급격히 소원해졌다. 1920년, 디벤코는 자신에게 더 많은 관심을 쏟아줄 젊은 여성을 만나 새로운 관계를 시작했다.

1920년, 콜론타이와 그녀의 아들 미샤, 그리고 조야 샤두르스카야는 모스크바에 있는 내셔널 호텔에서 다른 볼셰비키들과 함께 생활하고 있었다. 이곳에서 미국의 아나키스트 엠마 골드만이 처음으로 콜론타이를 만났다. 칼 라데크는 1921년 제3인터내셔널 회의장에서 콜론타이를 '발키리'라고 불렀다.[32] 엠마 골드만은 콜론타이와의 첫 만남을 이렇게 회상했다. "콜론타이는 50세에 가까운 나이와 최근 받은 큰 수술에도 불구하고 놀랍도록 젊고 생기 있어 보였다. 키가 크고 위엄 있는 모습은 열정적인 혁명가라기보다는 우아한 귀부인을 떠올리게 했다. 그녀의 복장과 두 개의 방으로 된 스위트룸은 고상한 취향을 드러냈고, 책상 위에 놓인 장미꽃은 러시아의 회색빛 풍경 속에서 유난히 돋보였다."[33] 그러나 내전이 안겨준 고난과 지속적인 행정 업무는 콜론타이에게 큰 부담으로 다가왔다. 특히 1920년 9월, 이네사 아르망이 갑작스럽게 사망한 후 콜론타이가 여성부(젠오트델)의 책임을 맡게 되면서 이러한 부담은 더욱 증대했다.

골드만이 소련에 머물던 동안, 다양한 좌파 세력들 사

이에 내분이 시작되었다. 특히 노동조합의 독립 문제를 둘러싸고 갈등이 심화되었다. 블라디미르 레닌과 레온 트로츠키는 국가와 경제에 대한 중앙집권적 통제를 요구하며 그들을 지지했던 노동자 평의회의 권한과 영향력을 축소했다. 콜론타이는 오랜 연인이자 친구인 슐랴프니코프와 함께 노동자의 자치 경영권을 옹호하는 운동을 펼쳤는데, 이 운동은 노동자 야당, 노동 야당 또는 좌파 야당 등 다양한 이름으로 불렸다. 콜론타이는 중앙집권적인 국가가 필요하다는 주장은 '이해'했지만, 자율성과 자치권을 말하는 노동자들의 요구에는 '공감'했다. 엠마 골드만은 신생 소련 정부에 형성되고 있는 관료주의를 혐오했다. 콜론타이는 여러 면에서 노동자가 기업에 대한 통제권을 가져야 한다는 미국 출신 아나키스트 동지인 골드만의 주장에 동의했다. 1920년 말에 열린 당 대회에서는 노동조합의 운명에 대한 네 가지 견해가 대립했다. 이 회의에 참석한 엠마 골드만은 슐랴프니코프와 콜론타이의 의견에 동의하며 볼셰비키가 이들을 처우하는 방식에 불만을 표했다.

대회에서 레닌은 노동자 야당을 "아나르코-생디칼리스트적 중산층 이데올로기"라고 비난하며 전면적인 탄압을 주장했다. 레닌은 노동자 야당의 가장 영향력 있는 지도자 가운데 하나였던 슐랴프니코프를 "심기가 불편한 인민위원"이라고 비꼬았다. 이후 슐랴프니코프는 공산당 중앙위원회 위원으로 임명되어 침묵을 강요당했다. 콜론타이 역시 "입을 다물지 못하겠으면 당에서 나가라."는 경고를 받았다. 그녀가 야당의 견해를 담아 쓴 팸플릿도 결국 금지되었다.[34]

골드만이 언급한 팸플릿은 콜론타이가 그녀 자신과 노동자 야당이 소련 정부의 현 정책에 표명했던 이견을 신중하게 정리한 것이었다. 콜론타이는 이를 당의 가장 충성스러운 지지자 가운데 한 명이 당내에서 제기한 건설적인 비판으로 받아들였다. 그러나 콜론타이가 레닌과 트로츠키에 공개적으로 반대하면서 모스크바에서 펼쳐질 그녀의 정치적 미래는 심각한 타격을 입었다. 당시 남성들은 그녀가 디벤코와 결별하고 슐랴프니코프와 관계를 다시 회복한 것이 야당을 지지하는 이유라고 몰아세웠다(이는 사실이 아니다). 하지만 콜론타이에게 더 큰 상처를 준 일은 슐랴프니코프의 배신이었다. 그는 당 대회 이후 그녀와 거리를 두었고, 레닌과 트로츠키에게 콜론타이의 팸플릿에 실은 글은 오직 그녀의 견해일 뿐이라고 해명했다. 이후에도 콜론타이는 레닌이 펼친 신경제정책을 계속 비판했다. 그녀는 이 정책이 시장의 제한적 재도입을 허용하고 여성 노동자의 생활 조건을 급격히 악화시키는 정치적 후퇴라고 보았다.[35] 동료들의 비난과 조롱, 그리고 디벤코와의 고통스러운 이혼까지 겹치면서 콜론타이는 점점 더 고립되었다(디벤코는 콜론타이의 이름을 도용해 자신의 젊은 연인에게 새 옷을 불법으로 조달하기도 했다). 결국 콜론타이는 정치적 갈등에서 벗어나기 위해, 당시 인사 배치를 책임지고 있던 스탈린에게 모스크바 외곽의 직책을 요청했다.

루이스 브라이언트는 1923년에 쓴 글에서 콜론타이가 온갖 비난을 감수하면서도 끊임없이 볼셰비키 동지들에게 도전장을 내밀었던 모습을 다음과 같이 회고했다.

콜론타이의 정치적 판단은 정통 코뮤니스트의 시각에서 보더라도 종종 현명하지 못한 경우가 많았다. 그러나 그녀는 무한한 용기로 중무장한 채 여러 차례 레닌에게 공개적으로 반기를 들었다. 레닌도 가만있지 않았다. 그는 특유의 냉정하고 솔직한 태도로 그녀를 철저히 짓눌렀다. 하지만 불같은 열정에도 불구하고 콜론타이는 '당의 규율'을 이해했고, 군인처럼 의젓하게 패배를 받아들였다. 만약 그녀가 혁명 후 4개월 만에 물러났다면, 그녀는 남은 평생 월계관에 안주할 수도 있었을 터다. 그러나 콜론타이는 대중이 국가 권력을 장악한 직후의 황홀한 순간을 놓치지 않고, 여성들을 위한 전례 없고 획기적인 법안들을 헌법에 포함시키는 데 성공했다. 소련은 이 법들이 이미 헌법과 관련된 모든 사안에 깃드는 신성한 권위를 지니고 있다고 여겼고 따라서 자부심을 느꼈다. [36]

그러나 이러한 획기적이고 전례 없는 법 중 상당수는 스탈린 정권 아래 사라지고 말았다. 콜론타이가 노동자 야당을 지지했으나 성과를 거두지 못했던 것처럼, 소련 여성들의 삶을 개선하기 위해 갖은 애를 썼던 콜론타이의 다양한 시도 역시 무산되었다. 역사학자 엘리자베스 우드와 웬디 골드먼은 1920년대 러시아 사회를 재편하려던 콜론타이의 시도가 대부분 실패로 끝맺는 과정을 상세히 기록했다. [37] 콜론타이의 남성 동지들은 그녀를 온전히 지지하지 않았다. 그들은 여전히 콜론타이가 여성 문제에 집착하는 한 노동계급이 분열될 것으로 의심했다. 게다가 많은 볼셰비키 지도자가 콜론타이가 제안한 새로운 공산주의 성 도리 이론에 반감을 드러냈다. 특히 그녀의 파격적인 단편소설 「삼 대의 사랑The Loves of Three Generations」과 논란이 된 에

세이 「날개 달린 에로스를 위한 길: 노동 청년에게 보내는 편지*Make Way for Winged Eros: A Letter to Working Youth*」의 발표 이후, 그녀는 조롱의 대상이 되었다.

1923년에 발표된 이 두 작품은 20세기 초 러시아에서 성(性)을 다룬 가장 도발적인 텍스트로 평가된다. 「삼 대의 사랑」에서 콜론타이는 할머니, 딸, 손녀 등 세 여성의 이야기를 통해 변화하는 성적 윤리관을 탐구한다. 이 이야기 속에서 (할머니의) 딸은 콜론타이와 유사한 코뮤니스트 발키리 인물과 대화를 나누며, 자신의 딸(할머니에게는 손녀)과 재혼한 남편(할머니에게는 손녀의 계부) 사이의 가벼운 성적 관계를 탐탁지 않게 여기는 게 과연 부르주아적 고지식함은 아닌지 묻는다. 콜론타이는 이 작품에서 질투라는 감정을 탐구한다. 그녀는 질투가 자연스러운 감정임을 인정하면서도 사람들이 연인을 소유물로 여기지 않는다면 이를 극복할 수 있다고 주장한다. 또한 콜론타이는 여성의 삶에서 성적 관계의 중요성을 축소하며, 집단을 위한 혁명적 활동이 훨씬 더 중요하다고 강조한다.

콜론타이는 「날개 달린 에로스를 위한 길」에서 남녀 모두 성적·정서적·지적인 면에서 자유롭고 다양한 관계를 형성할 수 있는 사회를 제안한다. 공동체적 유대가 강한 사회에서 개인들이 자유롭게 관계를 형성하며 살아가는 세상을 그린 것이다. 그녀는 자본주의 사회의 가혹함과 불안정이야말로 사람들이 서로에게 집착하게 만들어 건강하지 않은 방식으로 관계를 맺게 하는 원흉이라고 보았다. 예를 들어 이런 사회에서는 연인 관계에서조차 공동의 목표를 위해 협력하는 동반자가 되기보다 서로에게 성적·감정적 '독점권'을 요구하게 된다는 것이다.

그러나 콜론타이의 주장은 난잡함을 옹호하는 것으로 오해받았고, 언론의 공격을 피할 수 없게 되었다. 귀족적 배경과 여러 연인, 특히 젊은 노동자 계급 출신 남성과의 관계, 그리고 노동자 반대파에 대한 지지와 신경제정책 비판은 그녀의 정치적 신뢰도에 큰 타격을 주었다. 결국 스탈린에게 개인적으로 탄원한 후, 콜론타이는 노르웨이 대사관에서 근무하게 되었고, 세계에서 세 번째 여성 대사이자 러시아 최초의 여성 대사가 되었다. 이후 그녀는 제2차 세계대전이 끝날 때까지 외교관으로서 소련을 떠나서 살아야 했다.

콜론타이의 사랑과 성에 대한 이론은 시대를 앞서 있었다. 그녀가 사랑의 정치경제학을 주장하던 때, 소련은 전쟁의 혼란에서 벗어나려 몸부림치고 있었다. 제1차 세계대전과 내전의 혼란, 그리고 극심한 가뭄이 겹쳐 발생한 끔찍한 기근으로부터 말이다. 볼셰비키 정부는 모든 가사 노동을 사회화하고 싶어 했으나 자원이 부족했다. 당시 소련 경제 상황은 공공 세탁소, 구내식당, 보육 시설 등을 갖추기에 여러모로 역부족이었다. 설상가상으로 여성을 해방하려고 제정했던 일부 법안이 오히려 남성들에게 면죄부를 주는 꼴이 되어 여성들의 삶은 더욱더 어려워졌다. 1926년이 되자, 특히 농촌 지역의 많은 여성이 과거로의 회귀를 요구하기 시작했다. 열악한 임금으로는 아이를 혼자 부양하기 어려웠고, 이혼이 자유로워지면서 남성들이 임신의 징후가 보이는 즉시 여성을 떠나는 일이 빈번해진 탓이다. 양육비 규정은 거의 집행되지 않았고, 신뢰할 만한 피임법이 없는 상황에서 남녀 간의 자유연애는 수십만 건의 계획되지 않은, 혹은 원치 않는 임신으로 귀결되었다. 국가는 아이들을 돌볼 자원이 부족했기 때문에 집 없는 아이들이 대도시로 몰려들었다. 1920년에 낙태가 합법화되면서 여성은 자신의 생식력을 통제할 수 있게 되었지만, 이는 (정부 입장에서는) 달갑지 않은 결과로 이어졌다. 출산율이 이전에 비해 급락했기 때문이다. 삶을 자신의 의지대로 선택할 수 있는 선택의 여지가 주어지자 많은 여성이 출산을 포기하는 쪽을 선택했지만, 세계 최초의 노동자 국가는 여전히 경제를 먹여 살릴 더 많은 노동자가 필요했다.

콜론타이는 수 세기에 걸쳐 이어진 가부장적 억압에서 여성을 해방시키려고 시도했다. 그녀가 도전장을 내밀었던 갖은 방법은 그러나 소련 남성들에게 내재된 부정적인 측면이 드러나게끔 자극했다. 이제 여성들은 더는 아버지나 남편의 소유물이 아니었지만 그 대신 성폭력이란 끔찍한 사태에 직면해야 했다. 표도르 페오도르 글라드코프의 1925년 소설 『시멘트Cement』(1925)는 혁명 직후에 벌어졌던 성폭력을 적나라하게 다룬다. 세르게이 테트리아코프의 1926년 희곡 〈나는 아기를 원한다I Want a Baby〉(1926)도 마찬가지다. 테트리아코프는 집단 강간과 성희롱을 솔직하게 묘사하면서 소련 여성들이 새롭게 쟁취한 권리와 특권을 누리는 과정에서 직면하게 된 어려움을 명시적으로 인정했다. 그러나 그의 작품은 검열 대상이 되었으며 결국 상연이 금지되었다.[38] 더 중요한 것은 다수의 러시아 남성이 여성을 동등하게 대하기를 거부했다는 점, 여성이 남성에게 완전히 예속되었던 옛 시절을 그리워했다는 점이다. 글라드코프는 『시멘트』에서 이 주제를 다룬다. 붉은 군대 소속 병사 글레브는 집으로 돌아와 충격적인 장면을 마주한다. 아내 다샤가 어느새 해방된 소련 여성이 되어 딸을 공동 육아원에 맡기고는 자신만의 삶을 즐기고 있었기 때문이다. 이 소설의 주요 부분인 "차가운 난로"라는 챕터에서 글레브는 다샤의 독립성을 받아들이지 않고 도리어 그녀를 강간하려고 한다. 이에 다샤는 자신을 방어하며 "단순히 여자가 아니라 진정한 인간"으로서 자기 삶에 대한 결정권을 얻기 위해 싸우겠다고 선언한다. 소설은 다샤가 뒤돌아보지 않고 글레브를 떠나는 장면으로 끝난다.[39]

1927년 소련의 무성영화 〈침대와 소파〉는 혁명적 변화 속에서도 굳건히 유지되는 러시아 가부장제를 묘사한다.[40] 이 영화에서는 결혼한 여성이 남편과 그의 옛 군대 동료와 함께 동거 생활을 하게 된다. 그러나 자유연애를 통해 해방되기는커녕 여성은 오히려 두 남자의 요구를 감당하기 위해 더 많은 가사 노동을 짊어지게 된다. 예기치 못한 임신으로 인해 낙태를 결정하지만, 여성은 결국 아기를 낳기로 결심하고 두 남자를 떠난다. 영화의 마지막 장면에서는 그녀가 결혼이라는 제도에서 해방되어 아기와 함께 새로운 미래를 그리며 기차에 홀로 올라타는 모습이 그려진다. 그러나 모든 소련 여성이 이처럼 긍정적인 결말을 맞이

한 것은 아니었다. 알코올중독과 가정 폭력이란 문제가 초기 소련 사회의 여성들을 괴롭혔기 때문이다.

'새로운 여성'에 대한 콜론타이의 비전은 단기적으로는 취약한 소비에트 경제로 인해 곤궁해진 현실과 전통적인 가부장적 규범에 젖은 남성들의 완강한 저항에 부딪혔다. 콜론타이는 이에 굴하지 않았다. 1926년, 그녀는 보란 듯 『성적으로 해방된 코뮤니스트 여성의 자서전 *Autobiography of a Sexually Emancipated Communist Woman*』을 출간했다. 분량이 적은 이 책은 소련 당국에 의해 심하게 검열을 당했지만, 그녀는 지금까지의 삶을 되돌아보며 독자들에게 이렇게 강조했다. "앞으로 내가 어떤 과제를 수행하든, 여성 노동자의 완전한 해방과 새로운 성적 윤리관의 기초를 마련하는 것이 나의 활동과 삶에서 추구해야 할 가장 높은 목표로 남을 것입니다."[41] 1918년에 제정된 가족법 조항 덕에 차츰 숨통이 트이기 시작했던 여성들의 상황은 그러나 서서히 역전되었다. 스탈린이 1936년에 가족법을 개정했기 때문이다. 합법이었던 낙태가 다시 금지되었고, 여성들은 자유롭게 이혼을 하지 못하게 되었다. 전통적인 가부장적 가족 제도를 소련 사회의 기본 단위로 재도입한 것이다.

알렉산드라 콜론타이는 노르웨이, 멕시코, 스웨덴에서 외교관으로 근무하며 여생을 보냈다. 스페인 출신의 이사벨 드 팔렌시아는 제2차 세계대전 직전 스톡홀름에서 콜론타이와 긴밀히 협력했으며, 때때로 적대적인 외교 환경 속에서 기동력을 발휘하는 콜론타이의 모습에 감탄했다. 팔렌시아는 자서전에서 콜론타이를 절친한 친구로서 다음과 같이 묘사했다.

> 콜론타이는 빼어난 지성, 예리한 시각과 강인한 의지와 따뜻한 마음까지 갖춘 여성이다. 모든 사람이 자신에게 반대해도, 자신에게 적대적인 사람으로 가득한 집단에서조차 그녀는 자신만을 위한 자리를 만들어낼 수 있었다. (…) 알렉산드라 콜론타이는 무엇보다도 이상주의자다. 그녀의 정치적 신념이 모든 사람의 마음에 들 수는 없겠지만, 그녀가 이 세계의 행복을 위해 최선이라고 여기는 일에 절대적인 충성을 다하는 모습은 존중하지 않을 수 없다.[42]

외교관으로서 지닌 뛰어난 능력 덕분에 콜론타이는 스탈린의 구 볼셰비키 숙청에서 살아남을 수 있었다. 이 사건으로 그녀는 1937년에 슐랴프니코프를, 1938년에는 디벤코를 포함한 많은 친구를 잃었다. 콜론타이 역시 1937년에 모스크바로 소환되었다. 최악의 상황을 예상했지만, 스탈린은 그녀가 스톡홀름으로 돌아가는 것을 허락했다. 조야 샤두르스카야도 1939년 레닌그라드에서 사망했다. 콜론타이는 아들과 그의 가족의 안위를 걱정해야 했다. 팔렌시아는 스탈린이 펼치는 공포 정치에 개입할 수 없는 노쇠한 콜론타이의 고뇌에 찬 모습을 애절하게 그려냈다. "그 불안한 시기에, 나는 알렉산드라를 생각하며 가슴이 아팠다. (…) 사형이라는 형벌은 결코 돌이킬 수 없는 것이므로 누군가에게 적용할 때 신중해야 한다고 그녀는 생각하고 있을 터였다. 그녀가 느낄 아픔 때문에 걱정이 되었다. 게다가 그녀에게는 그 남자들이 친구이자 동지였지 않은가. 그 사실이 그녀에게는 크나큰 고통으로 다가왔을 것이다."[43] 숙청의 소용돌이가 절정에 달한 어느 날, 콜론타이는 팔렌시아에게 스톡홀름 주변의 숲으로 차를 몰고 가 산책하자고 제안했다. 스파이와 정보원들이 대화를 엿들을 수 없는 곳이 필요했기 때문이다. 팔렌시아는 당시 상황을 이렇게 회상했다.

그날 나는 콜론타이가 걱정에 사로잡혔다기보다 아파 보인다

고 생각했다. 그녀의 얼굴은 창백했다. 자동차는 그녀의 애정 어린 장소 가운데 하나인 근처 숲을 향해 빠르게 달리고 있었다. 콜론타이가 고개를 돌려 환한 눈빛으로 나를 바라보았다. 내가 손을 내밀자 콜론타이는 내 손을 꽉 잡았다. 그러나 우리는 고드름이 매달린 거대한 전나무 아래로 난 좁은 산책로를 마주할 때까지 단 한마디도 주고받지 않았다. 하얀색 고드름은 햇빛 아래에서 부드러운 푸른빛으로 녹아내렸다. 알렉산드라는 나무를 올려다보며 심호흡을 한 다음 나를 향해 "우리 남자 동지 모두가 이 나무들처럼 올곧고 단단하고, 순수해 보였던 때가 있었죠."라고 말했다. 그녀의 눈가에서 눈물이 반짝였다. 그렇게 콜론타이는 굳게 닫혔던 마음을 열었다. 재판을 받았던 병사들 몇몇은 콜론타이의 소중한 전우들이었다. 그녀는 한참 동안 생각에 잠겼다가 떨리는 입술로 의사가 자신에게 전했던 말을 언급하면서 한동안 침묵한 후 이렇게 말했다. "우리는 살아가는 동안 도저히 이해하기 힘든 일들을 종종 마주하게 되지요."[44]

콜론타이는 한때 레닌, 트로츠키, 그리고 다른 구 볼셰비키들에게 원칙을 놓고 이의를 제기했다. 그러나 종국에는 스탈린의 통치에 순응했다. 스탈린이 그녀의 여성 관련 업적 대부분을 무너뜨리고 가사 노동의 사회화마저 약화시켰음에도 불구하고, 그녀는 1930년대와 1940년대 내내 스탈린과 협력했다. 제2차 세계대전 후 소련으로 돌아온 뒤에도 마찬가지였다. 콜론타이는 이따금 소련과 소련의 지도자들이 파시즘을 영웅적으로 물리치고 소련 여성을 "조국의 완전하고 평등한 시민"으로 만든 데 큰 찬사를 보냈다.[45] 아마도 그녀가 아들과 손자의 안전을 염려했기 때문일 것이다. 자신의 동지들을 제거하는 스탈린을 지켜보면서 그가 얼마나 무자비한 사람인지 충분히 알고도 남았으니 말이다. 혹은 그녀의 순전한 현실주의 감각 때문일지도 모른다. 콜론타이는 히틀러와 다른 파시스트들을 혐오했으며, 스탈린이 나치의 침략을 막을 유럽의 유일한 희망이라고 믿었을지도 모른다. 또는 오랜 정치 투쟁의 결과 누적된 피로감 때문이었을 수도 있다. 1920년대에 그녀는 신념을 위해 분투했지만, 결국 뜻대로 성과를 거두지는 못했으니까. 1936년, 콜론타이는 전 비서였던 프랑스 공산주의자 마르셀 보디에게 당시 상황을 고려했을 때 숙청의 유혈 사태가 불가피했음을 고백했다. 그녀는 보디에게 "러시아는 단 몇 년 만에 전제주의에서 자유로운 사회로 넘어갈 수 없었다."고 하면서 "역사적으로, 무수한 비문화적이고

무질서한 대중을 가진 러시아는 민주주의를 받아들일 준비가 되어 있지 않았다."라고 말했다.[46]

콜론타이는 소련 정치의 중심에서 사실상 추방되었음에도 불구하고 긴 외교 경력을 쌓으며 명성을 누렸고, 겨울 전쟁(1939년 11월부터 1940년 3월까지 소련과 핀란드 사이에서 벌어진 전쟁이다. 이 전쟁은 소련이 핀란드의 영토를 일부 요구하며 일방적으로 침공하면서 시작됐다. 소련은 핀란드를 전략적으로 중요한 위치로 보았고, 국경을 안전하게 확보하려 했지만, 핀란드는 이를 거부하고 저항했다. 핀란드는 열악한 무기와 인원으로 소련군에 강력하게 맞섰다. 결국 소련이 군사적 우위를 점하면서 1940년 3월에 양국은 모스크바 평화 조약을 체결하게 된다. 이 조약으로 핀란드는 일부 영토를 소련에 할양했지만, 독립을 유지할 수 있게 되었다._옮긴이) 후 소련-핀란드 평화 협정을 협상한 공로로 두 차례(1946년과 1947년) 노벨 평화상 후보에 올랐다.[47] 2017년 3월 8일, 그녀의 145번째 생일을 하루 앞둔 날, 러시아 외무장관 세르게이 라브로프는 그녀를 기리는 새로운 기념 명판을 공식적으로 헌정했다.

알렉산드라 콜론타이는 소련의 전설이자 주목할 만한 인물로 여성 정치인이었습니다. 그녀는 해외에서 우리나라를 대표한 최초의 여성 대사로 활약했습니다. 약 35년 동안 외무부에 헌신했지요. 콜론타이는 스웨덴 대사로서 스웨덴과 다른 스칸디나비아 국가들과의 관계가 굳건히 유지되도록 하는 데 기여했으며, 이들 국가가 히틀러의 독일에 의해 영향받는 것을 막는 데에도 일조했습니다. 이 뛰어난 여성이 이룬 진정한 업적 중 하나는 1944년 핀란드가 전쟁에서 철수하도록 협상에 참여했던 일입니다. 그 결과 소련군이 다른 전선으로 이동해 많은 소련 병사의 생명을 구할 수 있었습니다.[48]

1940년대 콜론타이에 관한 이야기 중 내가 가장 좋아하는 일화가 있다. 어쩌면 그녀 자신 그 일이 일어난 직후 잊어버렸을지도 모르는, 작고 우연한 친절에 관한 이야기다.[49] 2010년, 보우도인 대학의 홍보실에서 세계 여성의 날을 맞아 내가 존경하는 페미니스트 인물에 대하여 짧게 글을 써 달라는 요청을 받았다. 내 글이 공개되었을 때 독일학과의 어느 선배로부터 한 통의 이메일을 받았다. "콜론타이가 아니었다면, 나는 태어나지 못했을 거야!"

호기심이 발동한 나는 동료인 스티븐 서프에게 더 자세한 내용을 물어보았다. 나치가 노르웨이를 점령한 1940년, 서프 교수의 아버지 한스 서프는 스톡홀름의 소련 대사관에 있었다. 강제 수용소에서 탈출한 한스와 그의 아내(제나의 동료의 부모님이다)는 스웨덴의 침공이 임박했을 무렵 유럽을 빠져나가기 위해 소련에서 통과 비자를 받아야 했다. 간단한 조사를 마친 후 소련 사무원은 한스에게 비자를 받으려면 6주간에 걸쳐 진행되는 신원 조사를 받아야 한다고 말했다. 한스 서프는 그 직후 벌어진 일을 이렇게 회상했다. "그때 문이 열리더니, 검은 옷을 입은 아름답고 풍채 좋은 여성이 급하게 들어섰다. 순간 나는 이 여성이 스웨덴 주재 러시아 대사인 콜론타이라는 것을 깨달았다. '자, 한스, 이제 네가 아는 러시아어 실력을 발휘할 때야'라고 스스로에게 말했다. 나는 그 여성 앞에 나서서 말했다. '들어보세요, 동지 콜론타이, 저도 동지입니다. 지금 당장 떠나야 합니다!'"[50]

콜론타이는 그를 위아래로 훑어보았다. 그러고는 마음에 들었는지 사무원에게 비자를 발급해주라고 지시했다. 한스는 서둘러 아내도 비자가 필요하다고 설명했다. 그러자 콜론타이는 "두 장 발급해주세요!" 하고 명령하고는 밖으로 나갔다. 당시 권력을 가진 보기 드문 여성으로서 콜론타이는 자신의 권위를 이용해 한스와 케이트 서프 부부가 탈출하도록 도운 것이다. 몇 년 후 메인주에서 나는 그들의 아들을 만나는 행운을 누렸다. 서프 교수는 2010년, 나에게 이런 편지를 보냈다. "콜론타이는 우리 가족의 영웅입니다!"

1945년 이후 콜론타이는 점점 더 건강이 나빠졌다. 두 차례에 걸쳐 발병한 뇌졸중으로 반신마비가 왔고, 노년기에 흔히 겪을 수 있는 병마와 싸우며 힘겨운 나날을 보냈다. 콜론타이는 자신의 인생 이야기가 후대에 영감을 줄 수 있기를 바라며 소련 외무부에 자문을 제공하고, 개인 논문을 정리하면서 시간을 보냈다.

1946년 늦여름, 콜론타이는 오랜 친구 이사벨 드 팔렌시아에게 편지를 보내 소련에서의 삶을 전해주었다. "이번 겨울은 정말 흥미롭고 재미있었어요. 러시아에는 열정과 활기가 넘치고, 모두가 저에게 아주 친절하게 대해줍니다. 저는 여전히 회고록을 집필 중이며, 일부는 이미 러시아에서 출판되었습니다. 기분도 좋아졌어요. 이제 모스크바 근처의 아름다운 곳으로 휴양하러 갑니다. 가을에는 다시 제일과 임무를 맡을 수 있을 거예요."[51] 체력을 회복하기 위해 마지막 휴가를 보낸 알렉산드라 콜론타이는 1952년, 여든 번째 생일을 불과 한 달 앞두고 일흔아홉의 나이로 세상을 떠났다. 소련 여성들이 맞이할 더 나은 미래를 꿈꾸면서.

그녀는 회고록에 이렇게 썼다. "글은 단지 자신을 위해서만 쓰는 게 아니에요. 먼 곳에 있을지도 모르는, 알지 못하는 여성들을 위해 쓰는 거예요. 그들이 우리를 보고 느끼길 바랍니다. 우리가 비록 영웅은 아니었을지라도 불타는 열정과 진심으로 믿음을 가지고 있었다는 것을. 우리의 목표를 향해 나아갔다는 것을. 때로는 강했고, 때로는 무척 약했음을 말이죠."[52]

진보적 교육자
나데즈다 크룹스카야
(1869~1939)

알렉산드라 콜론타이는 혁명 시대에 활동했던 세 명의 '레드 발키리' 중 가장 기억에 남는 인물일 것이다. 하지만 그녀 역시 사회주의 여성 해방 운동에서 가장 뜨거운 열정을 공유했던 두 동지가 이네사 아르망과 나데즈다 크룹스카야임을 누구보다 잘 알고 있었다. 크룹스카야는 성생활 면에서는 비교적 보수적이었고 콜론타이가 「날개 달린 에로스를 위한 길」에서 보여준 급진적인 주장에는 종종 반대 의견을 내놓았다. 그러나 콜론타이는 1939년 크룹스카야의 장례식에서 그녀를 일컬어 "특출하고 뛰어난 인격을 지닌 인물, 위대한 혁명 속에서 러시아 여성을 대표하는 상징적인 존재, 레닌의 굳건하고 지칠 줄 모르는 동지이자 친구, 그리고 아내"[1]였다고 평가했다.

1937년부터 1939년 사이, 스탈린의 숙청으로 절친했던 동지들이 목숨을 잃었다. 3년이라는 그 고통스러운 시간을 가까스로 견뎌낸 뒤 크룹스카야는 일흔 번째 생일 바로 다음 날 심장이 멎었다. 〈시카고 데일리 트리뷴〉은 "크룹스카야는 어쩌면 죽음을 반겼을지도 모른다."[2]라고 보도했다. 〈뉴욕타임스〉는 미국 독자들에게 "그녀의 삶이 항상 순탄했던 것은 아니었다."고 전했다. "볼셰비키가 권력을 장악한 후 크룹스카야는 교육과 문화 분야에서 가장 큰 공헌을 했다. (…) 이후 새 정권이 들어서는 동안 그녀는 남성과 동등한 여성의 지위를 확보하기 위해 선구자로 나섰다. (…) 그녀가 내세운 슬로건은 '가사 노동에서의 해방과 문맹 퇴치'였다."[3] 멕시코에서 망명 중이던 레온 트로츠키도 크룹스카야에게 경의를 표했다. "레닌의 충실한 동반자이자, 흠잡을 데 없는 혁명가, 그리고 혁명 역사상 가장 비극적인 인물 가운데 한 명이었던 이에게 깊은 슬픔을 담아 작별을 고한다."[4]

1924년 이후 크룹스카야는 엄청난 고난 속에서도 노동자 국가 건설이라는 대의에 전적으로 헌신했다. 동지들에게 크룹스카야는 지칠 줄 모르는 혁명의 동력이자 한결같은 열정과 인내의 표본이 되었다. 그녀의 전기 작가는 "만약 크룹스카야의 노력으로 천상의 코뮤니즘 사회에 도달할 수 있었다면, 러시아는 이미 몇 년 전에 세계 최초의 완벽한 사회가 되었을 것이다."[5]라고 말했다.

1869년 2월 14일, 나데즈다 콘스탄티노브나 크룹스카야는 제정 러시아 상트페테르부르크에서 태어났다. 1861년 농노제가 폐지된 후, 러시아 차르는 현대 산업 경제를 안정적으로 끌어가려면 더 많이 배운 노동자 계급이 필요하다고 판단했다. 1860년대에 러시아 정부는 수백 개의 성인 문맹 퇴치 학교를 신설하고 1864년 모든 아동의 교육권을 보장하는 법률을 제정했다.[6] 크룹스카야의 부모는 가난한 귀족이었지만, 자유주의적 사고를 하는 사람들이었다. 아버지는 반 차르주의 성향이 짙은 사람이었고, 그녀의 어머니는 당시로서는 드물게 여성 해방 사상을 교육받은 사람이었다.[7] 어린 시절에는 신앙심이 독실했지만, 크룹스카야는 러시아에 자본주의가 도래하던 격동적인 분위기 속에서 독립적이고 자립적인 성향을 보이게 되었다. 낡은 위계질서가 근본적으로 도전받던 시대에 성장한 크룹스카야에게 진보적 교육관과 마르크스주의 교육학은 사회를 개혁하는 핵심적인 도구가 되어주었다.

지적이고 근면한 크룹스카야는 당시 러시아에서 받을 수 있는 최고 수준의 교육을 받았다. 그녀는 열성적으로 독서에 몰두한 성실하고 부지런한 학생이었으며, 자신이 받은 교육의 질과 목적에 대해 고찰하고 비판하는 보기 드문 감수성을 지닌 학생이었다. 중등학교 시절은 즐거웠다. 그러나 상트페테르부르크 베스투제프 특별 과정에서 두 달간 수학한 후에는 그때의 경험이 "현실과 너무 동떨어진" 것이었다고 털어놓았다.[8] 이 수업은 고등교육 기회를 원하는 귀족의 딸들을 위해 마련된 특별 과정으로 당시 여성이 선택할 수 있는 유일한 대학 수준의 교육이었다. 그러나 가정교사 자격증이 있었던 크룹스카야는 아이들을 가르치면서 자신의 진정한 열정을 발견하게 된다. 1891년부터 1896년까지 크룹스카야는 공장 노동자를 위한 특수학교에서 성인 과정을 담당했다. 젊은 시절 톨스토이의 열렬한 팬이었던 그녀는 톨스토이에게 편지를 보내기도 했다. 또 톨스토이에게 영감을 받아 여름 몇 달 동안 농민들과 함께 일하며 노동자에게 기초적인 수업을 제공하기 위해 노력했다. 러시아에는 이미 교육받은 도시 귀족들이 농민들에게

배움을 제공하는 오랜 전통이 있었지만, 이즈음 크룹스카야의 노력은 괄목할 만한 성과를 거두지 못했던 것 같다.

그러나 공장 노동자들은 그녀의 수업에 열광했다. 음주 문제도 심각했고 결근을 감수해야 하는 형편이었지만 도시 프롤레타리아트들은 교육에 목말라 있었다. 크룹스카야는 도시 노동자들을 가르치면서 자신의 직업에서 개인적으로 대단한 만족감을 느꼈다. 매주 일요일과 주중 두 번의 저녁 시간, 노동에 지쳤음에도 꼬박꼬박 공부하러 오는 성실한 노동자들과 함께하면서 그녀는 1890년대 러시아 프롤레타리아트들의 가혹한 현실 삶에 눈을 뜨게 되었다. 크룹스카야의 사회주의 교육관은 1859년부터 톨스토이가 야스나야 폴랴나에서 시작한 교육 실험에 영향을 받은 것으로, 그녀의 교육 목표는 어린이와 노동자들에게 독립적으로 사고하는 법을 가르치는 동시에 조직적인 집단행동의 가치를 이해시키는 것이었다.[9] 톨스토이의 교육관을 따른 크룹스카야는 유순하고 순종적인 아이들로 가득한 교실에서 독단적인 교사가 앞에 서서 가르치는 방식으로는 자율적으로 운영되는 사회주의 국가에 필요한 시민을 절대 배출할 수 없다고 믿었다. 톨스토이가 국가가 주관하는 의무교육에 반대했다면, 크룹스카야는 노동자 국가

만이 학생들이 스스로 학습에 완전히 참여할 수 있는 교실 환경을 조성할 수 있다고 생각했다. 때때로 이는 단순히 동 그렇게 모여 앉는 것을 의미하기도 했지만, 대부분 교육을 노동자가 자신의 삶을 개선하는 데 사용할 수 있는 도구로 만드는 것을 뜻했다. 그녀는 막심 고리키에게 보낸 편지에서 "사회주의 건설은 거대한 공장과 제분소를 짓는 것만을 말하는 것이 아닙니다. 물론 사회를 유지하기 위해 그러한 것들이 필요하지만 그 자체로는 사회주의 사회를 건설하기에 충분하지 않습니다. 사람들의 정신과 마음이 발맞추어 성장해야 합니다."[10]

크룹스카야는 러시아 여성이 처한 상황을 논하는 데 책자 전체를 할애한 최초의 러시아 사회주의자였다. 1899년 사블리나라는 필명으로 집필된 『여성 노동자』는 러시아 자본주의와 전통적인 농민 가정에서 여성들이 맞닥뜨려야 하는 암울한 운명에 대한 초상이었다. 크룹스카야는 특히 러시아 여성들에게 독재에 맞서 투쟁에 나설 것을 촉구하면서, 그들이 노동자 계급 운동에 동참할 때 비로소 더 나은 세상을 현실에서 구현할 수 있다고 말했다.

사회가 생산을 관리하게 되면 모든 사람이 노동의 의무를 져

야 하지만, 노동은 지금처럼 고되지 않을 것입니다. 노동자에게 불쾌함을 자아내는 부분을 완화하기 위해 모든 노력을 기울일 것이며, 답답하고 냄새나고 온갖 균에 감염되기 쉬운 공장이 아니라, 밝고 넓고 건조하며 통풍이 잘되는 건물에서 일하게 될 테니 말입니다. 또한 모든 사람이 일하기에 노동 시간이 현재처럼 길지 않을 것입니다. 오늘날과 달리 어린이와 임산부를 포함한 일부 노동자가 과중한 업무량에 시달리는 한편 유휴 상태에 있거나 실직한 노동자, 혹은 노동자가 절망적으로 일자리를 찾아 헤매는 모습을 더는 보지 않아도 될 것입니다. (⋯) 사회가 약자, 병자, 노인을 돌볼 것입니다. (⋯) 사람들은 병에 걸려도 가족이 빈곤에 빠질 것을 두려워하지 않을 것입니다. 사회 전체가 아이들을 키우고, 그들을 강하고 건강하며 지혜롭고 유용한 시민으로 길러내는 일을 책임질 것이기 때문입니다. 이러한 상태를 추구하고 이를 위해 싸우는 사람들을 사회주의자라 부릅니다.[11]

크룹스카야는 콜론타이와 마찬가지로 노동 계급의 분열을 우려하여, 여성 사회주의자는 현존하는 당 조직 내에서 활동해야 한다고 주장했다. 그러나 그녀는 또한 러시아 남성들이 지닌 근본적인 쇼비니즘을 이해했고, 콜론타이와 마찬가지로 남성 동지들을 배제하지 않으면서 여성의 이익을 옹호하기 위해 균형을 유지하려고 애썼다. 그녀는 1899년에 쓴 글에서 "여성이 투쟁에 참여하는 것을 막는 행위는 노동자 군대의 절반을 조직하지 않은 채 내버려 두는 것과 같다."라고 하면서 남성들이 여성과 혁명을 함께하지 않을 때 고용주들이 얼마나 쉽게 여성을 파업 방해자로 이용할 수 있는지 자세히 설명했다.[12] 그런데 중요한 점이 또 하나 있다. 프롤레타리아트 여성들이 대체로 남성보다 정치에 관심이 덜하고, 미신에 빠지기 쉬우며, 더 많은 짐을 떠안고 있음을 인정한 것이다. 실제로 1899년 당시 대다수 러시아 여성은 문맹이었다. 크룹스카야는 청중의 상황을 잘 알고 있었기에 가능한 한 가장 단순한 언어를 사용하여 여성들이 파업과 시위에 적극적이고 반복적으로 참여해야만 정치적으로 발전할 수 있다고 설득했다. 그녀는 또한 사회주의 교육에서는 생생한 경험에서 비롯되는 깨달음이 매우 중요하다는 것을 강조했다. 즉, 삶의 경험이 교육으로 가는 중요한 길을 제공한다고 믿었으며, 여성이 자신감을 얻고 급진화되는 것은 오직 공동 행동을 통해서만 가능하다고 생각했다.

임금 체불 등 어떤 문제에 처하든 여성 노동자가 경영진과 대립을 겪을 때 그녀는 동료들이 언제든 자신을 지지할 준비가 되어 있다는 것을 잘 안다. 그들도 자신과 똑같은 상황에 직면했을 때 노동자가 나서서 도와줘야 한다고 생각한다. 그녀는 혼자 있을 때는 약하지만 동료들과 함께 행동할 때는 더 이상 약하지 않다는 것을 자연스레 깨닫게 되었다. 공권력을 비롯하여 국가에서 내세우는 모든 종류의 권위와 충돌하고 노동자에 대한 추방과 박해를 겪고, 그들의 문제를 논의하는 것을 금지당하고 이로써 노동자들이 노조를 결성하게 되는 과정은 정부가 권력을 가진 부유한 자들의 편이라는 것을 분명히 보여주었다. 이 모든 경험은 그녀에게 정치적 투쟁의 필요성과 노동자들이 법을 제정하고 나라의 운영 방식에 참여할 권리를 쟁취해야 할 필요성을 가르쳐주었다.[13]

크룹스카야는 평생 정치적인 활동에 참여하고, 위험한 상황을 피하지 않고 정면으로 부딪치면서 자신감을 키우고 혁명의 대의를 위한 자신의 역량을 강화했다. 그녀는 콜론타이와 이네사 아르망과 함께 사회주의 여성 운동의 발전을 촉진했으나 주로 막후에서 활동했다. 여러 방면에서 크룹스카야는 대의를 위해 남성과 협력해야 한다는 자신의 철학을 삶에서 구체화했다. 레닌은 그녀에게 중요한 임무를 부여하면서도 가정 내 모든 문제 해결을 오롯이 그녀에게 전담시켰다. 크룹스카야는 콜론타이, 파블리첸코, 이네사 아르망과 달리 결혼하기 전의 이름을 유지했지만, 인간이 일상을 영위하는 데 필요한 일들을 해내고 변덕스럽고 까다로운 남편을 돌보는 일에도 자부심을 느꼈다.

1894년, 상트페테르부르크에서 일하던 중 크룹스카야는 어느 젊은 마르크스주의 지식인을 만나게 되는데, 그가 바로 후일 '레닌'이라는 이름으로 알려진 블라디미르 일리치 울리야노프였다.[14] 그녀는 지루한 베스투제프 과정을 중단하고, 다양한 분야의 사람이 모여 문학 및 정치적 작품을 토론하는 여러 비공식 모임에 참석했다. 그녀는 당시를 이렇게 회상했다. "당시 저는 안마당이 있는 건물에 살고 있었어요. 제가 사는 집은 스타로-네프스키 거리에 있었는데, 블라디미르 일리치는 서클 활동을 마치고 일요일이면 우리 집에 들렀어요. 우리는 끝도 없이 대화를 나누곤 했죠. 저는 학교 일에 푹 빠져 있던 터라 누군가 대화에 끼어들지 않는 이상 몇 시간이고 이에 관해 이야기할 수 있었습니다."[15]

크룹스카야는 정치에 대해 탄탄한 사상적 기반을 갖추고 있었기에 교육 분야에 헌신할 수 있었다. 그녀는 남편의 이야기를 쓴 회고록 『레닌에 대한 나의 회상』에서 레닌을 만나기 전부터 마르크스주의를 받아들였으며, 도시 프롤레타리아트 없이는 독재 체제를 전복할 수 없다고 믿었음을 밝혔다. "체제를 바꾸는 것은 영웅적인 행동이 아닙니다. 이는 대중과 긴밀히 접촉하고, 대중에게 더 가까이 다가가고, 우리가 그들의 열망을 최대로 끌어올리는 수단이 되는 법을 배우고, 그들의 신뢰를 얻고 그들을 우리 뒤에 결집시키는 방법을 배우는 문제입니다."라고 말했다.[16] 크룹스카야는 청년 시절 레닌에게 그녀가 교육 활동을 하면서 만났던 프롤레타리아트 학생들에 관한 이야기를 들려주었다. 노동에 시달리면서도 공부를 향한 열망을 놓지 않았고, 학업을 이어갈 능력도 충분했던 학생들에 대해서 말이다. 레닌은 그녀의 이야기에 귀를 기울이곤 했다. 그는 특히 상트페테르부르크 공장 노동자들이 처한 노동조건에 대하여 해박한 정보와 지식을 갖춘 크룹스카야에게 깊은 관심을 가졌다. 크룹스카야가 보기에 레닌은 중산층 출신으로 프롤레타리아트 생활을 직접 경험하지 못한 '지식인'이었지만, 급진 서클에서 만난 여타 지식인들과 달랐다. 레닌은 이론을 실제 세계에 적용해야 한다고 믿었기 때문이다. 그가 지닌 굳은 신념은 그녀에게 남다른 인상을 남겼을 것이다.

레닌과 크룹스카야의 초기 로맨스에 대해서는 알려진 바가 거의 없다. 두 사람 다 생애 내내 그 이슈에 대해서는 침묵했기 때문이다. 그러나 이들 젊은 급진주의자들이 라흐메토프라는 소설 속 캐릭터에게서 영감을 받았다는 것은 잘 알려진 사실이다. 니콜라이 체르니셉스키가 쓴 소설 『무엇을 할 것인가?』(1863)에 등장하는 라흐메토프는 다른 인물들에 비해 비중은 작았지만, 실제 사람들에게 끼친 영향력은 절대 미미하지 않았다. 19세기 후반 러시아의 많은 허무주의자와 마르크스주의자들에게 헌신적인 혁명가가 추구해야 할 이상적인 삶의 방식을 상징하는 인물이었기 때문이다. 독신주의자로 절대 술을 입에 대지 않는 라흐메토프는 매일 같이 운동하고, 노동자와 농민과 더불어 육체노동을 통해 체력을 단련한다. 근육을 단련하지 않을 때는 정신 수양을 위해 책을 읽으며 시간을 보낸다. 그는 사소한 사치조차 허용하지 않았다. 푹신푹신한 침대 대신 나무판자 위에서 잠을 잤을 정도다. 그는 또 자신이 목숨을 구해준 어느 젊은 여성이 자신에게 사랑을 고백하자 러시아 국민의 자유를 위한 책무가 낭만적인 사랑보다 우선한다며 그녀의 애정을 거절했다.

라흐메토프가 대의를 위해 희생을 기꺼이 감수하고, 엄격한 생활을 이어가는 모습은 레닌과 크룹스카야가 혁명가적 자질을 함양하는 데 큰 영향을 끼쳤다. 체르니솁스키의 소설은 레닌이 가장 좋아하는 책이었는데, 그가 1902년에 발간한 팸플릿의 제목도 이 소설에서 따온 것이었다. 크룹스카야의 사진과 비밀경찰이 남긴 기록을 보면 알 수 있듯이 그녀는 검소하고 소박했다. 콜론타이가 모피를 걸치고, 몸매를 드러내는 드레스를 입고, 아이라이너를 즐겨 사용하며, 세련된 헤어스타일을 하고 다녔다면, 크룹스카야는 머리카락을 얼굴 뒤로 넘겨 묶고 평범하고 수수한 옷을 입었다. 크룹스카야가 이러한 스타일을 유지한 데엔 금욕적인 생활을 장려했던 톨스토이의 영향이 크다. 그러나 결정적인 영향을 끼친 사람은 라흐메토프일 것이다. 가상이지만 소설에서 보여준 그의 사례는 낭만적인 관계에 신경 쓰고 고민하기보다 더 중요한 임무를 수행해야 하는 진지한 정치적 급진주의자가 갖추어야 할 태도를 상기시켜준 탓이다.

모임에서 만난 크룹스카야와 레닌의 인연은 결혼으로 이어졌다. 결혼은 일종의 편리한 위장막이었다. 두 사람은 부부로서 공식적인 관계를 표방했기에 적어도 부분적으로는 비밀경찰의 눈을 피해 정치 활동을 할 수 있었다. 그러나 경찰 역시 의심의 끈을 놓지 않았다. 두 사람이 여러 정치 단체에 참석하거나 노동자들을 가르치는 동안 경찰은 줄곧 이들을 감시했다. 1895년 12월, 경찰은 레닌을 체포한다. 그러나 이때는 크룹스카야를 체포하지 않았다. 겉으로 드러난 레닌과 크룹스카야의 연관성이 불분명했기에 섣불리 행동에 나서지 않은 것이다. 경찰은 1896년 5월까지 그녀를 감시하다가 1896년 8월에 체포한다. 레닌과 크룹스카야는 감옥에 갇힌 8개월 동안 몰래 서신을 주고받았다. 두 사람은 비밀 메시지를 주고받기 위해 "보이지 않는" 우유 잉크를 사용해 연락을 취했다. 이는 비밀경찰의 눈을 피하기 위해 흔히 사용되던 의사소통 전략으로, 평범한 편지의 행간에 우유로 비밀 메시지를 적는 방식이었다. 우유는 건조되면 "보이지 않게" 되는데, 우유 속의 화학 물질이 종이를 약화시켜 열에 닿으면 잉크가 "발현"되면서 숨겨진 메시지가 드러나게 된다. 정치범들은 불을 사용할 수 없었지만, 종종 뜨거운 차를 제공받았기에 그때 편지를 찻잔 위나 근처에 놓아 보이지 않는 잉크를 발현시켜서 비밀 메시지를 확인할 수 있었다.

뜨거운 차와 우유를 제공받는 특혜 외에도, 정치범들은 가족이나 배우자, 약혼자들을 언제든 만날 수 있었다. 이들 지식인 혁명가들(레닌, 크룹스카야, 콜론타이, 이네사 아르망을 포함한)의 대부분이 귀족 또는 부르주아 계급 출신이었다는 점을 기억하는 것이 중요하다. 황제는 아마도 그들을 고위층 부모에게 반항하는 고뇌에 찬 젊은이들로 보아 이들이 혁명적 열정을 떨쳐내고 결국 부모와 함께 러시아 엘리트 계급에 합류할 것이라 기대하며 관대하게 대했을 가능성이 있다. 러시아 지하조직의 급진주의자들은 정치범의 약혼자 면회 규정을 자신들에게 유리하게 활용했다. 이들은 수감된 남성들에게 가짜 약혼자를 배정하여 감옥에 있는 동안에 메시지, 책, 필기도구 및 기타 필수품을 전달하게 했다. 크룹스카야를 비롯해 정치적으로 헌신적이었던 몇몇 여성들은 기꺼이 '가짜 약혼자' 역할을 떠맡았다. 이들은 위장 신분으로 수감자와 공모자 사이의 연락책이 되었다. 1895년 12월부터 1896년 8월까지 크룹스카야는 블라디미르 일리치(레닌)의 정치적 "약혼자"가 되었다.

1896년 8월부터 10월까지 크룹스카야는 첫 번째 수

감 생활을 경험했다. 하지만 석방되자마자 무모하게도 파업 기금을 모금하기 시작했다. 정부에서 사실상 모든 파업을 불법화했는데도 말이다. 이에 경찰은 몇 주 만에 그녀를 다시 체포했다. 크룹스카야는 1897년 3월까지 감옥에 갇혀 지내는 동안 갑상선 질환을 얻게 되었고, 이로 인해 평생 고통에 시달렸다. 정부는 1897년 2월, 레닌을 석방하고 시베리아에서 3년의 유배형을 살 것을 선고했다. 이때 레닌은 크룹스카야에게 우유 잉크로 쓴 편지를 보내 만약 그녀 역시 유형 선고를 받게 된다면 자신의 "약혼자"로서 함께하자고 제안했다.

1898년 초, 크룹스카야는 자신도 유배형을 선고받을 것이라는 소식을 듣고는 레닌이 제안한 계획에 따르기로 했다. 레닌은 경찰에 전보를 보내 크룹스카야를 자신의 배우자로서 공식적으로 함께할 수 있게 해달라고 요청했다. 크룹스카야도 내무부에 같은 내용을 담은 편지를 보냈다. 그녀는 자신이 유라시아의 한 지방으로만 추방되었으니 1년을 감형하고, 어머니를 동반할 수 있게 해달라고 조건을 덧붙였다. 경찰은 그녀가 레닌과 함께 2년간 시베리아로 갈 수 있도록 허락하면서 도착하자마자 결혼하는 것을 조건으로 달았다(단, 유라시아에서 3년간 복역해야 했다). 크룹스카야와 그녀의 어머니는 4월에 시베리아로 출발했다. 레닌과 크룹스카야는 1898년 여름에 슈센스코예에서 정교회 식 예법을 따라 결혼식을 올렸다.

레닌이 크룹스카야에게 느꼈던 낭만적 관심이 어느 정도였든, 그는 분명 아내이자 비서로서 헌신한 그녀의 능력을 높이 평가하며 감사해했다. 크룹스카야는 교사로서의 일 외에도 타자기가 귀했던 시절 철도 회사에 고용되어 문서를 복제하는 필사자로 일하기도 했다(당시엔 타자기가 드물었다). 레닌은 혁명적 열정을 유지하려면 가정이 편안하고 질서가 잡혀 있어야 한다고 믿는 사람이었다. 그는 또 자신이 읽어야 할 수많은 논문과 서적을 필사해줄 조력자를 필요로 했다. 볼셰비키 여성 운동가들이 종종 직면하는 비판 가운데 하나는, 특히 초기 시대에, 그들이 전통적인 젠더 규범에 거의 도전하지 않았다는 점이다. 물론 콜론타이처럼 여성과 남성에게 (성적으로) 이중적인 잣대를 휘두르는 행태를 공개적으로 비판한 사람도 있지만, 사회주의자들은 대개 성별에 따른 노동 분업을 무시하거나 심지어 강화하는 경향도 있었다. 여성 해방을 위해 싸우던 계몽된 사회주의자 남성들조차 집안일의 단조로움을 인식하면서도 모든 요리나 청소를 여성 동지들에게 맡기는 데 거리낌이 없었다(앞의 파블리첸코 이야기에서 여성 저격수들에게 바닥 청소를 맡겼던 일을 떠올려 보라). 레닌은 클라라 제트킨과 나눈 대화에서 남성의 완고한 자존심에 대해 명시적으로 언급했다(그 자신도 종종 이 문제에 연루되었지만). "프롤레타리아트 중에도 자신이 '여성의 일'을 돕는다면 그들이 가사를 돌보는 데 투여하는 많은 노력과 수고를 덜어줄 수 있다는 것을, 심지어는 이같이 불평등한 구조를 완전히 없애버릴 수 있다는 것을 깨닫는 남성은 거의 없습니다. '여성의 일'에 손을 보태는 것이야말로 남성의 '권리와 존엄성'에 반한다고 생각하기 때문이죠. 그들은 평화와 편안함을 원합니다. 여성의 가정생활은 사소한 일에 매일 희생되는 삶입니다."[17]

물론, 이 혁명가들은 "여성의 일"이 사회화될 수 있는 국가를 건설하는 것을 목표로 했지만, 그들의 미래 승리가 이루어지기 전까지 대부분의 러시아 급진주의자들은 기존의 상태에 의존했다.

1917년 이후, 콜론타이, 크룹스카야, 아르망을 비롯한 젠오트델의 다른 여성 활동가들이 세탁소를 공공화하고, 공공식당을 열며, 공립 탁아소와 유치원을 설립했음에도 불구하고, 여전히 "여성의 일"은 대부분 여성이 맡았다 (비록 이제는 주부가 아니라 국가 직원으로서 이 일을 하게 되었지만).[18] 이후 소년들에게 집안일을 더 많이 돕도록 교육하고 아버지들에게 육아에 더 적극적으로 참여하도록 권장하려는 시도가 있었지만, 대부분의 경우 가사 노동을 남성과 여성 간에 더 공평하게 분배하기보다는 집단화를 이루는 것을 궁극적인 목표로 삼았다. 이러한 현실은 여성 노동자들이 직면했던 악명 높은 "이중 부담(double burden)"으로 이어졌다.[19]

크룹스카야는 『레닌 회고록』에서 자신이 레닌을 가사 노동에서 어떻게 해방시켰는지, 어떻게 해서 레닌이 혁명 작업에 몰두할 수 있도록 도왔는지 자세히 설명한다. 레닌과 크룹스카야는 시베리아에서 망명 생활을 마친 후 1901년 뮌헨에 정착했다. 레닌이 집필을 시작하자 크룹스카야는 그의 간호사, 요리사, 그리고 상담자가 되었다.

나는 블라디미르 일리치에게 가정식을 먹이기로 결심하고 냄비와 프라이팬을 준비했다. 요리는 집주인의 부엌에서 했지만, 모든 준비는 우리 방에서 했다. 블라디미르 일리치가 『무엇을 할 것인가』를 집필하기 시작했기 때문에 나는 가능한 한 소음을 내지 않으려고 노력했다. 글을 쓸 때 레닌은 보통 방을 빠르게 오르내리면서 자신이 쓸 내용을 중얼거리곤 했다. 나는 이미 레닌의 작업 방식에 적응한 상태였기에 그가 글을 쓰는 동안 말을 걸거나 질문을 한 적이 없었다. 그 후 한창 집필에 매진하다 잠시 함께 산책하러 나가면 그는 자신이 무엇을 썼는지, 무슨 생각을 하고 있는지 털어놓곤 했다. 그가 산책하며 나와 이야기를 나누는 시간은 글을 쓰기 전에 혼잣말로 내용을 되뇌는 것만큼이나 필수적인 일이 되었다.[20]

1902년 두 사람이 런던으로 이사한 후, 크룹스카야는 의사이자 간호사의 역할도 맡았다. 그녀는 자신의 어머니(망명 기간 내내 함께 살았던)나 레닌이 신체적 혹은 정신적으로 아플 때 이를 진단하고 치료를 주선했다. 특히 힘든 회의를 마친 후, 레닌은 엄청난 스트레스를 받고 집으로 돌아왔다(그는 우울증과 불안에 시달리곤 했다). 크룹스카야는 다음과 같이 회고했다. "블라디미르 일리치의 신경 상태는 매우 나빠졌고, 등에 있는 신경 말단의 염증으로 인해 신경 질환이 생겼습니다. 빨갛게 부어오른 것을 보자마자 의학 핸드북을 찾아봤습니다. 제가 보기에 그것은 백선(ringworm)이었어요. 그래서 블라디미르 일리치의 몸에 요오드를 발랐습니다. 그는 매우 고통스러워했지요."[21] 몇 년 후, 1909년 파리에서 크룹스카야는 새로운 가정을 꾸리면서 겪었던 어려움을 회상했다.

> 나는 온갖 집안일을 처리하느라 바빴다. 제네바에서는 집안일이 훨씬 간단했는데, 여기서는 구석구석 손길이 미치지 않는 곳이 없었다. 정말 귀찮았다. 가스 하나 연결하는 데도 책임자한테 서면 요구서를 작성해야 했다. 이를 위해 세 번이나 마을을 오르락내리락하느라 금세 지쳐버렸다. 프랑스의 관료주의는 믿을 수 없을 정도로 비효율적이다. 도서관에서 책을 빌리는 것도 쉽지 않았다. 책을 대출하려면 집주인이 보증을 서야 하는데, 집주인은 궁색한 우리 세간을 보고 언제나 망설였다. 집안일도 처음에는 정말 하기 싫었다.[22]

크룹스카야는 어머니와 레닌을 보살피는 일뿐만 아니라 정치적 활동에도 적극적으로 나섰다. 이를테면 레닌이 서유럽의 러시아 이민자 사회를 장악하려는 멘셰비키와 다른 여러 좌파 세력에 대항하기 위해 정치적 묘책을 강구할 때도 이에 충실히 협력했다. 콜론타이는 후일 크룹스카야를 추모하는 글에서 "레닌이 오랜 기간 해외에서 추방 생활을 하며 멀리서 노동자당을 이끌어야 했을 때, 크룹스카야는 그의 개인 비서일 뿐만 아니라 외국 당국의 전체 직원을 대신했다."라고 설명했다.[23] 크룹스카야의 회고록에서 우리는 크룹스카야가 〈이스크라*Iskra*〉 신문을 편집하고, 러시아로 문헌을 밀반입하며, 레닌의 수석 암호 해독가(크룹스카야가 어머니에게 보이지 않는 잉크로 비밀 메시지를 남길 수 있는 편지를 쓰게 했다)로 활동했다는 사실을 알 수 있다. 또한 그녀는 비밀회의에 필요한 네트워크를 구축하고 마땅한 장소를 물색했으며, 각종 사회주의 진영에서 진행한 회의에 참석하여 보고서와 회의록을 작성했다는 사실도 알 수 있다. 독학으로 영어를 깨우친 크룹스카야는 1916년, 취리히에서 레닌이 『제국주의론』을 집필하는 동안 아프리카 식민주의에 관한 기사를 러시아어로 번역했다.

크룹스카야는 또한 회계 장부를 정리하고, 재정을 관리했다. 그녀의 일은 여기서 그치지 않았다. 러시아 내 이민자 집단과 지하조직 간에 원활한 소통이 이루어지도록 통신 업무도 맡았는데, 차르 직속 경찰들이 끊임없이 우편물을 감시했던 상황을 고려할 때 결코 쉬운 일이 아니었다. 이를 위해 그녀는 혁명의 취지에 공감하는 서유럽 지지자들의 주소를 수집하여 상트페테르부르크에 있는 다른 지지자들에게 전달했고, 이들은 이를 다시 지하 활동가들에게 전달했다. 그녀가 작성한 신뢰할 만한 주소록은 1917년 이전 러시아에서 볼셰비키 신문을 배포하는 데 매우 귀중한 자산이 되었다. 그녀의 뛰어난 조직 능력은 볼셰비키가 체계적이지 못한 다른 망명자 분파들보다 우위를 점하는 데 크게 이바지했다. 상트페테르부르크 공장 노동자들을 가르칠 때 그랬던 것처럼 크룹스카야는 레닌을 위해 하녀와 노동자들로부터 상세한 정보를 수집했다. 그녀는 자기 자신을 "억척스럽게 일하는 기자"라고 부르기도 했다.[24] 무엇보다도 그녀는 헌신적으로 레닌을 도왔다. 크룹스카야는 어머니가 죽은 후 스위스에 망명 중이던 레닌을 재정적으로 지원하면서 '자본가' 이모로부터 물려받은 적은 돈으로 스파르타인처럼 검소하게 살았다. 레닌이 글을 쓰고, 연설하고, 선동하는 동안 크룹스카야는 그의 원고를 편집하고, 우편물을 처리하고, 집세를 내고, 레닌이 먹을 음식을 요리했다. 정치적 망명자의 삶은 어두운 카페에서 열띤 토론을 벌이고, 지하에서 회의를 열고, 대규모 국제회의에서 열정적인 연설을 하는 등 흥미진진한 면도 있었지만, 동시에 지루하고 단조로우며 사람을 지치게 만드는 면도 분명 있었다.

'조직의 달인' 크룹스카야는 독창적인 사회주의 교육학 이론을 발전시키는 데도 힘썼다. 이는 훗날 전 세계 비판적 교육학 운동의 토대가 되었다. 톨스토이의 영향 아래 상트페테르부르크에서 성인 노동자들을 가르치며 교사가 지녀야 할 능력을 연마하는 것 외에도 크룹스카야는 서구 민주주의 국가에서 교육 시스템이 어떻게 작동하는지 꾸준히 관심을 갖고 지켜보았다. 1908년, 레닌과 함께 스위스에 거주하던 그녀는 독학으로 프랑스어를 배우며 공교육 체계에 대해 연구했다. 이때 크룹스카야는 스위스 학교에서 행해지는 소위 민주주의 국가의 교육에 절망한다. 노동자 계급의 아이들이 경험하는 교육이란 것이 사회주의 사회가 번영하는 데 필요하다고 믿었던 것과는 완전히 반대였기 때문이다.

나는 제네바의 공교육 시스템을 공부하기 시작했다. 처음으로 "인민을 위한" 부르주아 학교가 무엇인지 깨달았다. 나는 노동자의 자녀들이 유순한 노예가 되도록 훈련받는 높은 창문이 있는 고풍스러운 건물을 보았다. 한 교실에서 교장 선생님이 노동자 자녀의 귀를 때리고 부자의 자녀는 절대 건드리지 않는 광경을 목격했다. 모든 아이가 독립적인 사고를 억압

당하고, 모든 학습이 벼락치기로 이루어지며, 모든 단계에서 권력과 부를 숭배하는 것이 아이들에게 어떻게 주입되는지 보았다. 이런 일이 민주주의 국가에 존재할 수 있다고는 상상도 하지 못했다.[25]

1916년, 두 번째로 스위스에 살게 되었을 때 크룹스카야는 "교육학을 공부"하고 "취리히 학교 시스템의 실용적인 측면에 익숙해졌다."고 다시 한번 언급했다.[26] 톨스토이와 다른 러시아 교육학자들의 이론에 익숙했던 그녀는 존 아모스 코메니우스, 장 자크 루소, 요한 하인리히 페스탈로치, 프리드리히 프뢰벨, 로버트 오언, 제인 애덤스, 마리아 몬테소리, 존 듀이를 비롯한 다수의 유명한 교육 개혁가들이 설계한 사상도 접하게 되었다. 레닌은 크룹스카야에게 "교육학 백과사전"을 쓰라고 제안했다. 비교 교육 시스템에 대한 크룹스카야의 방대한 지식을 활용하면 좋겠다고 생각한 탓이다.[27] 크룹스카야는 1918년 「사회주의 학교 문제에 관하여」라는 에세이에서 소련 교육의 미래에 대한 자신의 아이디어를 발전시켰는데, 그 내용을 살피자면 그녀가 제네바에서 관찰한 바에 큰 영향을 받았음이 분명하다.

군주제든 공화국이든 부르주아 국가에서는 학교가 대중의 정신을 노예로 길들이는 도구임이 증명되었다. 이러한 국가에서 학교의 목표는 학생의 이익이 아니라 지배 계급, 즉 부르주아의 이익에 의해 결정되며, 이 둘의 이익은 종종 상당히 다르다. 학교가 내세운 목표는 학교 활동의 전체 조직, 학교생활의 전체 구조 및 학교 교육의 전체 실체를 결정한다.[28]

크룹스카야는 어린이와 성인 모두를 위한 교육을 꿈꾸었다. 그녀는 러시아 교육 시스템의 형태와 목적, 내용을 완전히 재구성하기 위해 노력했다.

1917년 2월 혁명과 10월 혁명 사이, 크룹스카야는 새로 이름이 바뀐 페트로그라드의 비보르크 지역에서 노동자들을 대상으로 교육 활동을 벌이느라 여념이 없었다. 그녀는 공장에서 성인 문해 교육 과정을 조직하고, 노동자의 자녀들을 위해 땅을 개간하여 놀이터를 만들었다. 또한 시민들이 최신 호 신문을 접할 수 있도록 공공 열람실을 열었는데, 이는 이민자 도서관에서 시간을 보내면서 영감을 받아 고안한 아이디어가 틀림없다. 임시정부가 결사의 자유에 대한 새로운 권리를 부여하면서 다양한 청년 단체가 새롭게 결성되었다. 크룹스카야는 '빛과 지식(Light and Knowledge)'이라는 범좌파 단체에 참가했다. 이 단체는 남학생과 여학생이 함께 망치와 못, 바늘과 실을 다루는 방법을 배우는 남녀공학 활동을 조직했다. 크룹스카야는 이후 남녀공학 청소년 단체인 코름소몰(Komsomol)과 영 파이어니어(Young Pioneers)를 창설하는 데 도움을 주었다. 이 단체들은 이론적으로 모든 소년과 소녀를 평등하고 독립적이며 협력적인 노동자 국가의 시민으로 기르는 것을 목표로 했다.[29] 여성과 남성의 평등을 촉진하려면 다음 세대의 주역이 될 "작은 동지들"부터 시작하는 것이 가장 확실한 길이라고 크룹스카야는 믿었다.[30]

크룹스카야는 또한 볼셰비키가 민간에서 어린이를 노동자로 고용할 수 있도록 마련한 법안을 완전히 폐지할 때까지 어린 노동자의 권리(이를테면 노동 시간을 하루에 6시간으로 제한하는 것)를 옹호하고자 했다. 이를 위해 그녀는 어린이 노동조합을 결성하기를 바랐지만, 이는 현실적으로 불가능한 일이었다. 대신, 크룹스카야는 7세부터 17세까지 모든 어린이를 대상으로 하는 무상으로 이루어지는 보편적 의무교육의 전국적인 시스템을 구상했다. 그리고 이 교육에 마르크스의 지침에 따라 일부 수작업 노동을 포함시켜서 사회주의 시민이 될 준비 과정의 일부로 삼았다. 또한 부모들이 계급과 성별 위계에 대하여 구시대적인 생각을 가지고 있을 수밖에 없다고 여겨 콜론타이가 구상하여 제안한 어린이집과 유치원 설립 계획을 지지했다. 부르주아 계급이 공교육을 이용해 노동자들을 제자리에 묶어두었다면, 크룹스카야는 공교육을 이용해 노동자들을 해방시키고 싶어 했다. 콜론타이가 소비에트 여성에게 혜택을 주기 위해 사회화된 보육 체계를 도입해야 한다고 주장했다면, 크룹스카야는 사회화된 보육이 아이들에게도 긍정적인 효과를 가져올 것이라고 강조했다.[31]

볼셰비키가 1917년 10월 권력을 장악한 후, 크룹스카야는 새롭게 창설된 계몽인민위원회(소련의 교육부에 해당)에서 성인 교육 담당 차관이 되었으며, 우크라이나 혁명가 아나톨리 루나차르스키와 함께 일했다.[32] 크룹스카야는 진보적인 민주주의 교육학에 대한 이해를 바탕으로 대규모 교육 개혁 프로그램을 개발하기 시작했다.[33] 새로운 소비에트 정부는 1919년에 첫 번째 교육 개혁안을 제안했는데, 크룹스카야는 4세 이하 유아를 위한 유치원과 어린이 콜로니를 창설하고, 17세 이상을 대상으로 한 특별 훈련 학교 체계를 만드는 데 전력했다.[34] 그녀는 1917년 여름 비보르

그 지역에서 경험한 풀뿌리 활동을 통해 노동자들이 "혁명적 투쟁과 지식과 문화를 습득하기 위한 투쟁을 연결"한다는 것을 배웠고, 이 두 가지 목표를 결합할 수 있는 교육학을 구축하고 싶어 했다.[35] 대다수 농민이 상대적으로 비화폐화된 경제 체제 아래서 직접 땅을 일구며 살았지만, 특히 최근 공장에서 일자리를 얻기 위해 도시로 이주한 농민과 노동자들은 숫자를 다룰 수 있게 되면서 고용주가 어떻게 노동자들을 속여 임금을 빼앗아 가는지 더 잘 이해하게 되었다. 마찬가지로 노동자들은 글을 배우면서 자신과 같은 사람을 보호하기 위해 고안된 법과 규정뿐만 아니라 정신을 정치적으로 급진화하기 위해 발간하는 신문과 팸플릿을 접할 수 있게 되었다.[36] 성경이나 동화책 대신 『공산당 선언』으로 글을 배워보는 것은 어떨까?

이 새로운 교육 시스템을 시행하려면 새로운 책과 수업 계획이 필요했기에 크룹스카야는 소련에 도서관학 분야도 창설했다.[37] 전쟁 전에 마련된 노동자 열람실을 기반으로 크룹스카야는 소련 전역에 걸쳐, 심지어 가장 외진 마을에 이르기까지, 공공 도서관과 독서실 시스템을 구축하는 데 기여했다.[38] 덕분에 농민과 노동자들은 책과 각종 읽을 거리에 보다 수월하게 접근하게 되었고, 특별한 훈련을 받은 사서 군대는 대중을 계몽하려고 노력하는 소련의 첨병이 되었다. 크룹스카야는 책도, 책에 접근할 수 있게 해주는 기관도 정치적으로는 중립적이지 않다는 것, 그리고 새로운 노동자 국가에는 일반 시민이 공감할 수 있는 텍스트가 반드시 있어야 한다는 것을 이해했다. 하지만 시스템을 실행했던 초기에는 교회와 차르에 대한 경외심을 고취하는 책이라고 해서 검열하는 것을 반대했다. 크룹스카야는 엄격한 성격의 소유자이긴 했어도 고전을 매우 숭배하던 애서가였다.

내전으로 소련이 한창 소란스러웠을 때 크룹스카야는 한 학교를 점령한 적군 중대가 "모든 집기류를 부수고 교과서와 연습장을 갈기갈기 찢었다."고 묘사했다. 군인들은 그 학교와 책들이 "지배계급"에 속하기 때문에 이전 정권에서 남기고 간 다른 모든 흔적과 함께 파괴되어야 한다고 강도 높게 주장했다. 크룹스카야는 또한 소련 노동자들이 얼마나 교육받기를 원했는지 다음과 같이 회고했다. "노동자들은 그 어느 때보다 더욱더 강하게 지식을 갈구했다. (하지만) 교과서가 없었다. 차르와 조국의 영광을 기리는 내용이 담긴 오래된 교과서는 진즉에 군인들이 파괴한 터였다. 노동자들은 자신들의 삶과 경험을 녹여낸, 실제 삶에서 도움이 될 만한 내용으로 구성된 교과서를 요구했다."[39] 결국 크룹스카야는 새로운 노동자 국가를 지키기 위해 우선순위를 바꿀 수밖에 없었고, 따라서 1920년부터 1924년 사이에 러시아의 도서관에 있는 '반혁명적'인 내용을 담은 책을 모조리 숙청하는 세 가지 법안에 서명했다. 그녀가 직접 이 법안을 작성하거나 금서 목록을 만든 것은 아니지만, 문맹인 러시아 농민을 교육한 경험을 바탕으로 법안 추진의 이유를 충분히 이해하여 이를 지지한 것이다. 무엇이든 열정적인 자세로 배우려고 하고, 급진적인 생각을 쉽게 받아들이는 노동자들에 비해 농촌 주민들은 전통을 완고하게 고수했기 때문이다.

톨스토이는 한때 이렇게 썼다. "가장 어려운 주제라도 그것에 대해 아무런 생각이 없는 사람에게는 설명할 수 있다. 하지만 가장 간단한 것이라도 그것에 대해 이미 완전히 알고 있다고 확신하는 사람에게는 결코 설명할 수 없다."[40] 사상 영역에서 구세계의 세력은 여전히 문자를 통해 인민을 지배하고 있었는데, 크룹스카야는 이전의 우상인 톨스토이로부터 영감을 받았던 것 같다. 당시 소련 정부는 일명 '위험한' 텍스트에 종교 관련 책이나 비마르크스주의 철학책뿐 아니라 일부 문학 작품, 즉 소설이나 시, 동화책(특히 초자연적인 이야기를 다룬 것과 의인화한 동물이 등장하는 이야기)까지 포함시켰다. 그리고는 대중이 금서에 접근할 수 없도록 원천적인 차단책을 세워놓았다. 일반 서가에서 금서로 지정된 도서들을 선별하여 도서관의 특정 제한 구역에 집어넣고는 자물쇠를 걸어 보관했고, 꼭 필요한 경우 학자와 지식인들만 연구 목적으로 사용하도록 지시했다. 실제로 대부분의 사서들이 이러한 지침을 거부했지만, 크룹스카야는 젊은 시절에는 혐오스러웠을 지적 검열에 동참하며 지침 시행을 밀어붙였다.

크룹스카야가 꿈꾸던 이상적인 소비에트 교육 체계는 분권화되고 자유로운 체계로, 지역 교사들이 노조를 결성해 학교 운영에 참여하는 것이었다. 그녀는 중앙집권적 권위의 개념에 반대했다.

크룹스카야의 교육 제안은 (톨스토이주의자로 활동했던 젊은 시절의 영향을 일부 받은) 교사의 권위를 학생들 스스로에게 이양하는 방식으로도 나타났다. 이는 학생들이 스스로 학습 방향을 결정하고 주도할 수 있는 교육 환경을 조성하는 데 기여할 것이었다. 크룹스카야는 1918년에 이렇게 썼다. "사회주의 학교의 가장 중요한 특징은 오직 학생의 가능한 한 가장 완전하고 포괄적인 발전을 목표로 한다는 점이다. 학교는 학생의 개성을 억누르지 않고 오직 그것을 발전시키는 데 도움을 주어야 한다. 사회주의 학교는 규율, 주입식 학습, 그리고 암기 위주의 학습이 있을 수 없는 자유의 학교이다."[41] 그녀의 관점에서 사회주의 교육은 지적이고 정서적인 자율성을 촉진해야 했는데, 이는 서구 진보 교육자들의 이상과 크게 다르지 않았다.

크룹스카야는 학생들의 개인적 발전과 함께 노동자 및 시민으로서의 사회적, 정치적 성장을 통합하는 "폴리테크니컬(polytechnical)" 교육 비전에 헌신했다.[42] 그녀는 특정 직업 기술을 가르치는 직업학교(우리가 흔히 단일기술(monotechnic)이라 부르는 것을 가르치는 학교)를 노동 계급을 기존의 위치에 머물게 하기 위한 부르주아의 도구로 간주했다. 루나차르스키(Anatoly Vasilyevich Lunacharsky, 1875~1933. 소비에트 혁명의 초기에 중요한 역할을 했던 인물. 문학과 예술, 교육 분야에서 활동하며, 혁명 후 새롭게 형성된 소비에트 문화를 이끌었던 대표적인 이론가이자 정치인이었다._옮긴이) 크룹스카야의 폴리테크니컬 교육학 계획을 지지했다. 그러나 콜론타이의 사회화된 보육 비전과 마찬가지로 크룹스카야의 계획도 소비에트의 현실과 충돌했다. 소련 경제가 혼란에 빠진 상황에서 레닌은 새로운 국가에는 금속 노동자, 선반 작업자, 기계공과 같은 특정 직종에 숙련된 노동자들을 배치할 필요가 있다고 주장했다. 소련은 모든 소련 어린이에게 '노동 예술' 교육을 실시한다는 고상한 목표 따위를 세울 여유가 없었다. 크룹스카야는 학생들이 한 가지 특정 기술만 배울 게 아니라 여러 종류의 일에서 그 기초를 익히고 공통적으로 갖추어야 하는 자질을 길러주는 교육 시스템을 꿈꾸었다. 레닌은 이에 대한 타협안으로 직업 수업을 마르크스주의와 공산당의 역사를 가르치는 강의로 보완하자고 제안했다. 그러나 레닌의 아이디어는 크룹스카야가 구상한 원래 비전과 털끝만큼도 비슷하지 않았다.

나중에 스탈린은 자유롭게 사고하고 독립적인 소비에트 시민을 양성하는 교육 시스템을 거부했다. 그에게는 자신의 대규모 현대화 계획에 걸맞은 톱니바퀴 같은 노동자(〈모던 타임스〉의 트램프가 조립 라인에서 반복적인 단순노동을 하다가 정말로 톱니바퀴의 일부가 되었던 것처럼)가 필요했기 때문이다. 스탈린의 지도하에 소비에트 학교는 암송과 암기 위주의 교육으로 돌아갔다(크룹스카야가 제네바에서 목격한 부르주아식 교육에서 가장 비판했던 것과 정확히 일치한다). 모든 징계 권한이 교사에게 돌아갔고 교육 시스템은 중앙에 집중되었다. 변증법적 유물론에 대한 보충 수업은 훈련과 시험을 통해 가르치는 국가 선전에 지나지 않았다. 소련이 크룹스카야의 독특한 사회주의 교육학 이론을 완전히 수용하지는 않았지만, 그녀의 이론은 후대의 급진적 교육자들에게 근본적인 토대가 되었다. 20세기의 위대한 비판적 교육학의 거장인 브라질의 파울로 프레이리(Paulo Freire, 1921~1997)는 학생과 교사 사이의 이상적인 관계를 연구하면서 크룹스카야가 천착한 작업에서 영감을 얻었다.[43] 크룹스카야는 교사가 단순한 조력자, 즉 학생들이 독립적인 사고와 아이디어를 계발하는 데 도움을 주는 "지적 산파" 역할을 하는 교육 체계를 꿈꾸었다. 크룹스카야 교육학의 진정한 해방적 잠재력은 스탈린이 이를 철저히 거부했다는 사실에서 가장 잘 확인할 수 있을 것이다.[44]

열정과 드라마로 역동적이었던 콜론타이의 삶과 달리 크룹스카야는 비교적 차분한 삶을 살아온 편이다. 그녀는 갑상선 질환 탓에 아이를 갖지 못했다. 망명지에서 생활하는 동안 남편의 방이 아닌 어머니의 방에서 잠을 잤다는 목격자의 증언도 있을 만큼 부부 사이가 친밀하지 못했다.[45] 러시아혁명 이후로는 종종 떨어져 살기도 했다. 크룹스카야는 레닌이 세심하게 간호받아야 할 경우에만 그의 공식적인 동반자가 되었다. 1918년 8월 30일, 레닌이 근거리에서 패니 카플란이 쏜 총에 맞아 심각한 부상을 당했을 때, 그리고 훗날 레닌이 뇌졸중으로 고생하며 점점 쇠약해져 갈 때 크룹스카야는 그의 곁으로 돌아가 정성껏 보살펴주었다.

크룹스카야가 가장 친밀한 관계를 맺었던 사람은 이네사 아르망이다. 그녀의 회고록에서 볼 수 있는 가장 감동적인 표현은 레닌이나 어머니와의 관계를 묘사할 때가 아니라 프랑스에서 처음 만난 아르망과 함께한 시간을 추억할 때이다. 1910년 파리의 러시아 망명자 그룹에는 알렉산드라 콜론타이와 알렉산더 슐랴프니코프도 포함되어 있었다. 아르망은 이 러시아 이민자 커뮤니티가 주최하는 강연과 행사에 참석하기 시작했다. 크룹스카야는 이렇게 썼다. "이네사 아르망은 1910년 브뤼셀에서 파리에 도착한 후 곧바로 파리 그룹에서 주관하는 활동에 적극적으로 참여했다. 그녀는 그룹의 회장단으로 선출되어 파리를 넘어 해외의 다른 그룹과도 폭넓게 서신을 주고받았다. 아르망에게는 두 딸과 아들 하나가 있었지만, 가족마저도 그녀의 열정을 막을 수 없었다. 그녀는 열렬한 볼셰비키였고, 그만큼 열정적으로 활동한 덕에 얼마 지나지 않아 파리의 모든 사람이 그녀를 중심으로 모여들었다."[46]

이 시기에 크룹스카야, 레닌, 아르망은 파리 근처의 롱쥬모 마을에서 서머스쿨을 열기로 마음먹었다. 학생들은 마을에서 방을 빌렸고, 아르망은 마을에 있는 집 한 채를 통째로 임대하여 학생 식당으로 사용했다. 크룹스카야와 레닌은 마을 반대편에 있는 벽돌집에 방을 빌렸지만, 항상 아르망의 집에 있는 공용식당에서 밥을 먹으며 학생들과 긴 대화를 나눴다. 두 사람은 이렇게 보낸 시간을 애정 어린 마음으로 회상했다. 여름이 지나고 1910년, 레닌과 크룹스카야는 파리로 다시 거처를 옮긴다. 아르망도 두 사람의 집 바로 옆에 있는 아파트를 얻었고, 세 사람은 거의 매일 만났다. 파리를 떠난 후로 레닌과 크룹스카야는 병을 앓던 크룹스카야의 어머니와 함께 오스트리아 폴란드 지역의 크라쿠프에 정착했다. 아르망은 러시아에서 가혹한 감옥살이를 마치고 마침내 이들과 합류했다. 크룹스카야는 집을 찾아온 아르망을 보고 깜짝 놀랐다. 그녀가 모든 준비를 마치고 당의 활동에 바로 뛰어들 태세로 도착했기 때문이다. "그녀는 예전의 에너지를 전혀 잃지 않았고, 특유의 열정을 가지고 당의 일에 뛰어들었다."[47] 크룹스카야는 이네사와 함께한 몇 달을 다음과 같이 서정적으로 표현했다.

그해 가을, 크라쿠프에 머물렀던 우리는 이네사와 매우 가까워졌다. 그녀는 활기차고 좋은 기운이 넘쳐흐르는 사람이었다. 파리에서부터 이네사를 알고 지냈지만, 그곳의 거주 집단은 규모가 컸다. 반면, 크라쿠프에서는 소규모로 모여 살았기에 더 친밀하고 우호적인 관계를 유지할 수 있었다. 이네사는 카메네프가 살던 집의 방을 빌렸다. 어머니는 그녀를 매우 좋아했다. 이네사는 우리 집에 들러 어머니와 이야기를 나누거나 곁에 앉아 담배를 피우곤 했다. 이네사가 있을 때면 모든 것이 짐짓 더 아늑하고 쾌활해지는 것 같았다.

우리 셋이 꾸려가는 가정생활은 학생들과 비슷했다. 이네사를 만나기 전까지는 규칙적이고 단조로운 나날뿐이었지만 그녀와 함께 지내게 된 뒤로는 기쁘게 하루하루를 맞이하게 되었다. 그녀는 우리 집에 머무르는 동안 이제껏 쌓아놓았던 이야기보따리를 한껏 풀어놓았다. 살아오면서 경험한 이야기, 자녀가 커 가는 모습을 지켜보면서 품었던 생각 등등 다양한 내용이었다. 그녀는 또 우리에게 편지도 보여주었다. 그녀가 들려주는 이야기에는 유쾌한 따뜻함이 서려 있었다. 일리치(레닌)와 나는 이네사와 함께 오랫동안 산책하곤 했다.[48]

제1차 세계대전이 발발하고 레닌이 폴란드에서 체포 당할 위기에 처하게 되자 크룹스카야와 레닌은 스위스로 몸을 피한다. 아르망은 몇 달 동안 그들과 함께하기로 했다. 크룹스카야가 아르망과 베른에서 보낸 시간을 묘사한 내용을 살펴보면 세 사람이 함께 지내면서 행복했던 순간이 많았던 것 같다.

그해 가을의 기억은 내 머릿속에서 베른 숲의 다채로운 풍경과 연결되어 떠오른다. 정말 아름다운 가을이었다. 우리는 베른 숲과 인접한 디스텔베그(Distelweg)라는 깨끗하고 조용한 작은 거리에서 살았다. 이 숲은 몇 마일에 걸쳐 펼쳐져 있었는데, 이네사는 길 건너편에 살았다. (…) 우리는 노랗게 물든 잎들로 뒤덮인 숲길을 따라 몇 시간씩 걷곤 했다. 대부분 셋이 함께 산책했다—블라디미르 일리치, 이네사, 그리고 나. 블라디미르 일리치는 국제적 차원에서의 투쟁 계획에 관해 이야기했다. 이네사는 모든 일에 매우 열정적이어서 새롭게 부각된 투쟁에도 직접 참여하기 시작했다—편지를 주고받고, 다양한 문서를 프랑스어와 영어로 번역하며, 자료를 수집하고, 사람들과 대화하는 등. 때때로 우리는 햇볕이 잘 드는 숲 언덕에 앉아 몇 시간을 보내기도 했다. 블라디미르 일리치는 집필 중인 논문과 연설용 메모를 기록하면서 표현을 다듬었고, 나는 투생(Toussaint) 교재를 이용해 이탈리아어를 공부했다. 그 옆에서 이네사는 치마를 꿰매며 가을 햇볕을 즐겼다―그녀는 아직 감옥 생활의 여파에서 완전히 회복되지 않은 상태였다.[49]

크룹스카야는 크라쿠프에서 방을 구하거나 병원에 있는 동지를 방문했을 때 레닌 없이 아르망과 단둘이 시간을 보냈던 순간을 간략하게 언급했다. 크룹스카야와 아르망이 개인적으로 주고받은 편지는 두 사람이 정치적으로 같은 이상을 공유했을 뿐만 아니라 개인적으로도 강한 유대감을 나누었다는 것을 보여준다. 또한, 우리는 편지에서 몇 가지 흥미로운 가능성을 읽어낼 수 있다. 크룹스카야의 전기 작가 중 한 명인 로버트 맥닐은 당대 관습에 비추어봤을 때 두 여성이 이례적인 사이였다는 사실을 발견했다.

이네사-레닌-크룹스카야로 이루어진 삼각관계는 크룹스카야의 삶에서 완전히 풀 수도, 단순히 무시할 수도 없는 여러 수수께끼를 던져준다. 우선, 이 삼각관계는 전형적인 관계로 규정하기가 어렵다. 다시 말해, 이들은 한 사람과 다른 두 사

192

람의 관계로 인해 형성된 흔한 'V' 형태가 아니라 정말로 단순한 삼각형이었다. 적어도 시간적으로는 이네사와 크룹스카야와 마찬가지로 이네사와 레닌도 긴밀한 개인적 유대감을 공유한 것으로 보인다.[50]

크룹스카야는 1920년 아르망이 사망한 후 그녀를 기리기 위한 특별 헌정집을 직접 편집했다. 또한 아르망의 어린 두 자녀를 사실상 입양하여 친자식처럼 보살폈다.[51]

크룹스카야와 레닌이 처음에 순전히 정치적인 목적으로 약혼하고 궁극적으로 결혼까지 했다면, 특히 시베리아 망명지에서 '신혼여행'을 보낸 뒤 두 사람이 과연 낭만적인 삶을 함께 공유했을까 하고 의문을 품는 것도 무리는 아니다. 어쩌면 세 사람 모두가 서로 로맨틱한 관계를 맺은 것일까? 그러나 크룹스카야가 사회적으로 통용되는 성적인 관습에서 자유롭지 않았다는 점을 돌이켜보면 이러한 의문은 적절치 않아 보인다. 어쩌면 크룹스카야는 젊은 시절 롤모델이었던 톨스토이나 허구의 인물인 라흐메토프처럼 죽을 때까지 사회 변혁에 헌신하고 금욕적으로 살기로 결심했을지도 모른다. 그것도 아니면 크룹스카야가 이네사를 향해 비밀스러운 사랑을 품고 있었거나, 당시 빅토리아

시대 여성들 사이에서 드물지 않은 '열정적인 우정'에 해당하는 관계를 공개적으로 발전시켰을 수도 있다(콜론타이와 샤두르스카야의 관계 역시 '열정적인 우정'과 크게 다르지 않다). '열정적인 우정'은 '동성애'라는 사회적인 범주가 존재하지 않았던 시기에 매우 긴밀한 사이인 동성 간의 관계를 일컫는 용어다.[52]

비비언 고닉과 메이플 라자가 공산주의와 아나키즘 운동에 관한 연구에서 설명했듯이, 로맨스는 개인을 혁명적 대의에 끌어들이는 데 주요한 동인이었다.[53] 라자는 "동지애, 유사성, 충성심, 연대감, 심지어 개인과 집단을 향한 사랑이라는 강력한 감정은 중요하다. 이는 공동의 투쟁에서 비롯한 급진적 정치 경험의 일부이기 때문이다."라고 썼다. "어떤 경우에는 이러한 경험이 개인에게 동기를 부여하고 영감을 불어넣는 정서적인 영향의 중심을 차지한다."[54] 투쟁과 사랑에 빠지면 그 투쟁을 공유하는 사람들과 사랑에 빠지기 쉽고, 그 반대의 경우도 마찬가지다.

1924년 1월 레닌이 사망한 후 크룹스카야는 권력 투쟁으로 초래된 혼란스러운 정치적 공백기와 당 내부의 분열을 경험하게 된다. 그녀는 개인적인 위험을 무릅쓰고 레닌의 "마지막 유언"을 러시아 밖으로 빼돌려 1926년 맥스 이스트먼이 〈뉴욕 타임스〉에 게재할 수 있도록 도왔다. 그러나 스탈린을 부정적으로 평가하는 내용이 담긴 글은 끝내 소련 내부의 검열을 뚫지 못했다.[55] 크룹스카야는 스탈린의 권력 장악을 막을 수 없었다. 그녀는 무례하고 세련되지 못하다고 여겼던 조지아 출신의 스탈린을 좋아하지 않았으며, 그의 정책에 자주 반대 의사를 표했다.[56] 1928년, 크룹스카야는 네 번째 전 연합 여성부 주최 동부 여성 당 조직자 대회에서 기조연설을 했다. 당시 스탈린과 여성부는 중앙아시아 여성들을 해방하기 위한 강압적인 상향식 캠페인을 펼치고 있었는데, 그레고리 매셀은 이 여성들을 "대리 프롤레타리아트"라고 불렀다. 크룹스카야는 이러한 강압적인 해방 방식이 역효과를 낳아 무슬림 인구들 사이에서 코뮤니즘 사회 건설의 장기적 전망에 해를 끼치리라고 생각했다. 크룹스카야의 연설에 대해 매셀은 이렇게 회고한다.

크룹스카야는 대부분 조심스러운 어조로 연설을 이어갔다. 현재 당의 노선을 모호하게 언급한 내용이 주를 이루었지만, 중요한 부분을 지적하기도 했다. 크룹스카야의 연설에서는 당이 직면한 지적·도덕적 위기가 고스란히 드러났다. 레닌의 미망인은 사실상 위로부터의 혁명이라는 개념이 내포한 가장 중요한 전제의 일부를 거부했다. 그녀는 특히 행정 명령에 따른 혁명을 거부했다. 이는 인간 공동체와 감성을 전면적이고 독단적이며 무자비한 공격으로 짓누르는 과정이 될 수밖에 없었기 때문이다. 그녀는 점진적으로 혁명을 달성해야 한다고 보았다. 즉, 어느 정도로 사회·문화적인 다양성을 관용하는 방향으로 혁명을 이끌어가야 한다고 주장했다. 그녀는 현지의 상황과 특성을 존중하고, 이를 민감하게 읽어내어 혁명의 대의에 반영해야 한다고 절박하게 호소했다.[57]

하지만 크룹스카야의 발언은 스탈린주의 정책을 바꾸는 데 거의 영향을 미치지 못했다. 심지어 그녀는 스탈린과 그의 명령을 추종하는 당원들로부터 고립되었고 탄압을 받았다. 트로츠키는 크룹스카야가 사망한 후 다음과 같이 회고했다.

크룹스카야는 스탈린 일당에 반대하려고 시도했으며 1926년에는 잠시 반대파의 일원으로 활동했다. 그러나 이내 세력이 분열될 가능성을 읽어내고는 겁을 먹고서 반대파에서 이탈했다. 자신에 대한 신뢰를 잃은 크룹스카야는 완전히 방향을 잃었고, 집권 세력은 그녀를 도덕적으로 무너뜨리기 위해 할 수 있는 모든 일을 다했다. 표면적으로는 존중받는 듯했지만, 아니, 반쯤 명예로운 대우를 받는 것처럼 보였지만, 사실 그녀는 당 기구 내에서 체계적으로 명예를 실추당했고, 모욕을 당했다.[58]

니키타 흐루쇼프 또한 1930년 5월, 크룹스카야가 다시 한번 스탈린에 반대하려고 시도한 이후, 당의 하부 조직원들까지 그녀를 등지게 된 상황을 회고했다. "아무런 언급도 없이 크룹스카야를 당에서 제적하라는 소문이 퍼졌다. 당원들은 그녀가 마치 전염병 균이라도 옮길 것처럼 피해 다녔다. (…) 철저한 감시를 받았으며 (…) 모두가 나데즈다 콘스탄티노브나에게 비난을 퍼부었다."[59] 1930년대에 크룹스카야는 스탈린이 자신과 함께 싸웠던 옛 볼셰비키 동지들을 숙청하고 살해하는 것을 지켜보면서 힘이 닿는 데까지 어떻게든 막아보려고 노력했다. 그러나 콜론타이와 마찬가지로 그녀도 결국 스탈린의 통치에 순응할 수밖에 없었다. 또 한편으로는 점차 악화되는 건강 문제와 씨름해야 했다. 1939년 트로츠키는 이렇게 썼다. "스탈린은 항상 그녀가 자신에게 도전장을 내밀까 봐 두려워했다."

그녀는 너무 많은 것을 알고 있었다. 그녀는 당의 역사를 알고 있었고, 스탈린이 이 역사에서 차지했던 위치도 알고 있었다. 스탈린을 레닌과 동급으로 배치한 후대의 역사 서술은 그녀에게 혐오스럽고 모욕적으로 느껴질 수밖에 없었다. 스탈린은 크룹스카야를 고리키만큼 두려워했다. 크룹스카야는 철저히 고립되었다. (…) 그녀의 옛 동료들은 하나씩 사라졌고, 죽음의 때를 늦춘 자들은 공개적으로든 비밀스럽게든 살해당했다. 그녀의 모든 행동은 감시받았다. 그녀의 글은 검열관들과의 끝이 없고, 참기 힘들며 굴욕적인 협상 끝에야 비로소 언론에 실릴 수 있었다. 이처럼 압도당한 불운한 여성에게 어떤 선택지가 남아 있었겠는가? 그녀는 완전히 고립된 채, 가슴에 무거운 돌덩이를 안고, 무엇을 해야 할지 알 수 없는 상태로, 병에 시달리며 고된 삶을 이어나갔다.

콜론타이가 스탈린에게 굴복하여 대사로서 스톡홀름에 자리한 안전한 외교 공관에 몸을 피했다면, 크룹스카야는 스탈린의 바로 옆에서 그의 감시망에 둘러싸여 온갖 중상모략에 상처를 입으면서 자신의 이상과 타협해야만 했다. 그녀는 1939년 2월에 숨을 거뒀다. 스탈린은 크룹스카야를 위해 국장(國葬)을 치르고, 그녀의 유골함을 크렘린 성벽까지 운반하는 데 참여했지만, 인민이 그녀를 떠올리지 못하게 하려고 추모를 최소화했다. 크룹스카야를 레닌의 유산을 지키는 사람으로서, 자신의 정치적 경쟁자로 인식하지 못하게 만들기 위한 조치였다. 1956년 니키타 흐루쇼프가 비밀 연설(스탈린의 공포 통치를 폭로)을 통해 권력을 잡은 후, 새로운 소련 총리는 탈(脫) 스탈린화 캠페인의 일환으로 크룹스카야의 기억을 되살렸다. 소련 전역에 걸쳐 크룹스카야의 생애와 업적을 기념하였고, 금서였던 그녀의 책을 다시 출간했다. 1970년부터 1992년까지 소련은 유네스코가 후원하는 '나데즈다 K. 크룹스카야 문맹 퇴치상'[61]을 운영했는데, 오늘날에도 러시아에서는 자국에서 생산된 "크룹스카야 초콜릿 바"[62]를 즐길 수 있다. 크룹스카야는 생전에 청소년 단체, 특히 젊은 개척자들과 함께 일하면서 수백만 명의 어린이들에게 감동을 주었고, 이들의 삶을 변화시켰다. 그 자신에게는 자녀가 없었지만, 소련 전체에서 모성애적인 인물로 높이 평가되었다.

그러나 크룹스카야가 남긴 진정한 유산은 진실로 인민을 위한 혁명을 이룩하려고 몸을 던졌던 그녀의 헌신과 해방적 사회주의 교육학에 대한 독특한 비전이었다. 미국의 저명한 노동운동 지도자인 루이스 시걸(Louis Segal,

1890-1964)은 1939년, 크룹스카야를 추모하는 글을 썼다. "크룹스카야는 보기 드물게 진실한 사람이었다. 자신이 지 지하는 남성과 대의명분에 전적으로 헌신했는데, 그 대의 를 위해서라면, 아무리 하찮은 일도, 아무리 어려운 작업도 기꺼이 수행했다."[63]

네 번째 발키리

뜨거운 심장
이네사 아르망
(1874~1920)

소비에트 사회주의 연방 국가가 만들어졌던 초창기에 볼셰비키 혁명을 고무하고 독특한 사회주의 여성 운동의 토대를 다진 '레드 발키리' 삼인방 가운데 이네사 아르망은 여전히 가장 신비로운 인물로 남아 있다. 레닌이 죽고 적대적인 세력의 구심점이 없어지자 스탈린이 반대파들을 마구 숙청했던 시기에 알렉산드라와 콜론타이는 살아남았다. 그러나 아르망은 1920년, 마흔여섯 살의 나이로 사망했다. 콜론타이와 크룹스카야는 충분히 많은 양의 기사를 쓰고 여러 번 연설을 할 만큼 오래 살았으며, 둘 다 방대한 양의 회고록을 남겼다. 아르망은 자신의 글을 많이 남기지 않았고 그녀의 삶에 관한 이야기는 대부분 편지를 통해 알려졌지만, 편지들조차 모두 보존되지 못했다. 크룹스카야는 회고록에서 레닌을 가장 생생하게 묘사했는데, 아르망에 대한 묘사 역시 그에 못지않았다. 1926년에는 자신의 가장 친한 친구였던 아르망을 기리기 위해 그녀를 기념하는 기념문집을 직접 편집하기도 했다.

이네사 아르망의 생애에 얽힌 이야기는 두 가지 추가적인 요소로 인해 더 복잡해진다. 첫 번째로 소련 정부의 역사학자들이 이네사 아르망의 삶을 볼셰비키 혁명가로서, 레닌과 가까운 동료로서의 이상적인 모습에 끼워맞추기 위해 역사적 사실을 왜곡한 것으로 보인다. 냉전 시대에 소련의 자료를 사용했던 서방 학자들 또한 자신도 모르게 왜곡된 시각을 재생산하는 셈이었다.[1] 이를테면 이런 식이다. 이네사 아르망은 부모가 사망하면서 러시아 할머니의 중산층 가정에서 자랐지만, 소련의 전기 작가들은 그녀가 부유한 아르망 가문의 가정교사였던 고모의 보호를 받으며 러시아에 왔다고 주장했다. 이 가족은 그녀가 자신의 자녀들과 함께 교육받을 수 있도록 배려했다고 쓰는 식이었다. 특정한 정보는 일부러 밝히지 않는 경우도 있었다. 아르망은 부유한 부르주아 계급 출신의 알렉산드르 아르망과 결혼한 이후로 이따금 혁명 활동을 해나가는 데 필요한 자금을 지원받았지만 이는 소련이 남긴 자료에서 생략되었다. 이네사 아르망이 남편의 동생인 블라디미르와 사적으로 점차 가까워졌던 시기에 한 전기 작가는 블라디미르가 이네사보다 겨우 한 살 어리다고 주장했으나, 실제로 두 사람이 불륜을 시작했을 때 이네사는 스물여덟 살, 블라디미르는 열여덟 살로 열 살 정도 차이가 났다.

둘째, 간접적인 증거로 레닌과 아르망이 서로 매우 친한 친구이자, 연인인 동시에 크룹스카야와 함께 혁명적 삼각관계의 일원이었다는 가능성을 시사한다. 하지만 이러한 증거는 그다지 믿음직스럽지 않다. 그 대부분이 알렉산드라 콜론타이와 안젤리카 발바노바 등 아르망을 알고 지냈던 동료들의 말에서 비롯한 추측에 지나지 않기 때문이며, 또한 소련 정부가 레닌이 개인적으로 주고받은 서신의 일부를 1991년 공산주의가 붕괴한 이후까지 비밀로 유지하기로 결정한 데서 영향을 받았던 탓이다. 크룹스카야의 생애를 기록한 잉글랜드인 전기 작가인 로버트 맥닐은 알렉산드라 콜론타이가 쓴 소설 『위대한 사랑』(1923)이 레닌, 크룹스카야, 아르망의 관계를 야트막하게 각색한 이야기라고 주장했다.[2] 이른바 '낭만주의 학파'에 속한 서구 학자들은 레닌이 한동안 아르망을 부를 때 러시아에서 격식을 갖춘 '뷔'(vy) 대신 친밀감을 나타내는 비격식 대명사 '틔'(ty)를 사용한 사실에 주목한다.[3] 레닌은 거의 가족 내에서만 친밀함을 나타내는 호칭을 사용했는데, 편지 내용은 이들이 최소한 여름 동안 가벼운 연애를 즐겼을 가능성을 암시한다. 일부 전기 작가들은 이를 부인하기도 한다.[4]

이 주제는 당시도 지금도 민감한 문제다. 1964년 4월, 소련 정부는《타임》지에서 레닌 부부의 '삼각 관계'(ménage à trois)를 언급하는 표지 기사를 내보내자 모스크바에 있는《타임》지 지사를 폐쇄하라는 명령을 내렸다.[5] 이네사 아르망에 얽힌 여러 소문과 은밀한 암시는 그녀가 사회주의 여성 운동과 볼셰비키 혁명에 기여한 공로를 가리는 결과를 낳았다. 아르망에 관한 두 가지 영문 전기 가운데 하나는 『레닌의 연인: 이네사 아르망의 삶 *Lenin's Mistress: The Life of Inessa Armand*』이라는 제목을 달고 있는데 설령 그 관계가 실제였다고 하더라도, 작가는 마치 단 한 번의 연애 관계가 그녀의 삶의 특징을 결정지은 중대한 일인 것처럼 묘사했다.[6]

레닌과 크룹스카야처럼 아르망도 니콜라이 체르니솁스키의 소설 『무엇을 할 것인가? *What is To Be Done?*』를 사랑했지만, 독신주의자 라흐메토프를 모범으로 삼기보다 해방된 주인공 베라 파블로브나와 비슷한 삶을 살았다. 소설에서 로푸호프라는 인물은 베라 파블로브나를 사랑 없는 결혼에서 해방시키기 위해 그녀와 결혼한다. 그러나 나중에 베라 파블로브나가 로푸호프의 절친 키르사노프와 사랑에 빠지자, 로푸호프는 베라 파블로브나와 키르사노프가 결혼할 수 있도록 라흐메토프의 도움을 받아 자살하는 척하고 미국으로 떠난다.

아르망의 실제 삶은 이 이야기와 상당 부분 닮아 있었다. 그녀는 알렉산드르 아르망과 결혼하여 네 명의 아이를 낳았지만, 남편의 동생이자 급진적인 사상을 가진 블라디미르 아르망의 아이를 임신하자 알렉산드르는 그녀가 블라디미르와 함께할 수 있도록 허락했다. 알렉산드르는 질투심에 사로잡히거나 번거로운 이혼 절차를 거치는 대신에 다섯 자녀를 양육하는 데 드는 가정교사 비용과 학비 등을 포함해 교육비를 계속 부담했다. 또한 알렉산드르는 이네사와 결혼을 유지한 채로 그녀가 학문에 정진하고 정치적인 경력을 쌓을 수 있도록 해방시켰다.

이 모든 일이 1903년에 일어났다는 사실은 폴리아모리('다양한 사랑', '여러 명과의 관계'를 뜻하는 개념이다. 즉, 한 사람이 아니라 두 명 이상의 사람과 동의하에 친밀함과 깊은 감정을 유지하는 관계를 일컫는다. 그러나, 일대일 간에 맺어진 관계가 소유욕으로 인한 집착으로 종종 균형이 깨지는 것과 비교했을 때 파트너를 자유롭게 선택할 상대의 권리를 인정하는 점에서 '비독점적 관계'라고 할 수 있다._옮긴이)가 서구를 중심으로 최근에 주목받기 시작한 현상이라고 여기는 사람들에게는 충격으로 다가올 수 있다. 오늘날에도 의견이 분분한 개념이기 때문이다.

그러나 좌파들은 진보적 정치의 일환으로, 사랑의 전통적인 규범, 즉 배타적이고 독점적인 양상을 띠는 일부일처제에 도전장을 내밀었다. 예를 들어 프리드리히 엥겔스는 수년간 메리 번스, 그녀의 여동생 리지, 세 사람과 함께 관계를 유지했으며 메리가 사망한 후에도 리지와 계속 살다가 그녀가 생을 마감할 즈음엔 결혼까지 했다.[7] 19세기 말, 제정 러시아에서도 체르니셉스키의 책을 비롯한 그 시기의 일반적인 시대정신이 대다수 작가, 예술가, 지식인들이 부르주아 문화의 엄격한 사회적 규범, 특히 일부일처제 결혼의 억압적인 굴레에 의문을 품게 했다. 가장 유명한 예로 미래주의 시인 블라디미르 마야콥스키(Vladimir Mayakovsky, 1893~1930)를 들 수 있다. 그는 1915년부터

1930년까지 오시프와 릴리야 브릭 부부와 함께 공개적으로 삼각 관계를 유지했다.[8] 이네사와 아르망 형제 역시 콜론타이가 에세이 「날개 달린 에로스를 위한 길」에 담아내려고 했던 정신을 구현한 것으로 보였다. 콜론타이는 책에서 왜 사랑이 두 사람 간의 독점적인 소유욕에 기초한 관계로 구현되어야 하는지, 왜 사람들이 질투라는 감정을 극복하려고 노력하지 않고 오히려 이를 혐오스러운 방식으로 표출하는지 질문을 던졌다.

이네사 표도로브나 아르망(엘리자베스-이네스 스테판 데르벤빌, née Elisabeth-Ines Stéphane d'Herbenville)은 1874년 파리에서 태어났으나, 부모가 일찍 세상을 떠나면서 이모와 할머니의 손에 자라났다. 아버지는 프랑스 오페라 가수였고 어머니는 배우였으며, 어머니가 이네사를 임신한 후 결혼했다. 이네사는 탄탄한 중산층 교육을 받았다. 그 덕에 여러 언어를 구사할 수 있었으며 피아노를 꽤 잘 쳤다. 그녀는 열아홉 살에 상트페테르부르크 근처에서 방적 공장을 운영하던 부유한 프랑스-러시아계 가문의 아들 알렉산드르와 결혼했다. 아르망 가문은 정치적으로 자유주의 성향에 가까웠으나, 전형적인 부르주아 계층이었고 이네사 부부는 19세기 말 러시아의 상황으로 짐작건대 상당히 안락한 편에 속했다. 결혼하고 난 첫 6년 동안 이네사 부부는 네 명의 자녀를 낳았지만 콜론타이와 마찬가지로 아르망은 그녀와 같은 계급의 여성에게 기대되는 고리타분한 삶에 지루함을 느꼈다. 자선 활동은 아르망에게 사회적으로 허용된 유일한 탈출구가 되어주었다. 콜론타이나 크룹스카야와 달리 그녀는 사회주의 운동에 몸담기 전부터 자신을 '페미니스트'로 정체화했다.

1899년, 이네사 아르망은 여성의 처지를 개선하기 위한 모스크바 협회를 설립하는 데 힘을 보탰다. 그녀는 잠시 교육위원회 위원장을 맡았다가 1900년에는 회장직을 수락하여 3년 동안 연임했다. 초기에 페미니스트 단체로 출발했던 모스크바 협회는 여성과 소녀들을 대상으로 교육하고, 자립에 필요한 기술을 가르치는 데 초점을 맞추었다. 아르망은 주일학교를 설립하고 페미니스트 저널을 조직하려고 시도했지만, 차르 당국의 반대에 부딪혔다. 당국이 여성의 권리를 옹호하기 위해 펼치는 활동이 반차르 활동의 전선이 될 것을 우려했기 때문이다. 아르망은 이에 굴하지 않았다.

그녀는 20세기 초, 러시아인들이 '매춘부'라고 불렀던 여성들에게 관심을 기울였다. 1902년, 아르망은 이들을 사회화하고 시골에서 온 문맹인 10대 소녀들이 자국에서 가장 오래된 직업, 즉 매춘부가 되는 것을 막기 위해 '소외된 여성을 위한 보호소'를 조직할 수 있도록 당국에 허가를 신청했다. 1900년 당시 러시아의 평균 수명은 30세에 불과했고, 농노제가 폐지된 이후로 농민들의 생활 수준은 더욱더 악화일로를 걷고 있었다는 사실을 주지할 필요가 있다.[9] 농민 소녀들은 부르주아 사회가 폄하하는 직업을 의지대로 자유롭게 선택한 당당한 여성이 아니라 지독하리만치 가난한 농촌 사회에서 벗어나 도시의 공장 일자리를 찾아 나선 배고프고 절박한 10대들이었다. 공장에서 받는 임금은 턱없이 부족했고, 이들은 어쩔 수 없이 성매매로 내몰릴 수밖에 없었다.

당국은 여성 보호소를 설립하는 것을 허가했고, 아르망과 페미니스트 동료들은 소녀들이 생계를 유지할 수 있는 일자리를 찾도록 도왔다. 아르망은 4년 간 모스크바 협회에서 활동했지만, 금세 환멸을 느꼈다. 차르 정부가 그녀가 추진하는 일을 방해했던 데다가 이로 인해 보호소를 지속적으로 운영하는 것도 어려워졌기 때문이다. 차르 정부의 관료들은 무슨 일을 벌이든 지나치게 불신했으며 순수한 자선 활동조차 원천적으로 차단했다. 아르망은 한 가지 깨달음을 얻었다. 자선 활동만으로는 여성들의 삶을 실질적으로 개선할 수 없으며, 이를 실현하려면 근본적으로 정치적 변화가 이루어져야 한다는 점이었다. 산업화는 러시아의 오랜 경제적인 토대였던 봉건제를 무너뜨리는 데 일조했다.

그러나 농노 출신 노동자에게 제대로 된 생계를 유지할 기회는 거의 제공하지 못했다. 아르망은 보호소에서 일하면서 여성들이 온종일 공장에서 고된 노동을 하고도 돈벌이를 위해 거리로 내몰릴 수밖에 없게 만드는 구조적인 원인을 발견했다. 당시 존재했던 노동법은 고용주에게 크게 유리했다. 예를 들어, 1882년에 제정된 법은 12세 미만의 아동을 고용하는 것을 금지하고 12세에서 14세 사이의 아동의 노동 시간을 하루 8시간으로 제한했다. 그러나 15세부터는 근무 시간이 14시간에서 18시간으로 늘어났지만 여전히 기본적인 생계를 유지할 수 있을 정도로 충분한 임금을 보장받지 못했다.[10]

더 심각한 문제는 고용주가 마음대로 노동자를 해고하고 다양한 위반 사항을 근거로 벌금을 부과할 수 있다는 점이었다. 이를테면 근로자가 5분만 지각해도 하루치 임금을 아예 받지 못하는 상황에 처할 위험이 있었다. 고용주는 노동자에게 현물로 임금을 지급하거나, 노동자에게 공장에서 운영하는 가게에서 물건을 사도록 강요할 수도 있었다. 다른 가게에 비해 훨씬 부풀려진 가격에 물건을 살 수밖에 없어 자연스레 노동자가 빚을 지게 되었다. 이러한 부채로 인해 노동자들은 새로운 일자리를 구하기 어려웠고, 제대로 교육 받지 못한 탓에 문장 하나 정확하게 읽어낼 수 없었다. 따라서 법적인 도움을 구하는 것조차 불가능했다 (설령 법적으로 구제를 받을 수 있었다고 해도). 노동자들이 근로 조건을 개선하기 위해 조직을 결성하거나 직접 행동에 나서는 경우, 파업이나 여타 산업 행동으로 인해 벌금을 물거나, 사내에서 괴롭힘을 당해야 했고, 심지어 감옥에 갇히는 일이 비일비재했다.

아르망은 자신과 같이 선의로 가득 찬 부유한 계층의 대다수 여성처럼 처음에는 자선 활동이 노동 계급 여성이 처한 곤경을 어느 정도 해결할 수 있으리라고 생각했다. 상류층 사회에서 자선 활동은 여성들이 가정이라는 사적인 공간을 벗어나 사회적 활동을 가능하게 해주는 일이었다. 그러나 '부유한' 여성들은 장애물에 부딪히거나 좌절감에 빠질 때면 언제든 어려운 사람들이 겪는 문제를 완전히 외면하지 않았다는 안도감을 품은 채로 시골에 있는 저택의 안락한 응접실로 도망칠 수 있었다. 아르망은 이런 체제에 분노를 느꼈고 변화를 원했다. 그녀는 새로운 사상에 열려 있었고, 러시아 여성을 위한 투쟁 역시 포기할 수 없었다. 아르망은 결국 페미니스트 진영에서 등을 돌렸다.

당대 페미니스트들은 주로 중상류층 여성으로, 교육 권과 재산소유권(오직 남성만이 재산을 소유할 수 있었다), 결혼법 등 상류 계급 여성의 법적인 권리를 개선하는 데 초점을 맞췄다. 하지만, 노동 계급 여성들의 노동 환경이나 경제적으로 착취당하는 문제에는 관심을 기울이지 않았다. 아르망은 이들과 달리 직접 노동계급 여성들이 겪는 경제적 문제의 배경에 구조적인 원인이 있다는 것을 알아차렸다. 단순히 여성들이 법적인 평등을 이루고, 교육 기회를 제공받는 것으로 해결할 수 없었다. 자본주의 체제 자체와 직결된 문제였기 때문이다.

또한, 아르망은 차르 체제에 도전하지 않는 페미니스트들을 이해할 수 없었다. 노동계급 여성들이 시달리는 가난과 착취는 바로 차르 체제가 유지하는 경제적 구조에서 비롯한 것이었기 때문이다. 단순히 여성의 권리를 쟁취하기보다 체제 자체를 변혁하기 위해 혁명적으로 접근할 필요가 있었다. 그녀는 끝내 변화를 거부하는 완강한 정부와 엘리트들의 냉담한 태도에 실망했고, 러시아 사회의 급진적인 세력들과 손을 잡았다.

아르망이 지닌 급진적인 사상은 어린 시절부터 알고 지낸 열일곱 살짜리 시동생인 블라디미르에게 영향을 받은 것이었다. 블라디미르는 대학에서 공부하기 위해 모스크바로 이사했고, 아르망 가족이 소유한 아파트에서 자주 함께 살았다. 아르망은 모스크바 협회에서 일하느라 남편과 떨어져 지내는 날이 많았다. 알렉산드르 역시 러시아 사회에서 여러 중요한 직책을 맡은 탓에 집을 비우는 때가 잦았고 두 사람은 자연스레 사이가 서먹서먹해졌다. 블라디미르는 아르망에게 마르크스, 엥겔스를 비롯해 자본주의 체제를 비판하는 사상가들을 소개했다. 그는 학생 모임을 주최하며 아르망을 지금과 다른 러시아의 미래를 꿈꾸는 청년들의 단체로 이끌었다.

1903년 아르망과 블라디미르가 이탈리아로 휴가를 떠났을 때, 그녀는 다섯째 아이를 임신한 채로 돌아왔다. 1903년부터 1908년 사이, 아르망은 금서로 지정된 마르크스주의 문헌을 러시아로 밀반입하고, 비밀 도서관을 운영하는 등 모스크바에서 혁명적인 모임과 활동에 점점 더 적극적으로 참여했다(아르망은 모스크바를 거점으로 활동했기 때문에 초기에는 상트페테르부르크에서 주로 활동했던 콜론타이나 크룹스카야와 협력할 기회가 없었다).

아르망은 차르 정부의 끈질긴 추적 아래 여러 차례 감옥에 갇혔고, 북극권 바로 아래에 있는 극한의 도시 메젠(Mezen)으로 장기간 유배되기도 했다. 블라디미르는 당시 건강이 좋지 않은 상태였지만 자발적으로 아르망을 따라 메젠으로 갔다(마치 크룹스카야가 레닌을 따라갔듯이). 메젠은 전역에서 모여든 정치적 망명자들로 가득 찬 작은 마을로, 이들은 열악한 환경에서도 서로를 다독이며 함께 어려움을 이겨냈다.

1908년 2월, 아르망은 알렉산드르에게 편지를 썼다.

우리는 평소와 마찬가지로 지루한 일상을 보내고 있어. 시간이 흘러가는 것이 아니라 창백하고 생기 없는 그림자처럼 스쳐 지나가는 느낌이야. 우리는 가능한 한 스스로를 속이고 다른 사람들을 설득하려고 노력해 (…) 바로 여기에도 삶이, 생명이 있다고 말이야. 물론 나는 다른 사람들보다 나은 상황에 있다고 할 수 있겠지. 완전히 혼자가 아니니까. 하지만 다른 사람들보다 더 힘든 점도 있어. 저 멀리 모스크바에 있는 아

이들이 너무 그립고, 또 한편으로 잘 지내는지 걱정되니 말이야.[11]

아르망은 우리가 흔히 말하는 '일과 가정의 균형'을 두고 평생 고민했다. 그녀는 혁명가로서 요구되는 일과 두 딸과 세 아들, 사실혼 관계에 있는 두 남편, 그리고 어쩌면 또 다른 연인과 그의 아내로서 정서적인 필요를 맞춰주는 것 사이에서 끊임없이 줄다리기를 해야 했다. 1908년, 그녀는 한 친구에게 일과 가정을 동시에 관리하는 게 얼마나 어려운지 토로했다. "(한편으로는) 개인과 가족의 이해관계가 걸려 있고, (다른 한편으로는) 사회적 이해관계가 있어. 두 가지 사이에서 어느 것을 더 중시할 수 있을까? 아마 나뿐만이 아니라 오늘날 지식인들이 직면한 가장 심각한 문제 가운데 하나일 거야."[12] 아르망은 메젠에 머물며 아이들을 만날 수 있도록 아르한겔스크(Arkhangelsk)에서 살게 해달라고 당국에 수없이 편지를 보냈다. 그러나 당국은 매번 매몰차게 거절했다. 오랫동안 독방에 갇혀 지내면서 그녀의 건강도 눈에 띄게 나빠졌다. 만일 아르망이 강인한 사람이 아니었다면 진작에 포기했을 것이다.

블라디미르가 건강이 급속도로 악화해서 더는 메젠에서 지낼 수 없는 지경에 이르자, 그는 프랑스 남부로 떠났고 아르망도 탈출 계획을 세웠다. 메젠을 떠날 수 있도록 당국의 허가를 받은 폴란드 망명자 그룹이 아르망을 몰래 데리고 나가기로 동의했다. 아르망은 먼저 모스크바로 향했고, 이후 상트페테르부르크에 잠시 머물며 제1차 전 러시아 여성 대회를 몰래 참관했다. 이 대회는 러시아 전역에서 약 1,000명의 대표자들이 모여 러시아 여성의 권리와 지위 향상을 논의하는 자리로, 특히 여성의 경제적 독립에 관한 문제와 결혼 제도 개혁 문제를 두고 열띤 토론이 벌어졌다. 그녀는 차르 경찰의 눈을 피해 방청석에 있는 관중들 속에 몸을 숨긴 채(콜론타이 역시 그곳에 숨어 있었다), 대회에서 오가는 논의를 매우 흥미롭게 들었다.

아르망은 블라디미르에게 보낸 편지에 이렇게 썼다. "삶에는 커다란 모순이 있어. 한편으로 자유로이 사랑하고 싶은 갈망이 있지만, 다른 한편으로는 여성이 벌어들이는 수입이 너무 미미한 탓에 여성 대다수는 이러한 자유를 손에 넣을 수 없지. 자유를 누리고 싶다면 결국, 아이를 갖지 않아야 해."[13]

아르망은 자신이 활발하게 정치적인 활동을 할 수 있

었던 것은 특권 덕분이라는 사실을 잘 알았다. 그녀가 당국을 피해 도망치는 동안, 알렉산드르는 그녀에게 돈을 보내주고 아이들을 돌볼 사람을 구해주었다. 아마 알렉산드르가 그녀를 사랑했기 때문에, 아니면 그녀의 대의를 지지했기 때문이었을 수도 있다. 그러나 여성 대부분은 자신의 정치적인 꿈을 기꺼이 지지해 줄 남편을 가지지 못했으며, 설령 원하더라도 그럴 여유가 없는 경우가 많았다.

아르망은 키예프에 숨어 지낼 계획이었지만 블라디미르의 몸이 극도로 쇠약해지고 있다는 소식을 듣고 국경을 넘어 핀란드 국경을 불법적으로 넘었다. 그녀는 곧장 프랑스 리비에라로 향했지만, 블라디미르는 그녀와 함께 메젠에서 시간을 보내면서 회복하기 어려운 수준으로 심각해진 결핵에 시달리고 있었다. 1909년 초, 블라디미르는 결국 아르망의 품에서 숨을 거두었다. 깊은 상실감에 빠진 아르망은 남편 알렉산드르와 아이들이 있는 프랑스 루베로 떠났다. 알렉산드르는 이미 러시아에서 추방형을 선고받은 뒤 두 아들을 데리고 그곳으로 이주한 상태였다. 아르망은 루베에서 가족과 함께 시간을 보낸 후, 파리로 떠나 홀로 시간을 보내며 슬픔을 달래고, 새로운 길을 모색하려고 했다. 메젠을 탈출한 혐의로 러시아에서 지명수배 상태였던 그녀는 서유럽에 머물 수밖에 없었다. 파리에서 아르망은 러시아 망명자 사회와 처음 연결되었다.

카페 레 마니외르(Café Les Manilleurs) 2층에서 열린 정치 모임에서 아르망은 블라디미르 레닌과 나데즈다 크룹스카야를 처음 만났다.[14] 알렉산드르는 아르망에게 아이들과 같이 여유로운 휴가를 보내자고 권유했고, 그녀는 육체적·정신적으로 지쳤던 터라 그의 제안에 동의했다. 휴식을 마치고 알렉산드르는 아르망에게 루베로 돌아와 함께 지내자는 이야기를 꺼냈는데, 어쩌면 다시 둘 사이의 관계를 회복하고 싶었던 것일지도 모른다.

하지만 아르망에게는 다른 꿈이 있었다. 그녀는 서유럽의 사회민주주의자, 사회주의자, 공산주의자, 아나키스트들이 이론가들을 존중한다는 사실을 알고 있었다. 로자 룩셈부르크, 알렉산드라 콜론타이와 같은 여성들이 마르크스주의를 연구하고 이론서를 집필하고 이를 출판하여 운동에서 자신의 입지를 다져나갔듯이 아르망도 자신만의 위치를 공고히 하고 싶었다. 아르망은 벨기에 브뤼셀에 거주하기로 결정했고, 알렉산드르가 꾸준히 재정을 지원한 덕에 루베 근처에 있는 누벨 대학교(Université Nouvelle)에 입학했다. 경제학 2년 과정을 시작하면서 학업에 몰두하는 동시에 세 명의 어린 자녀를 돌보았다. 불과 10개월 만에 그녀는 경제학 시험에 응시하여 1910년 7월에 수료증을 취득했다. 벨기에에 머무는 동안, 그녀는 현지 러시아 사회민주주의 단체에서 가끔씩 일하며 파리에서 보내온 신문과 당의 여타 출판물들을 러시아로 전달하는 일을 도왔다.

아르망은 경제학 과정을 마친 직후에 코펜하겐에서 열린 1910년 8월에 열린 제2차 국제사회주의여성대회에 참석하기 위해 여행을 떠났다. 그녀는 1907년, 슈투트가르트에서 제1차 국제사회주의여성대회가 열렸을 시기에 메젠에 유배 중이었지만, 대회의 기록을 읽고 주요하게 논의되었던 주제를 알고 있었다. 여성대회에선 부르주아 페미니스트와 협력할지 그 여부와 제한적 참정권, 혹은 보편적인 참정권에 대한 요구 중 어떤 것을 지지할지 논쟁을 벌이고 있었다. 클라라 체트킨은 독일 사회민주당 여성들을 대표하여 회의를 주도했다. 바로 이 코펜하겐 회의에서 체트킨은 "각국의 사회주의 여성들이 정치적 노동자당과 노동조합과 협력하여 특별한 여성의 날을 조직할 것"을 제안했는데[15], 이는 오늘날 전 세계적으로 3월 8일에 기념하는 국

제여성의 날의 기반이 되었다.[16]

　또한, 코펜하겐에서 아르망은 제트킨이 발간하는 여성신문 〈디 글라이히하이트*Die Gleichheit*〉(평등을 뜻한다)에서 영감을 받아 러시아 여성 노동자를 대상으로 〈라보트니차*Rabotnitsa*〉(여성 노동자)를 창간한 적도 있었지만, 아주 단기간 동안 발행되었다.[17] 여성 대회가 끝난 후 아르망은 코펜하겐에서 열린 제8차 인터내셔널 대회에 참석하여 레닌, 트로츠키, 룩셈부르크를 비롯하여 유럽 사회주의 운동의 여러 거물들과 의견을 교환했다.

　그녀는 브뤼셀에서 경제학 과정을 단기간에 집약적으로 배우면서, 자본주의의 구조적 모순과 노동계급을 착취하는 기제를 심층적으로 이해하게 되었다. 아르망은 이를 타파하고 평등한 사회를 구축하기 위해 마르크스주의가 필요하다는 것을 알게 되었다. 즉, 계급투쟁 이론과 생산수단을 사회적으로 소유한다는 원칙은 사회 변혁을 이루어내기 위한 필수적인 길이라는 것을 다시금 확신하게 되었다. 이후 세 자녀를 데리고 브뤼셀에서 파리로 거주지를 옮겼으나 알렉산드르가 유배 생활을 마치면서 아이들도 모두 러시아로 돌아갔다. 아르망은 프랑스에 홀로 남아 레닌과 크룹스카야가 주축인 볼셰비키 지도부의 정치적 토론과 전략 회의에 정기적으로 참여하게 되었다. 또한 소수의 혁명가 집단으로 혁명을 성공시키기 위해 노동자 계급을 촘촘히 조직하고 이들을 이끄는 '전위당'의 일원으로서 헌신적으로 활동했다.

당시 볼셰비키는 자본주의 체제를 무너뜨리는 것을 최종 목표로 삼아 토지와 공장을 포함해 생산 수단을 사회적으로 소유하고 노동자 계급의 독재를 통해 새로운 권력 체계를 수립하며, 제국주의 전쟁에 반대하는 국제적 연대와 혁명을 강령으로 내세웠다. 러시아는 차르의 통치 아래서 자본주의 체제로 인해 더욱 억압이 심화한 상황에서 볼셰비키의 강령을 실현하기 위해 노력했다.

한 번은 독일 트리어에 있는 칼 마르크스 박물관에서 "사회주의 가계도(The Familly Tree of Socialism)"라는 도표를 구입한 적이 있다. 도표엔 여러 뿌리가 뻗어나가는 나무 한 그루가 있는데, 이것은 20세기 공산주의에 영향을 미친 다양한 노동운동을 훌륭하게 시각화한 것이다. 이 거대한 나무 그림은 칼 카우츠키와 에두아르드 번스타인이 1896년 제2인터내셔널 제4차 대회를 위해 만든 것으로 이전의 다양한 진보적 사상이 마르크스와 엥겔스의 이론 속에서 어떻게 녹아들었는지 한눈에 파악할 수 있게 해주고, 더 나아

가 이러한 융합이 궁극적으로 국제적 단결과 '노동자의 날'로 어떻게 연결되는지 설명해준다.[18]

그러나 좌파 진영에서 나온 이론을 통합하는 작업은 1896년, 가계도가 만들어졌을 당시와 마찬가지로 오늘날에도 여전히 실현되지 못한 이상으로 남아 있다. 마르크스와 엥겔스가 썼던 저작은 학자들이 다양하게 해석할 만한 여지를 남겼고, 자칭 사회주의 이론가들은 각기 자본주의에서 벗어나는 "올바른" 길을 개척하려는 자신만의 주석을 만들어냈다. 각기 다른 주장을 펼친 탓에 서로 간의 의견이 충돌했고, 이로 인한 파벌 간 갈등은 사회주의 운동이 시작된 이래로 지금까지 이어져 온 주요 특징으로 자리잡았다.

레닌과 크룹스카야를 비롯한 다른 볼셰비키들은 혁명적인 투쟁을 통해 노동자 계급이 권력을 쟁취해야 한다고 믿었다. 이들은 선거와 의회 제도를 활용해 점진적인 변화를 추구하는 사회민주주의 세력과 대립각을 세울 수밖에 없었다. 볼셰비키는 자본가 계급이나 정부가 노동자들의 임금을 인상하고 근로시간을 단축하거나 복지 혜택을 확대하는 등 점진적인 개혁 조치가 결국 노동자들을 현 체제에 만족하게 만들어, 궁극적으로 혁명을 위한 계급투쟁의 의지를 약화한다고 보았다. 이들은 이러한 점진적인 개혁

이 자본주의 구조를 유지하는 데 기여할 뿐이며, 노동자 계급이 체제를 근본적으로 변화시키는 것을 목표로 삼도록 이끌기 위해 더욱 단호하고 강경한 접근법을 취해야 한다고 주장했다. 레닌과 크룹스카야는 망명지에서 생활하며 이런 문제를 두고 대부분의 시간을 다른 사회주의자들과 끊임없이 논쟁하며 보냈다.

이 시기, 레닌에게 이네사 아르망은 귀중한 조력자가 되었다. 레닌은 처음으로 그녀에게 1911년 파리 외곽에 당을 위한 특별한 서머스쿨을 조직하게 했다. 이 학교는 레닌과 크룹스카야가 매일 밤 아르망과 함께 식사를 했던 곳이기도 했다. 학교를 설립한 목적은 국제적으로 개최되는 사회주의자 대회, 특히 제2인터내셔널 같은 중요한 무대에서 레닌을 지지할 세력을 양성하려는 것이었다. 알렉산더가 꾸준히 돈을 지원해준 덕에 아르망은 프랑스의 작은 마을 롱쥬모에 있는 2층짜리 집을 임대하여 일곱 살 난 아들 안드레이와 함께 여름 내내 살았다.

레닌은 학교를 운영하는 데 필요한 실무적인 업무 전부를 아르망에게 맡겼던 것으로 보인다. 아르망이 사는 집의 1층은 주방과 모든 학생을 위한 공동 식당으로 사용되었다. 이들 가운데 다수는 러시아에서 온 학생들이었다. 아르망은 너그러운 주인이었고, 크룹스카야는 훗날 "이네사가 아니었다면 동지애로 가득한 이 놀라운 분위기를 결코 만들지 못했을 것이다."라고 회고했다.[19] 또한 학교에서 아르망은 벨기에 사회주의의 역사를 강의하기도 했다.

9월, 레닌과 크룹스카야가 파리로 돌아오자 아르망도 그들을 따라갔다. 러시아에서 온 두 딸이 합류하면서 아르망은 어린 자녀 셋을 데리고 레닌과 크룹스카야의 옆집에 살았다. 어른 세 명과 아이 세 명이 함께 일종의 공동체 생활을 했는데, 이 시기 크룹스카야는 "이네사는 우리와 매우 가까워졌다."고 썼다. 이들은 유럽 각지에서 태동한 사회주의 운동을 레닌주의라는 기치 아래 하나로 결집시키기 위해 조직 활동을 펼치고 기금을 마련하며 다양한 전략을 계획했다. 그러나 레닌이 볼셰비즘의 원칙을 고수하며 사회민주주의자들과 타협하기를 거부했고, 이는 곧 파리의 온건파 사회주의자들 사이에서 반발을 불러일으켰다. 당시 레닌의 입장을 공개적으로 지지하는 사람은 거의 없었다. 결국, 레닌은 러시아와 더 가까운 지역으로 본부를 옮기기로 결정했고 당대 오스트리아 제국의 통치 아래 있던 폴란드 지역의 크라쿠프를 최종적으로 택했다.

아르망도 곧 파리를 떠났고 레닌은 그녀를 러시아로

파견했다. 그녀는 1909년 메젠에서 탈출한 혐의로 당국의 수배를 받고 있었기 때문에 귀국하는 것은 개인적으로 상당한 위험을 무릅써야 하는 일이었지만, 끝내 귀국길에 올랐다. 예상대로 아르망은 차르 경찰에 체포되어 1912년부터 1913년까지 6개월간 공식 재판이 열릴 때까지 상트페테르부르크의 구금 시설에 갇혀 지냈다. 감옥에서 건강이 악화하고 급기야 결핵 초기 증상까지 나타나자 여전히 법적으로 그녀의 남편이었던 알렉산드르가 나섰다. 그는 5,400루블의 막대한 보석금을 지불하며 그녀를 자신의 보호 아래 두겠다고 당국을 설득했고, 재판에 출석하는 조건으로 풀려날 수 있었다.

아르망은 어쩔 수 없이 레닌과 볼셰비키를 위한 선전 및 조직 활동을 중단하고, 봄과 여름 내내 남편 알렉산드르와 아이들과 시간을 보냈다. 이들은 볼가강을 따라 내려가며 스타브로폴과 캅카스 지역을 방문하는 등 여유로운 휴가를 보냈다. 아르망은 아이들과 시간을 보내며 남편과 다시 관계를 회복할 기회를 가졌을지도 모른다. 한편, 알렉산드르는 아르망이 다시 감옥에 가거나 유배 생활로 돌아가는 것을 결코 원치 않았다. 그러나 1913년 8월 말, 재판을 받기 바로 전날 밤, 그녀는 국경을 넘어 핀란드로 몰래 도망쳤고, 이로 인해 남편은 엄청난 액수의 보석금을 몰수당했다.

아르망은 크라쿠프로 가서 한동안 소규모의 볼셰비키 공동체에서 지냈다. 특히 크룹스카야와 그녀의 어머니와 다시 가까워지면서 안정을 찾았다. 하지만 레닌은 아르망에게 끊임없이 볼셰비키 관련 문서와 선전물을 번역해달라고 작업을 맡겨 과중한 부담을 안겼다. 결국, 그녀는 1913년 12월 파리로 돌아가 여성 잡지 《라보트니차》를 창간했다. 라보트니차는 러시아 여성 노동자들에게 사회주의의 메시지를 전하고, 이들의 목소리를 대변하기 위해 사회주의자들이 펴낸 첫 번째 잡지였다. 주로 여성 노동자들이 겪는 열악한 환경과 차별을 폭로하고, 노동자들을 조직화하여 더 나은 노동 조건과 평등을 위해 투쟁에 나설 수 있도록 돕는 데 중점을 두었다.

창간호는 1914년 세계 여성의 날에 발간되었다. 비록 초판 부수가 12,000부에 불과해 대부분 글을 읽을 줄 아는 여성이 많은 상트페테르부르크 지역에만 배포되었지만, 아르망과 크룹스카야, 그리고 동료들이 힘을 모은 덕분에 1914년 3월부터 6월까지 총 일곱 개의 호를 발행할 수 있었다. 그러나 차르 경찰이 그중 세 개의 호를 압수하면서 출판 작업을 중단할 수밖에 없었고, 이내 제1차 세계대전까지 발발하면서 결국 다시는 잡지를 펴낼 수 없게 되었다. 비록 짧은 기간이었지만,《라보트니차》는 러시아 사회주의 여성 운동의 기틀을 마련했고, 1917년 차르가 퇴위한 후 곧 부활했다.

두 사람의 관계가 어떤 성격이었든, 레닌은 아르망의 재능과 인내심을 남용했다. 1914년 초 아르망은 극도의 피로감을 느끼게 된다. 자신이 파리에 남아 계속 업무를 처리해주기를 바라는 레닌의 지나친 기대 때문이었다. 따라서 그해 5월 자녀들과 함께 아드리안해로 떠나 그토록 원하던 휴가를 즐기게 되자 그녀는 깊이 안도했다. 자녀들은 어머니를 그리워했고, 막내아들 안드레이는 당시 열 살이었고, 딸들은 십 대에 접어든 참이었다. 아르망은 아이들과 시간을 보내고 싶어 했다. 특히 안드레이의 병세가 날이 갈수록 심해지는 탓에 가족을 위해 정치적인 활동을 잠시 내려놓을 수밖에 없었다. 이 시간은 그녀에게 그간 쌓인 피로를 풀고 마땅히 누려야 할 휴식을 취할 기회이기도 했다.

7월 초가 되자, 레닌은 아르망에게 네 차례에 걸쳐 편지를 보내 아이들을 두고 브뤼셀에서 열리는 이른바 노동자 "단결" 대회에 참석해달라고 간청했다. 독일 사회민주당은 러시아의 다양한 혁명 집단과 망명자 세력을 하나로 묶어 더 효과적으로 활동하기를 원했다. 그러나 레닌은 언제나처럼 화해할 의사가 전혀 없었고, 그의 태도는 독일 동지들의 반감을 샀다. 전략적인 이유로 레닌은 자신의 주장을 대신 전달할 다른 사람이 필요했으나 대부분 거절했다. 볼셰비키의 남성 동료들은 그의 입장이 당원들에게 얼마나 인기가 없는지 잘 알고 있었던 것 같다. 레닌이 거듭 설득한 끝에 아르망은 마지못해 대회를 대표해 참석하기로 동의했다. 대회는 1914년 7월 16일 개막했으며, 아르망은 아이들을 바닷가에 남겨둔 채 벨기에로 향했다.

그곳에서 아르망은 레닌의 최후통첩을 발표했다. 다른 대표 대부분이 강하게 반발했고, 소수만이 그녀를 지지했다. 레닌은 모든 러시아 혁명 집단이 볼셰비키의 권위 아래 힘을 모아야만 "단결"이 가능하다고 주장했다. 아르망은 "레닌주의자"라는 이유로 조롱을 받았지만, 대표 모두가 레닌 없이는 단결이 불가능하다는 것을 잘 알았다. 대회가 끝난 후 레닌은 아르망에게 아드리안 해안에 있는 아이들에게 돌아가기 전에 폴란드로 와서 자신을 만나라고 지시를 내렸다. 하지만 아르망은 이를 단호히 거절하고 해안으로 돌아가 휴가를 보내면서 아이들과 함께 러시아 국경으로 돌아갈 계획을 세웠다. 레닌은 아르망이 보인 불복종 의사에 화가 났는지 더는 그녀를 친근한 비격식 대명사 '틔(ty)'로 지칭하지 않았다. 아르망은 유럽 열강이 전쟁을 선포하듯 레닌에게 독립을 선언한 셈이었다.

제1차 세계대전이 발발하자 방어라는 명목으로 민족주의 전쟁을 지지하는 사람들과 프롤레타리아 국제주의 원칙을 고수하는 사람들 사이에 깊은 간극이 생겼다. 독일 사회주의자들과 마찬가지로 프랑스 사회주의자들 역시 국방을 내세우며 전 세계 노동자를 단결하리라는 이상을 버렸다. 아르망은 내전을 요구하는 레닌의 주장을 지지했다. 그녀는 아이들을 무사히 러시아로 돌려보낸 후 스위스로 떠났다. 당시 레닌은 오스트리아령 폴란드에서 체포되어 있었고, 석방된 후 레닌과 크룹스카야가 베른으로 여행하는 데 필요한 자금을 손수 마련한 사람은 다름아닌 아르망이었다.

한동안 레닌과 크룹스카야, 아르망은 베른 근처에 머물며 함께 지냈고, 특히 크룹스카야가 회고록에서 애틋하게 묘사했듯, 가을엔 다 같이 길게 산책을 다니곤 했다. 그러나 1914년 말에 접어들 무렵, 아르망은 사랑, 결혼, 가족에 관한 이론을 담은 소책자를 집필하기로 결심했다. 체트킨과 콜론타이의 글에서 영감을 받은 이유도 있었을 테고, 브뤼셀에서 받은 교육을 활용하고 싶은 마음에서 비롯된 것일 수도 있다. 아르망은 베른을 떠나 스위스 산속에서 몇 주간 혼자만의 시간을 보냈다.

당대 관습으로 미루어볼 때 알렉산드르와 블라디미르와 평범하지 않은 관계를 맺었던 자신의 개인적인 경험을 바탕으로, 그녀는 사회적 관습이나 경제적 필요가 아닌 사랑에 따라 파트너를 선택할 여성의 권리를 주장하는 흥미로운 논문을 썼을 것이다. 그녀는 초안을 레닌에게 보내 조언을 구했고, 레닌은 그 내용을 몹시 싫어하며 본인의 의견을 솔직히 전달했다. 아르망은 이에 대해 반박하는 편지를 보냈다고 알려져 있으나, 그 편지는 현재 사라진 상태다. 레닌은 아르망이 반대 의견을 표하자 더욱 신랄한 어조로 "객관적이고 계급적인 관점을 완전히 잊어버렸다."며 그녀를 나무랐다.[20] 결국 아르망은 생전에 소책자를 출판하지 않았고, 현재 그 원고 역시 남아 있지 않다.

아르망은 1915년부터 1917년까지 레닌이 지시한 당내 여러 업무로 바쁜 나날을 보냈다. 레닌은 자신이 직접 참석할 수 없는 청년 대회와 여성 대회에서 아르망을 볼셰비키 대표로 보냈다. 그녀는 레닌이 이른바 '짐머발트 좌파'(전쟁에 반대할 뿐만 아니라 무장 혁명과 내전을 강력히 지지하는 사회주의자들)의 영향력을 확립하고 이를 확대하는 데 기여했다. 1916년 초, 레닌은 아르망에게 또다시 위험한 임무를 맡겼다. 그녀의 의사와 무관하게 레닌의 요구에 따라 가명을 사용하고 위조 여권을 만들어 프랑스로 향해야 했다. 프랑스 좌파 진영으로부터 짐머발트 좌파를 지지하겠다는 확답을 받기 위해서였다.

아르망이 정기적으로 상황을 보고하지 않자, 레닌은 그녀에게 계속해서 메시지를 보내며 더 많은 정보를 재촉했다. 당시 프랑스는 전쟁 중이었고, 좌파 내부에서도 많은 사회주의자가 상반된 입장을 주장했기 때문에 아르망은 청년 단체와 일부 생디칼리스트 계파에서만 어느 정도의 호응을 얻어낼 수 있었다. 그 외 주요 사회주의 단체들은 그녀의 주장을 받아들이지 않았다. 레닌은 아르망이 더 노력하지 않는다며 그녀를 의심했고, 이는 아르망을 몹시 화나게 만들었던 것으로 보인다. 파리에서 마지막 몇 주 동안 아르망은 레닌의 메시지를 무시하고 자신의 프로젝트를 진행했다. 임무를 마무리하고 다시 돌아갈 무렵, 아르망은 프랑스 군인들을 만나 군에서 탈영하여 혁명에 참여해야 한다고 선동하는 용감한 행보를 보인 뒤 스위스로 돌아갔다.

1916년 4월을 기점으로 아르망은 레닌과 점차 거리를 두었고 그의 요구에 은밀히, 혹은 대놓고 저항했다. 먼저, 아르망은 스위스의 여러 도시와 마을에서 혼자 지내기로 선택했고, 레닌과 크룹스카야가 머물던 취리히로 오라는 요청을 거부했다. 취리히로 가면 레닌이 이것저것 요구하며 그녀를 괴롭힐 것이 뻔했기 때문이다. 안젤리카 발라바노바(Angelica Balabanoff)는 "(아르망은) 여러 언어를 유창하게 구사하며, 자신이 말할 수 있는 모든 언어로 레닌이 한 말을 그대로 반복했다."고 회고했지만, 아르망은 더는 그의 주장을 되풀이하지 않았다.[21]

그녀는 여전히 레닌이 부탁하는 글을 프랑스어와 영어로 번역했다. 그러나 자신이 동의하지 않는 문장은 번역하지 않겠다고 거부했고 레닌은 또다시 분노했다. 뿐만 아니라, 그녀는 레닌의 사상에 도전했고 레닌이 스스로 모순되는 말을 할 때 이를 지적하기도 했다. 1916년 말에 이르러 레닌은 아르망에게 아이들 가까이에서 지낼 수 있는 노르웨이로 가라고 설득했다. 그는 아르망이 가끔씩 러시아를 방문하여 자신을 위해 위험한 임무를 맡아줄 것을 기대했다. 그러나 아르망은 이를 거부하고 스위스에 머물렀다. 그는 또한 아르망에게 볼셰비키 출판사를 설립하라고 제안했는데, 아마도 알렉산드르의 돈을 이용하려고 했던 듯싶다. 하지만 레닌을 잘 아는 아르망은 레닌이 소책자만 열심히 작성하는 동안, 자신은 모든 실무와 번역 작업 등 온갖 자질구레한 일을 떠맡아야 할 것이라고 짐작했을 테다.

결국, 그녀는 이 제안도 거절했다. 1916년 내내, 아르망은 마르크스주의 텍스트를 공부하며 혁명에 어떤 식으로든 지적인 기여를 하고 싶어 했다. 그녀는 자신의 글을 쓰고 싶어 했지만, 레닌은 지속적으로 아르망의 의지를 꺾으려고 작업물을 갖고 비판하거나 글을 출판하지 않는 것에 대한 변명을 늘어놓으며 이를 막았다. 아르망은 레닌에게 크게 실망했다. 그녀는 홀로 지내며 독립적인 삶을 이어가다가 결국 1917년 4월, 레닌과 크룹스카야, 다른 망명자들과 함께 러시아로 돌아가기로 결심했다.

2월혁명으로 차르가 퇴위하고 임시정부가 수립되자, 아르망은 마침내 박해당하리라는 두려움 없이 러시아로 돌아올 수 있었다. 하지만 여전히 제1차 세계대전의 한복판에 있던 임시정부는 점차 대중의 지지를 잃었다. 레닌, 크룹스카야, 콜론타이, 트로츠키를 비롯한 볼셰비키들은 국가의 통제권을 손에 쥐기 위해 움직였다. 레닌은 아르망을 신뢰했기 때문에 당 내 여러 요직에 그녀를 추천했다. 아르망은 151명의 대표 가운데 한 명으로 제7차 전당대회(일명 4월 대회)에 모스크바 대표로 참석했다. 그러나 아르망은 1914년 아주 짤막하게 휴가를 다녀온 이후로 얼굴을 보지 못한 자녀들과 함께 시간을 보내고 싶어 했다. 그녀는 페트로그라드에서 볼셰비키 활동에 전념하는 대신, 1917년 여름을 시골에서 막내아들 안드레이를 돌보며 보냈다. 안드레이가 또다시 병에 걸린 탓이었다.

1917년 7월은 격동의 시기였다. 페트로그라드에서 군인과 크론슈타트 해군 기지의 수병들과 산업 노동자들이 주도한 시위는 4일경에 이르러 점점 더 커지고 조직화되어 수만 명이 거리로 쏟아져나왔다. 무장한 시위대는 임시정부와 소비에트 정부가 있던 타우리데 궁전으로 행진하며 즉각적인 변화를 촉구했는데, 임시정부에서 시위를 진압하는 과정에서 충돌이 빚어졌고 이로써 여러 명이 다치고 사망하거나 체포당했다. 페트로그라드가 한창 소요에 휩싸였을 때 아르망은 도시를 벗어나 있었기 때문에 다행히 체포를 면했다.

같은 이유로 아르망은 10월 혁명에서도 주도적인 역할을 맡지 못했지만, 이 혁명은 결국 레닌이 주도하는 볼셰비키에 권력을 가져다주었다. 레닌은 정권을 공고히 다지기 위해 즉시 움직였고, 아르망에게 다양하고 새로운 임무를 맡겼다. 아르망은 이전에 레닌과 갈등을 겪으며 좌절한 적도 있었지만, 아르망은 충실한 볼셰비키로서 맡은 임무를 묵묵히 수행했다. 1918년까지 아르망은 여성 노동자들을 위한 회의를 조직하며 여성 문제에 적극적으로 목소리를 내기 시작했다. 그녀는 러시아 공산당의 프랑스 지부에서 활동했으며, 당 학교에서 강의를 맡아 당원들을 교육하는 일도 담당했다. 또한, 전 러시아 중앙집행위원회에 이름을 올렸으며, 모스크바 소비에트 집행위원회에 선출되어 여러 행정 업무를 맡았다.

하지만 아르망은 오래전부터 간직해 온 꿈, 러시아 여성이 살아가는 현실을 바꾸고 싶은 소망을 여전히 품에 간직하고 있었다. 마침내 레닌이 그 꿈을 이룰 기회를 주었다. 당시 볼셰비키는 러시아가 제1차 세계대전에서 철수하고 반(反) 볼셰비키 백군을 물리쳐야 하는 절박한 상황에서 여성들의 지지가 절실했다. 러시아의 부유층은 재산이 모조리 국가에 몰수당하는 것에 격렬히 저항했고, 자국에서 볼셰비키 혁명이 일어날까 봐 두려워하는 서방 국가들과 협력하고 있었다. 한편, 대다수 농민은 차르와 정교회를 지지하며 볼셰비키에 반대해 시골 곳곳에서 혼란을 불러일으켰다.

1918년에 시작되어 1921년까지 내전이 벌어진 동안, 새로운 볼셰비키 정부는 여성들을 인적 자원으로 활용했다. 여성들은 붉은 군대를 보조하는 역할을 맡아 지원하고, 전선에서 싸우는 남성들을 대신해 공장에서 전쟁 물자와 군수품을 생산하며 노동을 이어갔다. 여성 농민들은 여전히 전통적인 가치관과 보수적인 태도를 고수하는 존재로 여겨졌기에, 이들을 교육하는 일은 새로운 정권을 계속 이어가는 데 필수불가결한 작업이었다. 그러나, 농민들이 끊임없이 볼셰비키를 상대로 저항하는 탓에 소련 정부는 큰 어려움에 직면했다. 이와 동시에 레닌과 볼셰비키 지도자들은 페미니즘이 프롤레타리아트 운동을 약화하고, 노동자 계급이 단결하지 못하도록 방해할까 봐 우려했다.

이들은 두려움을 잠시 접어두고 콜론타이와 크룹스카야, 아르망을 비롯한 여성들이 여성 해방을 위한 계획을 추진할 권한을 부여했다. 가부장적 특권을 내려놓는 것은 혁명을 위해 치러야 할 작은 대가로 여겨졌다. 특히 교육과 가사 노동을 공공의 책임으로 전환해 여성들이 경제 활동에 적극적으로 참여하고 이로써 볼셰비키 운동을 지지하는 세력을 확대할 수만 있다면, 더더욱 그럴 만한 가치가 있었다. "여성 해방 없이 코뮤니즘을 상상할 수 없고, 코뮤니즘 없이 여성 해방도 있을 수 없다." 이네사 아르망은 이렇게 말했다.[22]

레닌과 아르망 사이의 갈등(10월 혁명 이후 특히 불거졌던)은 서유럽에서 망명 생활을 하던 마지막 시기에 자연스레 약화되었다. 1918년 8월 30일, 레닌은 패니 카플란이 쏜 총에 암살당할 뻔한 위기를 맞는다. 이후 그는 아르망을 찾았고, 아르망은 크룹스카야와 병상을 지키며 며칠을 함께 보냈다. 총상에서 어느 정도 회복한 후 레닌은 아르망에게 더 많은 일을 맡겼다. 1918년 11월, 콜론타이와 아르망은 전국 규모의 여성 노동자 대회를 조직했다. 약 300명이 참석할 것으로 예상했으나, 내전으로 황폐해진 나라 곳곳에서 1,200여 명에 달하는 여성이 모여들었다. 콜론타이와 아르망은 이를 보고 놀라움을 금치 못했다. 엄청난 수의 여성들과 때로는 함께 떠나온 자녀들까지 돌보고 숙식을 제공하는 일은 두 젠오트델 활동가에게 큰 부담이 되었다.

여성 대회는 노동조합회관에서 열렸다. 새로 탄생한 노동자 국가에서 여성의 미래를 논의하고 토론하려는 대표들로 북적였다. 레닌과 볼셰비키 주요 지도자들이 회의에 참석해 연설을 했고 콜론타이는 남녀관계가 지배와 소유욕으로 왜곡되고 있다며 지적하며, 평등과 상호 존중에 기반한 새로운 관계의 가능성을 제시했다. 아르망은 부르주아적 가정 형태가 소련 여성들의 발목을 잡고 있다고 강조하며, 가사 노동을 여성 혼자 떠안는 대신에 이를 사회가 함께 책임지는 제도를 구축해야 한다고 주장했다. 1919년에 아르망은 이렇게 썼다. "가족 구조가 전통적인 형태에서 벗어나지 못하고, 가정생활과 더불어 아이들을 양육하고 교육하는 방식을 그대로 답습한다면, 착취와 예속을 없애는 것은 불가능하다. 새로운 인간을 창조하는 것도, 사회주의를 건설하는 것도 이룰 수 없다."[23]

전국 여성 대회가 끝난 직후, 레닌은 아르망을 프랑스로 파견해 러시아와 프랑스 간의 전쟁 포로를 교환하는 협상 업무를 맡겼으나 이는 실패로 돌아갔다. 그녀는 1919년 8월 러시아로 돌아와 새로운 젠오트델을 이끌 책임자로 임명되었다. 1919년부터 1920년까지 아르망은 소련 여성의 지위를 향상하는 일에 전념했다. 여성들이 가사와 육아의 부담에서 벗어날 수 있도록 공공 지원 체계를 강화하자고 강조했고, 그들이 자신의 문제를 터놓고 논의하며 해결 방안을 모색하는 장을 마련하는 데 전력을 다했다. 그녀는 장시간 노동에 식사도 제대로 챙기지 못하고 끊임없이 담배를 피우면서 건강을 거의 돌보지 않았다. 특히 1919년 11월 콜론타이가 심장마비를 겪으며 쇠약해진 이후로 약 4개월 동안 아르망이 젠오트델의 거의 모든 업무를 담당해야 했기 때문에 어쩔 수 없었다.

아르망은 가사와 육아를 지원하는 공공 지원 체계를 확대하는 데 그치지 않고, 여성들이 직접 자신의 문제를 논의하고 해결책을 모색하는 모임을 조직했다. 여성들은 이 모임에서 동료 노동자나 학생들을 이끌 대표자를 선출했으며, 이렇게 선출된 대표자가 참여하는 "대표자 회의"가 따로 열렸다. 1920년 3월까지 아르망과 젠오트델은 단 두 지역을 제외하고 소련 전역의 거의 모든 지역에서 대표자 회의를 조직하는 데 성공했다. 이는 단기간에 이룬 놀라운 성과였다. 레닌은 이 회의를 통해 여성들의 지지를 발판으로 삼아 자신의 정책을 강화하려고 했지만, 동시에 여성들이 당의 언어와 정책을 익혀 국가에 자신들의 요구를 전달할 기회를 제공했다. 역사학자 엘리자베스 우드는 스탈린이 나중에 젠오트델을 해체한 이유 가운데 하나로, 이 조직이 여성의 목소리를 지나치게 효과적으로 대변했기 때문이라고 설명했다.[24]

1919년에서 1920년 사이, 아르망은 마침내 여성 문제에 관한 자신의 글을 쓰기 시작해 〈프라우다*Pravda*〉(진리)의 여성란에 기고했다. 그녀는 제노텔의 이름으로 여성 공산주의자들을 위한 잡지 《코뮤니스티카*Kommunistika*》(여성 공산주의자)를 창간했으며, 사망하기 전까지 네 차례에 걸쳐 정기호를 편집했다. 그녀는 또한 "인터내셔널 노동자"라는 제목의 심도 있는 소책자를 집필했다.[25] 그러나 사회주의 여성 운동가로서 그녀의 경력이 절정을 이룬 순간은, 1920년 7월에 열린 제1차 국제 코뮤니스트 여성 대회를 주재했을 때였다.[26] 아르망은 19개국에서 온 대표자들 앞에서, 여성을 조직하는 소련의 전략을 소개하고 이를 적극적으로 지지했다. 당 구조를 기반으로 여성을 조직하는 이 소련식 모델은 중앙집권적이고 국가의 지원을 받는 하향식 체계로, 20세기 내내 여러 국가에서 널리 채택되었다.[27]

대표자 회의를 조직하고 국제 대회를 주재하며 그 결의안을 대중화하는 일까지 맡으면서 아르망은 극도로 지쳐 있었다. 창백하고 수척해진 그녀의 모습을 본 레닌은 아들 안드레이와 함께 코카서스에서 휴가를 보내라고 권유했다. 완전히 탈진한 상태였던 아르망은 그의 제안을 받아들였다. 그러나 남부에서는 여전히 내전이 한창이었고, 산적들이 출몰한다는 소문이 돌았다. 모스크바에서 아르망의 일거수일투족을 걱정하던 레닌은그녀의 안전을 염려하며 호스트들에게 세세히 신경 써줄 것을 부탁했다. 아르망은 산악 지역에서 붉은 군대와 백군이 소규모 전투를 벌이는 가운데, 점차 내면으로 침잠했다.

열정과 헌신으로 가득했던 그녀는 마흔여섯의 나이에 자신이 오랫동안 꿈꿔왔던 새로운 세계를 건설하려는 과업에 완전히 고갈된 자신을 발견했다. 아르망의 전기 작가 마이클 피어슨(Michael Pearson)은 그녀가 생의 마지막 몇 주 동안 쓴 글에서 (레닌을 "V.I."라고 부른 부분을 포함하여) 여러 구절을 인용하며 당시 그녀의 심경을 조명했다.

혼자 있고 싶은 욕구가 강렬하다. 다른 사람들이 단지 주위에서 떠들기만 해도 피곤하다. 내가 직접 말해야 할 때는 더더욱 그렇다. 내면이 죽은 것만 같은 이 느낌이 과연 사라질 수 있을까? 다른 사람들이 웃으며 대화를 즐기는 모습을 보면 이제는 낯설기만 하다. (…) 지금은 사람들을 그다지 좋아하지 않는다. 예전에는 모든 사람을 따뜻한 마음으로 대했는데, 이제는 모두에게 관심이 없고 지루함만 느낀다. 내게 남아 있는 따뜻함을 느끼는 대상은 오로지 아이들과 V.I.(레닌)뿐. 그 외에는 마치 내 심장이 죽어버린 듯, 반응하지 않는다. V.I.와 일에 모든 힘과 열정을 쏟아버리고 나니, 사람들에게 넉넉히 베풀었던 사랑과 연민의 원천이 바닥난 것 같다. 이제는 일을 제외하고는 다른 사람들과 아무런 관계도 맺지 않는다. 사람들 역시 나의 이 죽어버린 감정을 느끼고, 그에 맞서 똑같이 무관심하고 반감 어린 태도로 나를 대하는 것 같다. 그리고 이제는 일조차도 큰 의미가 사라지고 있다.[28]

무력감과 우울함에 시달리던 이네사 아르망은 1920년 9월 24일 콜레라로 생을 마감했다. 그녀의 시신이 도착한 기차역에서 만난 목격자들에 따르면, 레닌은 그녀가 죽었다는 사실에 너무나도 충격을 받은 나머지, 아무 말도 하지 않았다고 한다. 1920년 10월, 이네사 아르망은 불과 몇 달 전 자신이 제1회 국제 코뮤니스트 여성 대회를 주재했던 바로 그 노동조합 회관에 안치되었다. 수천 명의 사람들이 '인터내셔널가'를 부르며 그녀의 관을 따라 노동조합회관에서 붉은 광장까지 모스크바를 행진했다. 1963년, 학자 버트람 울프(Bertram Wolfe)는 볼셰비키 지도자인 안젤리카 발라바노바와 아르망의 장례식에 대해 이야기를 나눴다. 발라바노바는 레닌이 그녀에게 장례식에서 연설을 해달라고 간청했지만, 미처 준비하지 못했기 때문에 망설였다고 한다. 그녀는 울프에게 그때의 기억을 이야기해주었다.

제가 어쩔 줄 몰라 하고 있을 때, 다행히도 마지막 순간에 콜론타이가 장례식장에 도착해 감동적인 연설을 했어요. 저는 레닌을 곁눈질로 살펴보았습니다. 그는 깊은 절망에 빠져 있었고, 모자를 눈 위로 깊숙이 눌러 쓴 채 앉아 있었어요. 원체 키가 작았지만, 그 순간에 레닌은 더욱 작아지고 쪼그라든 모습이었습니다. 그의 모습은 안쓰러웠고, 마음이 완전히 부서져버린 것 같았어요. 전에는 한 번도 그런 모습을 본 적이 없었습니다. 레닌에게 아르망은 단순히 "훌륭한 볼셰비키"나 좋은 친구 그 이상의 의미를 가진 존재라는 것을 알 수 있었어요. 레닌은 자신에게 매우 소중하고 가까운 사람을 잃어 깊은 슬픔에 빠졌고 감정을 굳이 숨기려 들지 않았습니다.[29]

아르망의 유해는 크렘린 성벽 묘지에 안장되었고, 그

로부터 두 달 뒤 사망한 미국인 기자 존 리드(John Reed, 1887~1920, 미국의 기자이자 시인, 코뮤니스트 활동가다. 그는 특히 1917년 러시아 10월 혁명을 직접 취재하여 당시 상황을 생생하게 기록한 저서 『세계를 뒤흔든 열흘Ten Days That Shook the World』로 유명하다._옮긴이)가 같은 자리에 묻히면서 기념비를 함께 공유하고 있다. 엠마 골드만(Emma Goldman)은 자신의 회고록에서 알렉산드라 콜론타이가 존 리드의 무덤 앞에서 한 연설에 깊이 감동했다고 썼다. 하지만 콜론타이는 분명 아르망을 염두에 두었을 것이다. 콜론타이는 이렇게 말했다. "우리는 스스로를 코뮤니스트라고 부르지만 과연 정말 그렇다고 할 수 있을까요? 오히려 우리 곁에 있던 사람들이 더는 필요한 존재로 여겨지지 않을 때, 이들을 방치하고 잊어버리는 것은 아닐까요? 우리가 말하는 코뮤니즘과 동지애는, 우리를 필요로 하는 사람들에게 진심으로 헌신하지 않는다면, 그저 공허한 구호에 불과합니다. 우리는 이런 코뮤니즘을 경계해야 합니다. 그렇지 않으면, 우리 가운데 가장 훌륭한 사람들을 잃고 말 것입니다."[30]

이네사 아르망은 볼셰비키 대열에서 가장 헌신적이고 소중한 존재 가운데 하나였다.

글로벌 여전사
엘레나 라가디노바
(1930~2017)

이네사 아르망이 요절한 지 10년이 지났을 때, 흑해 건너편 불가리아에서 한 아이가 태어났다. 불가리아가 독립한 후 알렉산드라 콜론타이의 아버지가 최초의 헌법을 작성한 나라이기도 하다. 1941년, 류드밀라 파블리첸코가 동부 전선에서 파시스트들을 저격할 때 열한 살이 된 이 아이는 목숨을 걸고 피린산맥의 라즈로그 마을 근처에 숨어 있던 게릴라 전사들에게 식량과 메시지를 전했다. 엘레나 라가디노바는 제2차 세계대전 동안 나치에 협력한 불가리아 왕정에 맞서 싸운 최연소 소녀 파르티잔으로 "아마조네스"라는 별명을 얻었다. 류드밀라 파블리첸코가 주로 소총으로 싸웠던 반면, 라가디노바는 목걸이에 걸어둔 작은 권총 하나를 사용했다. 류드밀라는 내가 네 살이었을 때 세상을 떠났기에 만나볼 수 없었지만, 엘레나 라가디노바는 영광스럽게도 마흔 살이 되었을 무렵 직접 만날 수 있었다.

2010년 여름, 나는 1975년 멕시코시티에서 열린 제1차 유엔 세계 여성의해 회의에 참석했던 불가리아 공식 대표단의 구성원을 찾기 시작했다. 대표단을 이끌었던 엘레나 라가디노바가 아직 살아 있으며 소피아에 살고 있다는 사실을 알고 무척 기뻤다. 라가디노바는 콜론타이와 파블리첸코가 생존했던 시절 모스크바에 머물렀지만, 이들과 직접 교류한 적은 없었다. 1950년대 초반 식물 유전학 박사학위를 준비하던 라가디노바는 콜론타이, 크룹스카야, 아르망이 노력하여 만든 프로그램의 혜택을 받으며 학업을 이어갔다.

안타깝게도 라가디노바는 나의 요청을 거절했다. 그녀는 사생활을 철저히 지켰으며, 탈사회주의 시대 불가리아에서 사회주의와 관련된 과거를 부정적으로 바라보는 정치적인 분위기를 두려워했다. 젊은이 세대는 라가디노바와 같은 배경을 가진 여성들을 '불쌍한 빨갱이 할머니'라며 비웃었다. 라가디노바는 1989년 이후 수많은 비난과 배신을 견뎌야 했다. 21세기 초입인 2010년에도 여든 살의 그녀는 미지의 미국인 학자가 자신의 이야기를 편견 없이 들어주리라고는 기대하지 않았던 듯싶다. 하지만 그녀의 옛 동료이자 전 시아버지였던 이가 전략적으로 개입한 덕에 결국 라가디노바는 마음을 열었다. 그녀는 여러 면에서 콜론타이, 크룹스카야, 아르망, 그리고 파블리첸코로 이어지는 사회주의 혁명가들의 기나긴 유산을 이어주는 살아 있는 연결고리로 내게 다가왔다.

라가디노바는 사회주의 혁명가 집안에서 태어나 어린 시절부터 그 영향을 받았다. 그녀의 아버지 아타나스 라가디노프는 행상인이자 마차 운전사, 발칸 전쟁 참전 용사였다. 아타나스는 불가리아를 돌아다니며 농민들이 빈곤으로 절망에 시달리는 반면, 소규모 부르주아 계급이 번영하는 모습을 목격했다. 또한, 전쟁은 농민들이 소모품으로 취급되며 대포의 먹잇감에 불과하다는 현실을 깨닫게 해주었고, 혁명만이 그들의 삶을 바꿀 수 있다는 믿음을 심어주었다.

아타나스는 1918년, 볼셰비키 혁명 이듬해 불가리아 공산당 라즐로그 지부를 창설했으며 1923년 불가리아에서 세계 최초의 반파시스트 봉기로 알려진 사건에도 참여했다. 라가디노바의 어머니 피단카 라가디노바는 엘레나가 겨우 네 살이던 1934년에 세상을 떠났다. 어머니가 곁을 떠나면서 그녀는 아버지와 오빠들의 손에서 자랐다. 엘레나는 큰오빠가 코뮤니스트들과 비밀리에 혁명 활동을 꾸미다 소련으로 망명하던 순간을 겨우 기억할 정도로 어렸다.

불가리아는 1878년, 500년간에 걸친 오스만 제국의 지배에서 해방되었지만, 여전히 농민이 중심인 경제는 서유럽 국가들에 비해 크게 뒤처져 있었다. 이러한 이유로 젊은 국가였던 불가리아는 독일과 러시아에서 사회주의와 공산주의 사상을 열렬히 받아들였다. 역사학자 마리아 토도로바(Maria Todorova)는 마르크스, 엥겔스, 아우구스트 베벨을 비롯한 사회주의 이론가들의 저작이 초기에 불가리아어로 번역된 사례를 다수 밝혀냈으며, 불가리아의 교육받은 계급과 글을 읽을 줄 아는 대중 사이에서 코뮤니즘 이념을 열광적으로 지지하는 분위기가 형성되었다는 것을 보여주었다.[1] 아타나스의 세 아들 모두 당시의 혁명적인 정신을 받아들였고, 그 결과 가족은 제2차 세계대전이 발발하기 전 여러 해 동안 큰 박해와 고통에 시달려야 했다. 특히 1941년 3월 1일, 불가리아가 독일, 이탈리아, 일본과 맺은 삼국 동맹 조약에 서명하면서 이러한 시련은 더욱 심화되었다.

　1944년 봄, 불가리아군은 북부 그리스와 동부 유고슬라비아의 넓은 지역을 점령했고, 그 사이 붉은 군대는 서쪽으로 진격하고 있었다. 스탈린그라드 전투에서 독일군이 패배한 이후, 고무된 파르티잔 부대들은 나치의 보급선을 공격하고 지역 공장을 파괴하며 거세게 저항했다. 영국 공군은 파르티잔 수가 점점 더 늘어나자 무기와 보급품을 공수하기 시작했고, 이에 맞서 보리스 3세 국왕 정부는 헌병대를 동원해 파르티잔 세력을 진압하려고 했다. 헌병들은 파르티잔 가족으로 의심되는 사람들의 집을 불태웠으며, 이들을 돕다가 발각된 사람은 체포를 당하거나 고문을 당해야 했고, 심지어 처형당할 위험에 처했다. 농민들의 협조를 얻기 위해 불가리아 내무부 장관은 파르티잔의 머리를 잘라 당국에 가져오면 거액의 현상금을 지급하겠다고 약속하기도 했다.

　1944년 5월 31일, 헌병들은 라가디노바의 집에 소이탄을 던져 불태웠고, 그녀는 가까스로 탈출했다. 라가디노바는 "열한 살이 될 때까지 신발이 뭔지 몰랐어요."라고 말하며 "집이 불타면서 내가 가진 유일한 신발 한 켤레도 함께 타버렸을 때 정말 많이 울었어요." 맨발로 도망친 라가디노바는 아버지와 오빠들을 찾으러 가는 동안, 산으로 무사히 도착하기 전에 병사들에게 붙잡혀 어떤 일을 당할지 모른다는 두려움에 떨었다. 그녀는 1944년 여름 내내 숨어 지내며 싸움을 이어갔고, 9월 초 붉은 군대가 불가리아에 가까워지자 지역에 있던 코뮤니스트들이 봉기해 정부를 전복했다. 이로써 불가리아는 연합군 쪽으로 편을 바꾸면서 마침내 불가리아 인민공화국을 수립하게 되었다.

라가디노바는 둘째 오빠 아센을 잃었다. 그는 현상금을 노린 자들 때문에 결국 참수되었지만, 나머지 가족은 살아남아 전쟁 영웅이 되어 산에서 내려왔다. 어린 라가디노바는 커다란 흰말을 타고 당당히 마을로 들어섰고, 불가리아 민중의 영웅이자 반파시즘의 상징적인 인물이 되었다. 라가디노바가 참전한 이야기는 소련의 파블리첸코처럼 기자들과 선전가들에 의해 대대적으로 알려졌다. 소피아에서 모스크바까지, 어린이 잡지는 라가디노바의 초상화와 이야기를 전하며 사회주의자 소년·소녀들에게 "아마조네스처럼 용감해지라."고 독려했다.

제2차 세계대전이 끝난 후 라가디노바는 같은 여단에서 함께 싸웠던 동료 파르티잔과 결혼하여 소련으로 이주했다. 1948년부터 1953년까지 그녀는 모스크바의 명문 티미리야제프 농업 아카데미에서 농생물학 박사 과정을 밟았다. 소련에서 두 아이를 낳은 후 학위를 마친 라가디노바는 스웨덴과 영국에서 연구 인턴십 과정을 다니면서 유창한 러시아어 실력에 더해 영어를 익히며 경험을 넓혔다. 소피아로 돌아온 그녀는 불가리아 과학아카데미 산하 식물육종연구소에서 연구원으로 활동하게 되었다. 그녀는 유전자 선별 기술을 통해 씨앗을 개량하고, 농업의 기계화를 추진하는 작업에 참여했고, 이는 집단화농업 체제를 구축하는 데 기여했다. 이러한 노력은 새로운 사회주의 정부가 밀 농사를 지원하고 확대하는 중요한 기반이 되었다. 거친 옥수수 가루를 물에 섞어 만든 음식을 먹으며 자란 라가디노바는 이제 가장 가난한 동포들도 빵을 먹을 수 있게 되었다는 점에 깊은 보람을 느꼈다. 1959년, 불가리아 정부는 라가디노바가 밀과 호밀을 성공적으로 교배한 공로를 인정하며 권위 있는 '키릴-메토디우스 훈장'(Order of Cyril and Methodius)을 수여했다.

몇 년 동안 그녀를 만나며, 라가디노바는 자신의 삶을 담은 문서와 사진이 가득한 폴더를 꺼내 보여주었다. 뛰어난 기록가였던 그녀는 자료를 시대별로 세심하게 정리해놓았다. 그중에는 1953년부터 1967년 사이에 진행한 과학 연구를 담은 주요 논문 몇 편을 영어로 번역한 것도 포함되어 있다. 1962년에 헝가리 과학 아카데미 농업 연구소 저널에 실린 「트리티케일, 일반 겨울밀과의 교잡에 유용한 기초 재료Triticale, a Valuable Starting Material in Hybridization with Common Winter Wheat Triticum Aestivum」(1962)와 불가리아 과학아카데미 학술지에 실린 「겨울밀 품종 간 교잡 1세대의 질적 특성에 관한 유전 연구Study on the Character of Inheriting the Qualitative Elements in the First Generation Intervariety Hybridization of Winter Wheat」(1963) 같은 논문도 있었다. 라가디노바는 이 논문들을 보여주며 자부심을 드러냈다. 비록 과학적 용어를 완전히 이해할 수는 없었지만, 그녀가 여전히 과학을 사랑하고 있으며 실험실을 떠나 정치인이 되기로 결심한 것을 어쩌면 약간 아쉬워하고 있을지도 모른다는 느낌이 들었다.

1967년 5월, 라가디노바가 직업적으로 전환점을 맞이한 계기는 1967년 5월, 당시 소련 총리였던 레오니드 브레즈네프에게 보낸 편지 한 통에서 시작되었다. 편지에서 그녀는 사회주의 국가들이 과학 연구를 조직하고 전파하는 방식의 문제점을 지적했다. 제2차 세계대전 이후, 불가리아에는 과학과 공학을 포함한 여러 분야의 전문가가 턱없이 부족했다. 러시아(1917년), 불가리아, 루마니아, 유고슬라비아(1945년) 같은 나라들은 코뮤니즘 체제가 도입되기 전까지 산업 기반이 거의 없는 농업 중심 국가였다. 경제를 산업화하려면 자본주의 단계를 거쳐야 했지만 대부분 그 과정을 생략한 상태였다.

1945년 이전에 불가리아에 있었던 소수의 전문가 중 대부분은 서방으로 떠났고, 남은 이들은 대개 부르주아 계급 출신으로 중앙집권적 경제 체제에 비판적이었다. 그러나 전후 불가리아는 이들의 전문성이 절실했기에, 이전 체제에서 훈련받은 전문가들과 협력할 수밖에 없었다. 정치적으로 신뢰하기 어려운 이들을 국영 기업에서 관리하기 위해(또는 사보타주를 예방하기 위해), 충성스러운 당원들이 전문가들을 감독하는 역할을 맡았다.

문제는 당원 대부분이 관련된 교육을 받지 못했거나 기술적인 기본 지식조차 부족했다는 점이었다. 이들은 종종 비효율적인 행정 절차를 만들어내거나, 추상적인 마르크스주의 원칙을 내세워 혁신을 가로막는 등 여러 문제를 일으켰다. 과학적 지식마저 정치화되어 뛰어난 과학자들이 사소한 의견 차이로 체제의 눈 밖에 나는 일이 잦았다.

라가디노바는 소련에서 교육을 받은 전후 세대 과학자 가운데 하나로, 사회주의의 이상에 헌신했으나, 이제는 공산당의 '보호자'가 더는 필요하지 않다고 확신했다. 거의 모든 사회주의 국가가 노동 계급을 찬양하면서도, 동시에 철저히 훈련받은 전문가들에게 의존해야 하는 딜레마를 겪고 있었다. 이런 상황에서 라가디노바는 자신이 직면한 갈등을 해결할 수 있는 유일한 사람이 코뮤니즘 세계의 지도자인 브레즈네프(Leonid Brezhnev, 1906~1982)라고 믿었다.

라가디노바는 이런 비판적인 취지의 편지를 소련에 보내는 일이 불가리아 과학 아카데미 연구원 자리를 잃을 위험을 감수해야 할 만큼 대담한 행동이라는 것을 알면서도 결단을 내렸다. 불가리아 당국이 중간에 편지를 가로챘지만, 다행히도 불가리아의 지도자 토도르 지브코프는 라가디노바의 의견에 동조했다. 그 역시 지나치게 복잡한 관료 체계와 부르주아 스파이나 방해 공작에 대한 과도한 경계심 때문에 자국 경제가 충분히 발전하지 못하고 있다는 점을 인정했다.

지브코프는 전직 레지스탕스 출신으로, 스탈린이 사망한 뒤인 1954년에 권력을 잡았다. 서방에서 동유럽 코뮤니스트 지도자들을 잔혹한 독재자로만 바라보는 고정관념과 달리, 지브코프를 비롯한 여러 개혁주의자들은 사회주의의 이상을 진심으로 믿으며 체제 내부에서 변화를 추구하는 사람들이었다. 이들 가운데에는 유고슬라비아의 요시프 브로즈 티토(Josip Broz Tito), 소련의 니키타 흐루쇼프(Nikita Khrushchev), 체코슬로바키아의 알렉산드르 둡체크(Alexander Dubček), 그리고 아마 가장 큰 영향을 미친 소련의 총리를 지냈던 미하일 고르바초프(Mikhail Gorbachev) 등이 포함되었다.

1956년 흐루쇼프가 스탈린을 비판하는 비밀 연설을 한 뒤, 지브코프는 흐루쇼프의 해빙 정책을 본보기로 삼아 자국의 공산주의 체제를 정치적·경제적으로 개혁하려고 했다. 라가디노바가 브레즈네프에게 편지를 보낸 일은 지프코프의 시선을 사로잡았다. 지브코프가 보기에 그녀는 체제를 더 나은 방향으로 바꾸기 위해 자신의 신념을 지키며 용감하게 목소리를 낼 줄 아는 사람이었다. 그는 라가디노바가 저명한 레지스탕스 가문 출신이라는 점을 알고 있었고, 그녀가 13년 동안 연구소에서 묵묵히 일해 왔지만, 불가리아 국민 대부분은 여전히 그녀를 권총을 목걸이에 걸고 정부에 맞서 싸웠던 용감한 소녀 '아마조네스'로 기억한다는 사실 역시 잘 이해하고 있었다.

"어느 날, 아카데미에서 실험을 하고 있는데, 갑자기 저를 데리러 차가 한 대 도착했어요." 라가디노바는 2011년에 나에게 지브코프를 만나게 된 배경을 설명해주었다. "실험복을 입고 한창 실험을 하던 중이어서 잠시만 기다려 달라고 했는데, 그들이 당장 따라오라고 말하더군요. 저는 체포되는 줄 알았어요. 그런데 알고 보니 저를 애국전선(애국전선은 불가리아 공산당이 이끄는 주요 대중 조직으로 노동자, 여성, 청년 등 다양한 사회 계층을 통합해 코뮤니즘을 대중에게 확산시키는 데 중요한 역할을 했다._옮긴이) 비서와 여성위원회 신임 회장으로 임명하려고 데리러 왔던 거예요."

지브코프는 당장 해결해야 할 심각한 문제가 있었는데, 엘레나 라가디노바의 도움이 절실히 필요했다. 1945년 이후 불가리아에서 제정한 새로운 코뮤니스트 헌법은 여성에게 완전한 평등을 보장했고, 국가는 여성 해방을 목표로 삼은 계획을 강력히 추진했다. 이는 초기 소련에서 콜론타이와 크룹스카야, 아르망이 설계한 정책들과 비슷한 방향으로 진행되었다. 남성 대다수가 전쟁에 동원되었던 터라 여성들을 대규모로 노동시장에 투입해야 할 필요성이 있었고, 이는 농업이 주를 이루던 불가리아 경제를 빠르게 현대화하려는 정부의 목표와 맞아떨어졌다. 국가는 여성들을 교육하고 직업 훈련을 시키는 데 대규모 자금을 들여 투자했다. 이에 따라 수십만 명의 농민들이 마을을 떠나 새롭게 형성된 도시로 이주했다.

1945년부터 1965년 사이, 불과 20년 만에 평균 수명이 늘어나고 영유아 및 산모 사망률이 감소했으며, 불가리아 국민은 전쟁 전에는 상상할 수조차 없었던 수준의 삶을 누리게 되었다. 그러나 점점 더 많은 여성이 자립하게 되고, 도시화가 급격히 진행되면서 출산율이 현저히 떨어지기 시작했다. 불가리아는 고출산 국가에서 저출산 국가로 빠르게 전환되는 인구학적 변화를 겪고 있었다.

사회주의권 전역에서 (일부 서방 국가에서도 마찬가지로) 여성들이 전문적인 직업을 얻을 기회가 늘어나면서 출산율이 떨어졌고, 토도르 지브코프를 비롯한 지도자들은 인구와 노동력 감소가 장기적으로 경제에 미칠 영향을 우려했다. 사실상 여성이 요구만 하면 낙태를 할 수 있었던 상황은 이 문제를 더욱 심화시켰다. 인근 루마니아는 1966년, 출산율을 높이기 위해 여성들의 재생산권을 전면 제한했지만, 불가리아 지도부는 낙태를 금하면 불법 시술이 만연하고 무엇보다 경제 발전에 중요한 여성들의 지지를 잃을 위험이 크다고 보았다.

1968년 이전까지 여성위원회는 주로 국제 활동에 집중했고, 불가리아 여성 노동자와 어머니들을 지원하는 일은 노동조합과 협동조합, 청년 단체 등 여러 사회 조직이 나눠 맡았다. 하지만 위원회의 역할을 재편하고 국내 활동을 강화하면 인구 위기와 관련된 문제를 해결할 실질적인 방안을 지역별로 마련하고 실행할 수 있을 것으로 보았다. 지브코프는 이 문제를 과학적으로 접근할 필요가 있다고 생각했고, 이를 이끌 적임자로 라가디노바를 선택했다. 그녀를 불가리아 여성 혁명을 주도할 사람으로 내세운 셈이었다.

라가디노바는 실험실에서 종자를 연구하는 일에 전념하고 싶었지만, 책임감 있는 코뮤니스트로서 주어진 임무를 받아들였다. 라가디노바는 셋째 아이를 임신한 상태에서 여성위원회 회장으로 선출되어 새로운 업무에 본격적으로 뛰어들었다. 낙태를 전면적으로 금지하는 것에 단호히 반대했던 라가디노바는 당시만 해도 공산당 지도자들로서는 드물게 여성들에게 직접 그들의 고민과 문제를 물었다. 1969년, 라가디노바는 국가통계청과 협력하여 국가 여성 잡지 편집진과 함께 16,000명 이상의 응답자를 대상으로 사회학적 조사를 진행했다. 이 설문조사는 여성들의 일상, 일상에서 부딪히는 어려움, 그리고 앞으로의 삶에 대한 질문으로 구성되었다.

그 결과, 불가리아 여성 대다수는 자녀를 더 많이 낳고 싶어 하는 것으로 드러났다. 하지만, 하나같이 직장에서 일하고 가정을 돌보는 책임을 동시에 감당하기 힘들어 했다. 여성들은 직장에서 일하고 온 후에도 집안일을 해야 했고, 이로 인해 여가를 즐길 시간은 턱없이 부족했으며 가정을 더 크게 꾸리기도 어려웠다. 대부분의 남편이 가사를 돕지 않았고, 국가는 역시 여성들이 집에서 도맡은 무급 노동을 체계적으로 지원하지 않았다. 결국, 불가리아 여성들은 '이중 노동'(second shift)에 날이 갈수록 지쳐 갔다.[2]

오늘날 서구 사회에서는 일과 가정 사이에서 어떻게 균형을 잡을지에 대해 논쟁을 벌이고 있다. 코로나19 팬데믹은 이와 관련된 문제를 적나라하게 보여주었다. 바이러스가 전 세계를 덮치면서 보육시설이 문을 닫고 학교가 휴교령을 내리면서 많은 여성이 아이를 집에서 돌보고 교육하기 위해 직장을 떠날 수밖에 없었다. 하지만 동유럽의 사회주의 국가는 이미 1920년대 소련부터, 그리고 1960년대에는 불가리아와 그 외 지역에서 이와 같은 문제를 적극적으로 논의하기 시작했다. 베티 프리던(Betty Friedan)이 『여성성의 신화*The Feminine Mystique*』를 출간했던 1963년, 백인 중산층의 미국 여성들이 처음으로 노동 시장에 발을 들여 놓기 시작한 때에도, 동유럽에서는 보육을 사회화할 필요성에 대해 공공연히 토론하고 있었다. 라가디노바 자신도 세 아이를 둔 엄마였기에 일하는 여성들이 겪는 현실적인 어려움을 몸소 경험하면서 이들의 처지를 깊이 이해했다. 그녀는 여성들의 부담을 덜기 위해 국가 차원에서 필요한 자원을 투입하라고 정치국 지도자들(한 명을 제외하고 모두 남성이었다)에게 끊임없이 요구했다.

라가디노바와 그녀의 동료들은 엥겔스와 베벨, 레닌이 남긴 글을 근거로 삼았다. 이들은 또한 콜론타이, 크룹스카야, 아르망 같은 여성들이 시도했던 실질적인 실험과 파블리첸코 같은 전사들의 용기와 헌신을 예로 들며, 당내 남성들에게 여성 해방을 실현하기 위한 책임을 다하라고 요구했다. 특히, 어머니와 아이를 위한 공공 서비스를 확충하라는 주장을 강하게 제기했다. 이들은 여기서 더 나아가, 농업 분야를 포함한 모든 여성 노동자가 출산 후에도 직장으로 복귀할 수 있도록 자녀를 키우는 데 필요한 수당을 제공하고, 안정적으로 출산휴가를 사용할 수 있는 제도를 설계했다.

휴가 기간은 노동에 종사한 시간으로 인정되어 연금 지급 시 근무 이력에 포함되었다. 여성들은 이후 이 휴가를 남편이나 조부모와 나누어 쓸 수 있는 선택권도 가졌다. 다른 사회주의 국가들과 마찬가지로, 불가리아 정부는 모든 어린이가 필요한 경우 언제든지 보육원과 유치원을 이용할 수 있도록 새로운 시설을 대규모로 확충하겠다고 약속했다. 그러나 이러한 계획은 국가의 예산을 고려했을 때 상당한 부담을 져야 했고, 라가디노바는 여성 문제보다 불가리아가 직면한 경제적인 발전을 더 중요하게 여기는 동료 당원들이 계속 반대하는 바람에 난항을 겪었다.

초기 소련과 마찬가지로, 여성들이 공장에서 일하며 국가의 경제를 지탱하고, 정치 활동에 적극 참여해 사회주의 사회를 만드는 데 큰 힘을 보탰지만, 가부장제의 뿌리는 여전히 견고했다. 여성은 직장과 가정 양쪽 모두에서 성차별에 시달려야 했다. 라가디노바는 나에게 정부의 고위직에서 일하느라 무척 바빴는데도 자녀들에게 시간을 내기 위해 무척 애썼던 기억을 솔직히 털어놓았다. 라가디노바는 늘 바쁘게 일하며 과도한 책임을 감당했던, 말 그대로 "일중독자"였다.

그녀는 강렬한 열정으로 목표를 끝까지 이루려는 점에서 콜론타이를 떠올리게 했지만, 가족을 정성껏 돌보려 노력했으나 번번이 실패하는 모습은 아르망과 더 닮아 있었다. 라가디노바는 불가리아에서 여성들이 자녀를 돌보고, 가정에서 전통적인 역할을 충실히 수행하기를 기대받는 현실로 인해 방해를 받았다. 이러한 고정관념은 그녀가 경력을 쌓는 데 큰 걸림돌이 되었고, 남성 동료들의 '고지식한' 사고방식에 자주 분노를 터뜨렸다.

그렇다고 해서 라가디노바가 포기할 리는 만무했다. 그녀는 남성 동지들이 주로 차지하고 있던 권위적인 자리에도 거침없이 도전했다. 나는 라가디노바를 여러 번 인터뷰하며 개인적으로 모은 기록을 살펴볼 기회를 가졌다. 또한, 10년에 걸쳐 중앙국가 기록보관소를 드나들면서 불가리아 여성 위원회에서 남긴 문서들을 연구했다. 수많은 기록은 라가디노바와 동료들이 여성의 권리를 확보하기 위해 얼마나 끈질기게 노력했는지 보여주었다. 이들은 열악한 국가 예산과 복잡하게 얽힌 관료 절차 아래서도 싸움을 계속 이어나갔다. 경제적 자원이 턱없이 부족하고 행정 절차라는 장애물에 부딪혀 가면서도 포기하기는커녕 결코 물러서지 않았다.

계획경제를 채택한 국가에서는 중앙 당국이 가장 먼저 생산해야 하는 물품의 순위를 결정하면서 국민의 다양한 요구를 충분히 반영하지 못하는 문제가 자주 발생했다. 불가리아에서도 소비재 부족 현상이 심각했다. 특히 남성 위주의 결정에 따라 상품을 생산했기 때문에 여성에게 무엇이 필요한지 제대로 고려되지 않았다. 라가디노바가 1977년 무역 및 서비스부에 보낸 편지를 살펴보면, 당시 상황을 짐작할 수 있다. 그녀는 먼저 유독 품질이 떨어지고 가용성이 부족한 여성 의류를 문제점으로 꼽았다.

"실용적인 저지 원피스는 상점에서 거의 찾아볼 수 없습니다. 간혹 입고되어도 사이즈가 제한적이고 유행에 뒤떨어진 옷이 많습니다."[3] 라가디노바는 당국이 남성용 속옷은 잘 만들어냈지만, 여성과 어린이를 위한 속옷은 대체로 부족하며 "대중이 원하는 모든 사이즈와 디자인, 색상이 제대로 갖춰져 있지 않다."고 지적했다.[4] 이후 라가디노바는 공산당 중앙위원회에 편지를 보내 "현재 상점에서 판매하는 옷들은 우리 국민이 본 것 가운데 가장 보기 흉합니다."라며 강하게 비판했다.[5]

라가디노바와 여성위원회는 사회주의 경제 체제에서 소비자의 구매 환경을 개선하기 위해 서구의 셀프서비스

슈퍼마켓 구조를 연구했다.[6] 당시 사회주의 국가에서는 물자가 심각하게 부족한 탓에 식료품과 생활용품을 판매대 뒤에 보관하고, 점원이 직접 나눠주는 방식으로 물건을 판매했다. 이는 한 가족이 필요한 양보다 더 많이 사는 것을 막기 위한 조치였다. 그러나 판매원들이 느리게 업무를 처리하는 바람에 긴 대기줄이 생겼고, 이는 오늘날까지도 사회주의 국가를 떠올리게 하는 이미지로 남아 있다.[7] 여성위원회는 대기줄이 길어지는 것은 곧 여성에게 과도한 부담을 준다고 지적하며, 서구식 셀프서비스 마켓이 더 효율적일 것이라고 제안했다. 그러나 이 방식은 예상치 못한 문제를 불러일으켰다. 소비자들이 나중에 이웃이나 친척들과 물건을 교환하려는 목적으로 필요 이상으로 사들이는 바람에 매대가 금세 비는 일이 잦아졌던 것이다.

콜론타이, 크룹스카야, 아르망과 마찬가지로 라가디노바도 양질의 보육 시설과 유치원을 국가에서 제공해야 한다고 주장했는데, 이를 통해 여성들이 자녀를 양육하는 데 따르는 부담을 덜 수 있으리라고 보았다. 그러나 빠르게 산업화되던 불가리아 경제는 이러한 시설을 건설하고 운영할 자원이 부족했다. 소련 초기와 비슷하게 남성 지도자들은 여성이 가정에서 "자연스러운" 어머니의 의무로, 무

보수로 아이를 돌보는 것이 비용 측면에서 훨씬 더 효율적이라고 여겼다. 1987년, 라가디노바는 여성위원회가 보육 문제를 놓고 남성들이 가부장적인 태도로 일관하는 탓에 겪었던 어려움을 회고하며 끈질긴 노력이 얼마나 중요한지 이야기했다.

여성위원회는 정부에서 유치원을 건설하기 위한 예산을 더 늘려야 한다고 주장했다. 어린이의 80퍼센트 가량이 유치원에 다니고 있지만, 모든 어린이가 유치원에 다닐 수 있어야 하며 이를 위해 더 많은 유치원이 필요했기 때문이다. 하지만 논의하던 중에 위원들은 저에게 "엘레나, 유치원을 지을 예산이 없어요."라고 말했다. 그래서 나는 객관적으로 필요성을 입증하기 위해 상급 기관에 직접 편지를 썼다. 만약 국회에서 회의가 열리기 전까지 이들을 설득하는 데 성공하면 좋겠지만, 실패할 경우 다음 회의에서도 이 문제를 계속 논의할 생각이었다. 내가 겪어본 바로는 사람들이 새로운 아이디어를 받아들이는 것은 결코 쉬운 일이 아니었다. 성공하려면 스스로 확신을 가져야 하고, 사람들을 설득할 방법을 알아야 하며, 무엇보다 명확한 논리와 근거를 갖추어야 한다.[8]

여성위원회에서 진행한 설문조사에 따르면, 일하는 여성들은 일을 마친 후에도 요리를 하고 식사 후 정리를 하며, 필요한 물건을 사고 아이들을 돌보는 등 이른바 '이중 노동'에 시달리고 있었다. 이에 대해 1977년 라가디노바는 한 인터뷰에서, 위원회가 여성들의 "실질적인 평등" 문제를 해결하기 위해 학교와 기업에 공공 급식을 확대할 것을 요구하고 있다고 설명했다. 초기 소련에서도 그랬던 것처럼, 사회주의 국가들은 학교에서, 직장에서, 그리고 지역 식당(예를 들어 폴란드의 유명한 밀크바와 같은 곳)에서 제공되는 식사에 국가가 보조금을 지급했다.[9] 이처럼 완성된 식사를 누구나 쉽게 먹게 된다면, 직장에 다니는 여성들이 집에서 요리와 설거지 등 집안일에 들이는 시간이 줄어들어 여성들의 부담을 덜어줄 터였다.

라가디노바는 불가리아의 초등학교 1학년부터 중학교 8학년까지 학생들 가운데 40퍼센트 가량이 학교에서 아침과 점심을 먹었다. 하지만, 이것만으로는 부족했다. 그녀는 "여성들이 요리에 들이는 시간을 최소화하기 위해" 이 비율을 크게 늘리는 것이 목표라고 설명했다.[10] 직장 구내식당에서 여성이 퇴근하면서 가져갈 수 있는 식사나 재료를 준비해둔다면, 장을 보거나 음식을 준비하는 데 걸리는 시간을 획기적으로 줄일 것이라고 기대했다. 라가디노바와 인터뷰를 진행했을 때, 그녀는 학교와 기업을 방문할 때마다 구내식당이나 카페테리아에서 직접 점심을 먹으며 보조금을 받는 음식의 품질을 점검했다고 이야기했다. 라가디노바는 일단 음식이 맛있어야 공공 급식 제도가 효과를 발휘하리라고 보았다. 그렇지 않으면 집에서 아이들과 남편들이 여성들에게 직접 요리한 음식을 내어달라고 아우성을 칠 것이라는 점을 알았기 때문이다.

여성위원회는 초등학생과 중학생을 위한 방과후 동아리와 다양한 활동 프로그램을 제안했다. 특히 보통 어머니가 아이들의 숙제를 지도하는 부담을 지는 현실을 고려하여 학생들이 학교에서 숙제를 모두 끝낼 수 있도록 하자는 권고도 내놓았다. 이렇게 하면 "학생들은 학교와 관련된 의무에서 벗어나고, 일하는 부모와 더 많은 시간을 보낼 수 있을 것"[11]으로 보았다.

또한, 부모가 숙제를 도와줄 수 있는 여건이 가정마다 다르다는 것을 문제점으로 지적했다. 이런 차이는 교육 격차를 심화하는 원인 가운데 하나였기 때문에, 위원회는 숙제를 따로 봐주는 클럽을 운영해 추가로 지도가 필요한 학생들에게 실질적인 지원을 제공하자고 주장했다. 라가디노바와 동료들은 여러 정책을 통해 일하는 어머니들이 집안일과 육아에 들이는 시간을 점차적으로 줄여나가려고 노력했다. 동시에 모든 아이가 충분한 영양을 섭취하고 평등한 교육 기회를 누리며 성장할 수 있도록 구체적인 대안을 마련했다.

불가리아 여성운동 위원회에서 5년간 끊임없이 노력한 끝에 마침내 이들이 제안한 온갖 정책이 결실을 맺었다. 불가리아 여성들을 대상으로 진행한 설문조사를 바탕으로, 위원회의 정책 권고안은 1973년, 정치국 특별 결의안으로 채택되었다. 이 결의안은 여성과 가족을 지원하기 위해 대규모 예산을 배정하고, 여성의 사회적 역할을 확대하는 정책들을 추진하는 근거가 되었다.[12] 또한 '여성의 일'이라는 고정관념을 깨기 위해 소년과 남성을 대상으로 재교육을 시행하는 방안도 포함되었다.

여성들이 가사 노동과 관련된 책임으로 인해 느끼는 부담을 줄이고 이를 완화하려면 가족 생활을 운영하고 역할을 부담하는 일에 부부가 함께 적극적으로 참여하는 것이 매우 중요하다. 이를 실현하기 위해서 두 가지 노력이 필요하다. 첫째,

구시대적인 관점과 습관을 바꾸기 위해 적극적으로 노력해야 한다. 성차별적인 사고방식에 근거하는 대신, 평등하게 가정 내 일을 배분해야 한다. 둘째, 어린 시절이나 청소년기부터 남성을 철저히 교육하는 것이다. 학교와 사회, 가정에서 남성이 가사 노동을 배우고 익힐 기회를 제공하여 이를 자연스럽게 받아들이고 책임을 함께 나눌 준비를 시켜야 한다.[13]

이 정치국 결의안에는 소위 '친출산적(pro-natalist)' 방향성을 명확히 드러내는 표현이 담겨 있었지만, 상당히 유의미한 변화였다. 이는 불가리아 사회의 아래층에서 시작된 요구와 목소리를 정책에 반영한 결과였기 때문이다. 이러한 과정은 소위 전체주의 사회에서는 불가능하다고 여기던 일이었다. 불가리아 여성들을 대상으로 실시한 설문조사에 따르면, 여성 대부분이 직장을 다니면서 아이를 키우고 싶어 했지만, 이 두 가지 사이에서 균형을 잡으려면 더 많이 지원을 받아야 한다고 느꼈다. 불가리아 정부는 여성들의 요구를 반영해 두 역할을 잘 병행할 수 있도록 실질적인 도움을 주었다. 1975년, 엘레나 라가디노바가 불가리아 공식 대표단을 이끌고 유엔 제1차 세계 여성 대회에 참석했을 당시, 발칸 반도의 작은 국가에 불과했던 불가리아는 서방의 자본주의 국가들, 글로벌 남반구 국가들뿐만 아니라 다른 사회주의 국가들과 비교해도 여성을 위한 가장 진보적인 사회 제도를 갖춘 나라로 평가받았다.[14]

1976년부터 1985년까지 이어진 "유엔 여성 10년(UN Decade for Women)" 동안 라가디노바는 전 세계를 누비며 100개가 넘는 여성 단체와 네트워크를 형성했다. 비록 그녀는 이 여정에서 가족과 떨어져 지내야 하는 어려움을 겪었지만, 국제 무대에서 쌓아 올린 신뢰와 영향력은 국내에서도 더 큰 변화를 이끌어낼 힘이 되었다. 라가디노바는 위원회의 국제적 성과를 바탕으로 불가리아의 가족법과 노동법을 개정하기 위해 노력했다. 라가디노바는 공산당의 주요 인사였지만, 나중에는 국회의원과 공산당 중앙위원회의 일원이 되었다. 그녀의 활동은 기존 지도층 내에서 반감을 사기도 했다. 라가디노바는 무엇보다 불가리아의 법과 국제 협약을 기준으로 지도층의 책임을 묻는 데 주저하지 않았기 때문이다.

여성위원회는 여기서 그치지 않고, 임신한 여성들에게 법적으로 보장된 권리를 제공하지 않으려는 불가리아 기업의 남성 관리자들과도 싸웠다. 또한, 여성위원회는 노동자와 가족에게 필요한 서비스를 제공하도록 국가 정책 입안자들을 끊임없이 압박하며 적극적으로 대응했다. 1975년, 엘레나 라가디노바는 각료회의 부회장이자 생활 조건위원회 위원장에게 '경고장'을 보냈다. 그녀는 미하일 로브그라드에 있는 한 공장에서 노동자들을 위한 구내식 당이 아직 마련되지 않은 것을 문제 삼았다. 이로 인해 전 체 노동자 1,007명 가운데 830명에 달하는 여성 노동자들 이 집에서 가져온 음식을 작업대에서 먹어야 했다. 여성위 원회는 노동자들이 밥을 먹으며 서로 이야기를 나누고 충 분히 휴식을 취하는 공간을 제공하고, 여성들이 집에서 점 심을 준비하는 부담을 덜기 위해 구내식당을 즉시 설립할 것을 강력히 요구했다.[15]

가사노동의 부담을 국가와 공동체가 분담하도록 만드 는 일은 라가디노바가 이끈 22년 동안 여성위원회의 핵심 과제로 자리잡았다. 그녀의 영향력이 커질수록, 활동과 발 언에 대한 당국의 감시도 더욱 강화되었다. 라가디노바는 자택에 도청 장치를 설치해놓았다는 사실을 알고 있었다. 당국에선 그녀가 하는 모든 말에 불가리아 사회주의라는 대의를 배신할 만한 가능성이 있는지 철저히 검토했다. 라 가디노바는 한 번은 자신이 이뤄낸 변화가 어느 정도였는 지, 그 수준은 불가리아 비밀경찰이 얼마나 자신에게 많은 관심을 보였는지로 가늠할 수 있었다고 말했다.

라가디노바는 자국에서 벌이는 활동에 그치지 않고, 지정학적 갈등으로 분열된 여성들의 세계를 연결하기 위해 힘썼다. 1975년 유엔 세계 여성 대회를 계기로 그녀는 당시 '개발도상국'으로 불리던 아프리카, 아시아, 라틴아메리카에서 새롭게 꽃피웠던 여성위원회와 여성운동을 지원하기 위해 폭넓은 국제적 네트워크를 구축했다. 그녀는 물질적인 지원뿐 아니라 실질적인 운영 방안을 제공하며 이들이 성장할 수 있도록 적극 도왔다. 1980년대에는 철의 장막을 넘어 서방의 여성들과 협력하며 평화와 군비 축소를 촉구하는 연대 활동에도 참여했다. '연결의 리더십'이라는 개념으로 책을 쓴 미국의 학자 진 립먼-블루멘은 라가디노바가 타인과 협력하는 데 타고난 재능을 지녔다고 높이 평가했다.

나는 1980년에 라가디노바를 처음 만났다. 당시 소피아에서 열린 미국 국립과학재단이 공동으로 주최한 회의에 참석한 참이었다. 냉전으로 인한 긴장이 팽팽한 상황이었지만, 라가디노바는 협력을 가로막는 정치적인 장애물을 그저 두고 볼 수 없었다. 그녀는 실용적이고 열정적인 태도로 참석자들에게 이렇게 말하며 모두를 안심시켰다. "이념이나 정부의 장벽은 걱정하지 마십시오. 우리 두 나라의 여성들을 위해 해야 할 일이 너무 중요하기 때문에 그런 장애물은 문제가 되지 않습니다. 우리는 반드시 함께 해낼 것입니다!" 처음에는 냉전 시기의 반공 정서와 맞물려 코뮤니스트 국가 출신인 라가디노바를 경계하던 미국 참석자들도 곧 그녀의 말이 진심에서 나온 것이며, 그녀의 비전이 실현 가능한 이야기라는 것을 깨달았다. 1985년, 나이로비에서 열린 유엔 여성 지위 회의에서 라가디노바를 다시 만났다. 회의 대표자들은 라가디노바를 보고관으로 선출했는데, 이는 정책 결정자와 정치 활동가, 학자로 이루어진 방대한 국제 네트워크에서 그녀가 얼마나 존경받는 인물인지 보여주는 증거였다.[16]

라가디노바가 지닌 세계적 영향력은 나이로비에서 정점에 이르렀다. 그녀는 국제 여성운동을 대표하는 얼굴로 전 세계 언론의 주목을 받게 되었다. 총보고관으로 선출된 지 25년이 지난 후, 엘레나 라가디노바는 이 일을 자신의 기나긴 경력에서 가장 빛나는 순간 가운데 하나로 회상했다. 그녀는 이 직책을 의도적으로 활용해 사회주의 사회에서 살아가는 여성들이 이뤄낸 성과를 세계에 알리려고 했던 이야기를 들려주었다. 첫 번째 주요 기자회견에서 라가디노바는 자신을 전 세계 기자들에게 친근하게 보이려고 노력하는 동시에, 그녀가 '반사회주의적 선전'이라고 부른 오해를 불식하기 위해 최선을 다했던 기억을 떠올렸다. 라가디노바는 심장이 세차게 뛰는 것을 느끼며 연단에 올랐다. 평소엔 유엔 회의에서 러시아어로 연설을 했지만, 이번에는 기자들에게 영어로 말을 걸기로 결심했다.

라가디노바는 서방의 여성 대다수가 여성 사회주의자들에 대해 부정적인 고정관념을 가지고 있다는 것을 알고 있었고, 자신이 정치인이기 전에 자녀를 둔 어머니라는 사실을 알리고 싶었다며, 그 이유를 설명했다. "이제 영어로 말해보겠습니다. 만약 제 딸, 그중에서 셋째 딸이 지금 이 자리에 있었다면, (셋 다 영어를 아주 잘합니다) 제 영어를 듣고 이렇게 말했을 겁니다. '오이, 엄마! 엄마! 어떻게 그렇게 용감할 수 있어요! 영어를 잘 못하면서 200명 앞에서 연설을 하다니!'"[17] 모든 사람이 웃음을 터뜨렸다. 라가디노바는 보고서의 나머지 부분은 러시아어로 진행했지만, 짧은 순간이나마 영어로 말한 덕분에 회의에 참석한 서방 및 케냐 기자들에게 더 친근하게 다가가는 데 도움이 되었다고 생각했다.

라가디노바는 자신의 인적 자원을 총동원하여 영향력 있는 기자들을 만나고, 불가리아의 여성과 가족을 위한 공공 서비스를 알리기 위해 노력했다. 그녀는 영어, 스페인어, 프랑스어, 독일어, 아랍어로 제작한 수천 장의 안내 책자와 팸플릿을 배포하여 자국에 대한 정보를 널리 알렸다. 라가디노바는 사회주의 국가 대표들이 불가리아에 관련된 기사가 얼마나 많은지, 그 수에 자주 놀라움을 표했다고 이야기해주었다. 라가디노바는 불가리아에 관한 기사 수가 다른 모든 사회주의 국가(소련을 포함하여)를 합친 것보다 많았다고 주장했다. 라가디노바는 다양한 사람들과 함께 일하는 방법을 알고 있었다고 말했다. "사람들과는 마음으로 소통해야 합니다. 머리로 소통하면 안 돼요. 머리는 이념에 지나지 않을 뿐이에요." 그녀는 어느 날, 차를 마시며 이렇게 덧붙였다. "인간적인 접촉은 이념이 달라도 누구나 이해할 수 있는 것이랍니다."

1986년, 라가디노바는 유엔 국제여성연구훈련기관 (United Nations Institute for Training Women, INSTRAW)의 이사회 위원으로 임명되어 2년간 국제 무대에서 여성 문제를 해결하기 위해 적극적으로 활동했다. 그녀는 불가리아에서 이뤄낸 사회적 변화와 성과를 바탕으로 중국, 한국, 캄보디아, 예멘, 에티오피아, 니카라과, 그리스, 튀르키예 등 사회주의와 비사회주의 국가를 가리지 않고 전 세계를 누비면서 그 경험을 공유했다. 1987년, 인도여성회의저널 〈로시니Roshni〉의 기자 아미나 보즈는 라가디노바와 진행한 인터뷰에서 "라가디노바의 낙관적인 성정, 유머 감각, 인간에 대한 믿음, 그리고 인간 존엄성에 대한 깊은 관심"에 크게 감동했다고 썼다.[18]

라가디노바는 세계 각국의 정치인, 평화 운동가, 과학자, 페미니스트들에게 받은 편지를 보여주었다. 그녀는 평소 마음을 담아 보낸 선물이나 친절한 행동에 대해 감사하는 내용을 담은 편지들을 소중히 간직하고 있었다. 1989년 11월, 동유럽의 국가 사회주의가 붕괴할 즈음, 라가디노바는 불가리아를 넘어 국제적으로 가장 유명한 정치인 가운데 한 명으로 자리잡고 있었다. 이후 1991년, 소련이 붕괴하여 동구권의 사회주의 체제가 완전히 해체되기 직전에 캘리포니아의 클레어몬트 대학원은 라가디노바가 세운 '탁월한 업적'을 기리며 총장 메달(President's Medal of Outstanding Achievement)을 수여했다. 그녀의 공로를 치하하는 명예 상장에는 다음과 같은 내용이 적혀 있었다.

엘레나 라가디노바, 당신이 선택한 무대는 세계 그 자체였습니다. 헌신적인 저항운동가이자 뛰어난 과학자이며, 국제 사회에서 찬사를 받은 정치인으로서, 당신은 깊은 감동과 영감을 주는 여정을 걸어왔습니다. 전 세계 모든 나라에서 여성의 지위를 향상시키는 데 헌신하며, 여성 문제를 단지 개인의 문제가 아니라 사회가 직면한 가장 근본적인 과제로 바라보는 탁월한 통찰력을 보여주었습니다. (…) 새로운 세계 질서가 자리잡기 훨씬 전부터, 당신은 이미 그것을 상상하고 행동으로 실현하기 위해 노력했습니다. 마치 청사진이 이미 존재하는 듯 행동했으며, 당신이 남긴 발자취는 그 비전을 현실로 만드는 데 기여했습니다. 당신은 정당과 국적의 경계를 넘어 여성의 삶을 개선하려는 학자와 정책 입안자 간의 국제적인 네트워크를 구축했습니다. 당신은 유엔에서 활동한 일을 통해 전 세계 여성의 삶에 긍정적인 변화를 가져왔고, 그 변화로 그들의 가족과 공동체의 미래까지 변화시켰습니다.[19]

동유럽의 국가 사회주의는 일말의 예고 없이 갑작스레 종말을 맞았다. 1987년 한 인터뷰에서 라가디노바는 이

렇게 말했다. "숨을 멈추는 순간까지 제 나라의 정치 활동
에 계속 참여할 것입니다. 불가리아에는 은퇴한 사람들이
사회활동에 활발히 참여할 수 있는 다양한 기회가 마련되
어 있습니다. 저는 힘이 닿는 한 사회에 도움이 되는 사람
이 되려고 노력할 것입니다."[20] 그러나 1990년, 60세의 나
이에 라가디노바는 강제로 은퇴해야 했다. 전 세계가 자본
주의의 물결에 휩쓸리면서 불가리아도 흐름에 황급하게
뛰어들었고, 그녀는 자연스레 과거의 유물로 치부되어 권
력에서 밀려났다. 2010년에 다시 라가디노바를 만났을 때,
그녀는 추운 아파트에서 홀로 기나긴 시간을 보내고 있었
다. 적은 연금으로는 중앙 난방비조차 충당하기 어려웠다.
라가디노바가 불가리아 여성들을 위해 쏟은 노력과 세계
여성 운동에 기여한 공헌은 세월이 흐르면서 점차 잊혔지
만, 그녀는 여전히 다른 세상이 가능하다는 믿음을 잃지 않
았다.

　그렇다. 라가디노바가 전 생애에 걸쳐 헌신했던 사회
주의라는 이상은 결국 실패했다. 그러나 그녀와 불가리아
여성위원회 위원들이 만들어낸 변화에서 배울 수 있는 교
훈이 사라진 것은 아니었다. 사회주의가 붕괴한 이후 불가

리아는 도덕적 공백기가 찾아왔다. 음지에 숨어 있던 마피아가 부상했고 온갖 범죄와 부패가 들끓었다. 또한 출처를 알 수 없는 음모론이 떠돌았으며, 국내에 희망이 없다고 판단한 젊은이들이 대규모로 이주했으며 출생률도 급격히 감소했다. 사회주의가 막을 내리면서 불가리아에 찾아든 변화는 적어도 한 가지 사실을 증명한 셈이다. 라가디노바가 꿈꾸었던 사회주의라는 이상이 비록 완벽하지는 않더라도 적어도 국민의 생활 수준을 높이고 평범한 노동자들에게 어느 정도의 안정과 안전을 제공했다는 것을.

그녀는 구체제가 가진 문제들을 그 누구보다 잘 알고 있었다. 사람들은 자유롭게 여행할 수 없었고, 비밀 경찰의 감시 아래 불안감을 느꼈으며, 기본적인 물품조차 부족했고, 옷은 모두 획일적이고 개성이 없었다. 무엇보다 정치적인 자유가 보장되지 않았다는 점은 그녀가 인정하지 않을 수 없는 한계였다. 그러나 라가디노바는 많은 사회주의 이상주의자들처럼, 이러한 체제가 완전히 해체되기보다는 내부에서 개혁할 수 있을 것이라고 믿었다.

불가리아를 방문해 라가디노바와 나눈 기나긴 대화에서 우리는 정치와 종교는 물론, 보편적인 아동 돌봄 제도를 설계하기 위해 현실적인 재원을 마련하는 방안, 그리고 사회에 만연한 절망과 사람들의 무관심한 태도에 맞서 사회적인 이상을 꿈꾸는 것의 중요성 등 폭넓은 주제를 다뤘다. 2015년에 나는 라가디노바가 파르티잔으로서 싸웠던 경험을 부분적으로 다룬 책을 출간했다.[21] 우연히도 당시 캘리포니아 주지사였던 제리 브라운이 샌프란시스코의 시티라이츠 서점에서 이 책을 발견하고는, 라가디노바를 만나고 싶다며 나에게 연락을 해 왔다.

2016년 여름, 브라운 주지사와 그의 아내는 라가디노바를 만나기 위해 소피아로 날아갔다. 이들은 그녀의 아파트에서 차를 마시며 많은 이야기를 나누었다. 라가디노바는 이 만남을 진심으로 즐기며, 정치인이야말로 노동자들을 지원하는 사회적 서비스를 제공할 책임이 있다고 브라운 주지사를 설득하려 애썼다. "라가디노바는 정말 에너지가 넘쳤습니다." 브라운은 나중에 그녀를 만난 소감을 나에게 말했다. "영어는 서툴렀지만, 그녀가 가진 열정과 활기를 분명히 느꼈습니다."

2017년 5월, 불가리아를 잠시 방문했을 때 라가디노바를 마지막으로 만났다. 그녀와 관련된 자료를 보관한 아카이브에서 집필 중인 글을 마무리 짓기 위해 잠시 들른 참이었다. 우리는 라가디노바의 부엌에서 몇 시간 동안 함께 동유럽에서 우파 정당이 부상하는 상황, 독일 역시 마찬가지로 '독일을 위한 대안(Alternative for Germany, AfD)' 정당이 점점 더 영향력을 키워가는 모습, 그리고 도널드 트럼프의 예기치 못한 당선에 대해 이야기를 나누었다. 이 주제 모두는 우리가 느끼던 절망감과 맞닿아 있었고, 서로 위로를 주고받는 계기가 되었다. 나는 이런 암울한 미래를 피하고 싶다며 어쩌면 뉴질랜드로 이민을 갈지도 모른다고 말했다. 그날 저녁, 집을 나서기 전에 그녀는 나를 붙잡으며 이렇게 조언했다. "도망치지 말고 싸워야 합니다. 그리고 기억하세요. 당신이 반대하는 것에 맞서는 것만으로는 충분하지 않습니다. 당신이 옳다고 믿는 가치와 이상을 위해 행동해야 합니다."

엘레나 라가디노바는 그로부터 다섯 달 뒤, 여든여섯의 나이로 잠든 채 평화롭게 세상을 떠났다. 그녀의 딸에게 부고를 알리는 이메일을 전해 받았을 때, 나는 라가디노바가 나에게 마지막으로 남긴 말을 떠올렸다. 라가디노바는 자신이 꿈꾸던 더 나은 세상을 보지 못한 채 떠났지만, 여전히 그 이상을 품고 세상을 등졌다고 생각하면 마음 한켠

이 따뜻해진다. 나는 여전히 라가디노바가 저승에서, 목에
권총을 걸고 다시 어려진 모습으로, 싸울 준비를 마친 채
서 있는 장면을 상상하곤 한다.

미래의 레드 발키리를 위한
아홉 가지 조언

　나데즈다 크룹스카야가 태어난 1869년부터 엘레나 라가디노바가 세상을 떠난 2017년까지, 동유럽의 여성들이 마주한 세상은 크게 달라졌다. 대부분 더 나은 방향으로 발전했다. 물론, 모든 게 완벽했던 것은 아니다. 저항도 있었고 후퇴도 있었다. 여전히 해결해야 할 문제들이 산적해 있다. 하지만 이 책에서 소개된 여성들은 100년이 넘는 시간 동안 그들의 나라에서 여성의 지위를 크게 바꾸는 데 중요한 역할을 했다. 이러한 변화는 냉전 시기 사회주의를 통해 국가 해방과 경제 발전을 추구했던 나라들뿐만 아니라, 사회주의를 위협으로 간주했던 서방 자본주의 국가들에도 큰 파장을 일으켰다. 동구권 국가들이 노동자 권리, 여성 권리, 시민권에 초점을 맞춘 덕분에 서방 정부들은 민주주의가 부유한 백인(또는 민족 다수) 남성의 자유만을 보호하는 것이라는 비판에 직면했다. 사회주의 국가들의 이러한 비판은 자본주의 체제의 모순을 드러냈고, 곳곳에 균열을 만들었다. 그 결과, 각국에서 일어난 다양한 사회 운동들이 그 균열을 파고들며 변화를 이끌어냈다. 민중의 분노와 저항이 국제적 압박과 결합하면서 세계 곳곳에서 점진적인 사회 변화를 일으켰다.[1]

이러한 국제적 압박이 효과를 거둘 수 있었던 이유는, 사회주의 체제가 여러 결점과 한계를 가졌음에도 20세기 동안 수백만 명의 남성과 여성들의 삶을 실제로 개선했기 때문이다. 몇 가지 기본 통계가 이를 잘 보여준다. 러시아는 초기에는 서방 국가들에 비해 기대 수명이 현저히 낮았지만, 국가 사회주의 시대를 거치며 빠르게 그 격차를 줄여갔다. 1910년, 제정 러시아에서의 출생 시 기대 수명은 33세로, 영국의 53세와 미국의 52세에 크게 못 미쳤다.[2] 그러나 1970년에는 소련의 기대 수명이 68세로 두 배 이상 증가했으며, 이는 영국의 72세와 미국의 70세에 거의 근접한 수치였다. 중앙 계획 경제의 여러 문제, 농업의 집단화로 인한 막대한 인적 희생, 스탈린 체제의 잔혹한 통치에도 불구하고, 가장 기본적인 수준에서 소련 시민들은 제정 러시아 시대보다 더 오래 살고 더 건강한 삶을 살았다. 초기 경제 발전 수준에서는 서방 국가들에 훨씬 뒤처졌지만, 소련은 사회주의 체제 아래 미국과의 기대 수명 격차를 단 2년으로 좁혔다. 이는 스탈린이나 소련의 권위주의를 옹호하려는 것이 아니다. 소련의 역사(그리고 더 넓게는 사회주의의 역사)를 스탈린주의의 끔찍한 범죄만으로 그 전부를 폄훼하지는 말자는 뜻이다.

1945년 이후 사회주의를 채택한 동유럽 국가들에서도 소련과 같은 수준으로 기대 수명이 높아졌다. 체코슬로바키아, 헝가리, 폴란드의 기대 수명은 러시아보다 서유럽에 더 가까웠지만 사회주의가 시행된 후 급격히 그 격차를 좁혔다. 그러나 루마니아, 불가리아, 알바니아, 유고슬라비아와 같은 저개발 국가들은 20세기 초 미국과 영국에 비해 훨씬 낮은 평균 기대 수명을 보여주었으나, 보편적 의료 시스템이 확산되면서 역시 급격히 증가했다. 예를 들어, 불가리아는 1945년 동구권에 편입되어 사회주의 경제를 구축하기 시작했을 때 평균 기대 수명이 52세였지만, 45년 후인 1990년에는 71세로 증가했다.[3] 알바니아의 경우, 1945년 평균 기대 수명이 40세에 불과했지만, 1946년 알바니아 인민공화국이 수립된 이후 꾸준히 증가해 1990년에는 72세에 이르렀다. 이는 40여 년 만에 무려 32년이 증가한 놀라운 수치다.[4]

어머니인 여성을 더 많이 지원하는 제도 구축과 산전 관리 시스템 정착은 국가 사회주의 시기 유아 사망률의 감소로 이어졌다. 1915년 러시아에서 1세 미만 아동의 사망률은 1,000명당 267명이었으나, 사회주의 체제가 붕괴되기 직전인 1990년에는 1,000명당 24명으로 감소했다.[5] 불가리아에서도 유아 사망률이 1945년 1,000명당 130명에서 1990년에는 1,000명당 14명으로 크게 줄었다.[6] 문해율 역시, 특히 여성들 사이에서 1917년 이후 극적으로 증가했다. 1897년, 9세 이상 러시아인의 문해율은 농촌 지역에서 남성 35%, 여성 12.5%였으며, 도시 지역에서는 남성 66%, 여성 46%였다.[7] 그러나 혁명이 일어난 지 3년 후인 1920년, 농촌 남성의 문해율은 52%로 증가했고, 농촌 여성의 문해율은 두 배인 25%로 늘어났다. 도시 지역에서는 남성의 문해율이 81%, 여성의 문해율이 67%로 증가했다. 이후 문해율은 계속 상승하여 1959년 소련은 거의 전 국민의 문맹을 해소하는 데 성공했다. 비슷한 성과는 전(全) 사회주의 세계에서도 발견할 수 있었는데, 특히 여성들 사이에서 두드러졌다. 1945년 이전 알바니아 여성 대다수는 문맹 상태였으나, 그로부터 10년 만에 40세 이하 인구의 문해율이 거의 100%에 이르렀다.[8]

소련을 비롯한 여타 국가 사회주의 정부들은 콜론타이, 크룹스카야, 아르망이 구상했던 대로 연령대가 가장 낮은 어린아이들부터 교육의 기회를 얻을 수 있도록 빠르게 일을 추진했다. 『어린 동지들Small Comrades: Revolutionizing Childhood in Soviet Russia』(1917~1932)이라는 책에서 역사학자 리사 A. 키르셴바움은 계몽위원회(Commissariat of Enlightenment)가 초기에 직면했던 어려움들, 특히 내전과 그로 인한 기근 속에서의 혼란을 상세히 서술했다. 키르셴바움은 여러 제약에도 불구하고 소련의 지역 정부가 모든 아이를 위한 유치원 설립 계획을 어떻게 실현했는지 설명한다. 1918년, 모스크바 지역은 23개의 유치원, 8개의 탁아소, 여름휴가 기간에 개방되는 13개의 놀이터를 설립했으나, 1919년에는 이 숫자가 279개의 새로운 어린이 기관으로 확대되었다. 비슷한 사례가 또 있다. 1918년까지만 해도 유치원이 없었던 페트로그라드시는 1919년까지 106개의 새로운 보육시설을 설립했고, 주변 지역에도 180개의 기관이 생겨났다. 다른 지역에서는 진전이 더뎠지만, 그렇다고 해서 어린이 시설 이슈를 중요하지 않게 다루었다는 뜻은 아니다.[9] 이 새로운 유치원에서 교사들은 크룹스카야의 급진적인 교육 방식을 실험했는데, 특히 아이들이 자유의 문화를 체득하며 자라나야 한다는 사상을 중점적으로 반영했다. 키르셴바움은 "교사들은 교실 내의 자유로운 분위기야말로 혁명이 사회생활을 변화시키는 데 필수적인 부분이라고 주장했다."고 설명한다. 어떤 교사는 이 '자유로운 교육' 방식이 "아이들이 타고난 능력을 자유롭게 개진하고, 독립성과 창의적 주도성, 그리고 사회적 감정을 키우는 데 크게 이바지했다."고 말했다.[10]

통계를 더 나열할 수도 있지만, 요점은 간단하다. 계획 경제의 비효율성, 개인적 자유의 제한, 여전히 남아 있는 가부장적 관습에도 불구하고, 수많은 사회주의 여성 운동가들의 노력은 결국 결실을 보았다. 이들의 업적은 오늘날 서구뿐만 아니라 그들의 고국에서도 거의 잊혔지만, 그들의 작업은 수백만 명, 특히 교육, 직업 훈련, 그리고 어머니와 할머니 세대가 상상조차 하지 못했던 일자리 경험을 누렸던 여성들의 일상 속에 여전히 살아 있다. 오늘날에도 사회주의 여성 운동의 성공은 뜻밖의 방식으로 나타난다. 동유럽에서 과학과 기술 분야의 여성 연구자 비율이 높은 점이나, 전 사회주의 국가에서 자란 소녀들이 자본주의 국가에서 자란 소녀들에 비해 수학 분야에서 성별 격차가 더 작다는 점 등이 좋은 예다.[11] 결국, 이 책에서 다룬 '레드 발키리'들의 삶과 업적, 그리고 아직 자신만의 스토리텔링을 확보하지 못한 수많은 여성의 이야기가 실제로 세상을 바꾸는 데 기여한 것이다.

시대의 조건에 맞서 정의와 평등을 추구하는 사람으로서 우리는 이 소수의 동유럽 사회주의 여성들의 삶에서 무엇을 배울 수 있을까? 마지막 장에서 나는 굳건한 세계 자본주의의 시대에 정치적으로 참여하며 살아가는 데 필요한 여러 요소를 고찰할 수 있도록 몇 가지 실마리를 제시하려고 한다. 이 여성들의 삶을 연구하고, 그녀들의 이야기를 읽으며 보냈던 오랜 시간 동안, 내게 가장 깊은 인상을 남긴 것은—허구이든 아니든— 이들에게 큰 영향을 끼친 롤모델이 있었다는 사실이다. 이네사, 알렉산더, 블라디미르 아르망은 체르니솁스키의 소설 『무엇을 할 것인가?』 속 베라 파블로브나, 키르사노프, 로푸호프의 허구적 관계를 참고해 자신들의 복잡한 연애 관계를 풀어갔다. 레닌과 크룹스카야도 마찬가지였다. 두 사람 역시 알코올, 사랑, 성

관계, 대부분의 안락함을 거부하며 몸과 정신을 오직 러시아 인민의 해방을 위해 단련했던 금욕주의자 라흐메토프를 이상화했다. 실제로, 이후 소비에트 연방의 저명한 볼셰비키로 성장한 수많은 코뮤니스트의 성격을 형성하는 데는 이 잘 알려지지 않은 소설이 중요한 역할을 했다. 러시아를 제외한 곳에서는 거의 아무도 들어보지 못한 이 소설이 20세기 전체의 형태를 바꾸어놓았다고 해도 과언이 아니다.[12]

　마찬가지로 톨스토이도 비폭력과 물질세계에 대한 개인적 포기를 주제로 한 저작을 통해 크룹스카야뿐만 아니라 이후 마하트마 간디와 마틴 루터 킹 주니어 같은 활동가들에게 중요한 롤모델이 되었다. 톨스토이의 『신의 나라는 네 안에 있다』의 영어 번역본 중 하나는 1894년 젊은 간디에게 전달되었고, 두 사람은 1909년에서 1910년 사이 편지를 통해 교류하며 톨스토이가 젊은 변호사 간디의 멘토 역할을 했다.[13] 체르니솁스키와 톨스토이의 작품은 급진적인 정치적 변화를 이루기 위해서는 종교 단체—수도원이나 수사회—처럼 특별한 소명을 느끼는 헌신적인 일원이 필요하다는 믿음을 독자들에게 심어주었다. 하지만 이들은 내세에서의 구원이 아니라 이 세상에서의 사회 변화를 요구했다.

체르니솁스키의 1863년 소설과 톨스토이의 다양한 저작 속 인물들이 20세기 실제 활동가들에게 청사진을 제공했던 것처럼, 이 책에 등장하는 레드 발키리들의 삶은 앞으로의 수많은 투쟁에 나설 잠재적 혁명가들에게 필요한 핵심 특성을 보여줄 수 있을 것이다. 물론, 이들 중 완벽한 사람은 없었다. 결점과 약점이 있었고, 부족한 면도 있었으며, 실패를 경험하기도 했다. 하지만 이들은 '현실 속 인물'이었다. 소설 속 라흐메토프는 이상적인 혁명가의 삶을 상징했지만, 그는 전기 요금을 내거나 지하신문 운영 자금을 걱정할 필요가 없었다. 라흐메토프는 권력을 쥐거나 정치적 적과 싸운 적도 없으며, 자신의 원칙을 흔드는 불편한 딜레마에 직면한 적도 없었다. 그는 스탈린과 맞서거나, 파시스트들과 싸우거나, 국제 여성 운동을 구축하지도 않았다. 그러나 우리의 레드 발키리들은 이 모든 일을 해냈고, 그 이상을 이루어냈다. 이제, 특정한 순서 없이 이 사회주의 여성 운동가들이 장기적으로 성공할 수 있었던 자산과 특성들을 돌아보고자 한다.

하나. 사랑하고 신뢰할 수 있는 동지와 함께하라

이 책에서 다룬 모든 여성은 투쟁의 과정에서 자신들을 지지하고 함께 싸워준 가족, 친구, 동료, 그리고 파트너들로 구성된 끈끈한 네트워크를 가지고 있었다. 알렉산드라 콜론타이는 세대와 국경을 초월한 인맥을 구축했다. 로맨틱한 관계가 끝난 후에도 그녀는 과거의 연인들과 따뜻한 감정을 유지하며 협력하려는 의지를 보여주었다. 그녀에게는 아들 미샤가 있었고, 조야 샤두르스카야와는 평생 지속된 우정을 나누며 가족처럼 지냈다. 또한 클라라 체트킨, 칼과 소피 리프크네히트, 칼 카우츠키, 로자 룩셈부르크와 같은 사회주의 동지들과 긴밀한 유대를 맺었으며, 이후에는 레닌과 크룹스카야와도 가까운 관계를 유지했다. 스웨덴에서는 스페인 외교관 이사벨 드 팔렌시아와 친분을 쌓았고, 스웨덴 여성운동 계의 많은 친구와 지인과도 교류했다.

크룹스카야와 레닌은 서로를 의지했을 뿐 아니라, 이네사 아르망, 크룹스카야의 어머니, 그리고 레닌의 어머니와 여동생들로부터 망명 생활 동안 지속적인 지지를 받았다. 이네사 아르망은 레닌과 크룹스카야뿐만 아니라 알렉산드르와 블라디미르 아르망 형제, 그리고 그녀의 다섯 자녀들과 함께했다. 류드밀라 파블리첸코는 부모, 아들, 전우, 남편, 그리고 나중에는 미국의 영부인 엘리너 루스벨트라는 뜻밖의 친구까지도 곁에 두었다.

엘레나 라가디노바 역시 남편과 세 자녀, 형제들, 그리고 22년 동안 함께 일했던 불가리아 여성운동위원회의 여성 동지들이 곁에 있었다. 불가리아 내부의 가까운 동료들뿐만 아니라, 그녀 역시 콜론타이처럼 전 세계 여러 나라의 활동가와 정치인들과 폭넓은 네트워크를 유지했다.

"착취, 억압, 그리고 편견이 없는 세상을 위해 함께 싸우려면, 우리는 서로를 신뢰하고 의지할 수 있어야 한다."라고 조디 딘(Jodi Dean)은 말했다. "'동지'라는 말은 바로 이런 관계를 나타낸다."[14] 나는 정치적 동지가 필요하다는 그의 주장에 동의했지만, 이 범주에서 가족이나 확장된 친족 네트워크를 배제해서는 안 된다고 생각한다. 이민자들, 빈곤층, 그리고 유색인종 공동체의 경우, 가족 네트워크는 모두가 불가능해 보이는 상황 속에서도 필요한 사회적 안전망과 돌봄을 제공했다. 파업에 동참하거나 시위에 나서는 동료들이 중요한 만큼, 암 투병 중인 사람을 돌보거나 혼자 사는 연로한 동지와 오후를 함께 보내는 것 같은 정치적 돌봄의 역할도 간과해서는 안 된다고 느꼈다. 레닌이 한 차례 매우 긴박했던 회의를 마치고 돌아와 신경 쇠약 증상을 보이며 심한 백선에 걸렸던 것을 떠올렸다. 크룹스카야는 당의 운영을 관리하고 유럽 좌파의 방대한 우편 네트워크를 조직하면서도, 발진으로 얼룩진 레닌의 몸에 요오드를 발라주는 데 시간을 할애했다. 또한 알렉산더 아르망이 이네사 아르망이 맡겼던 아이들(알렉산더의 동생 블라디미르와의 사이에서 태어난 어린 안드레이를 포함)을 돌보며, 그녀가 또다시 감옥에 갇히지 않도록 보석금을 내주었던 사례를 떠올렸다. 좌파는 '가족'이라는 단어를 가부장적이고 이성애 중심적인 상상력에만 맡겨두어서는 안 된다고 믿었다. 우리의 가족에는 동지가 포함되었으며, 우리는 종종 동지들 사이에서 가족을 찾거나 만들어갔다.

　나는 인생에서 친구, 친척, 파트너, 동료 등 누군가가 나를 돌봐주었던 순간을 셀 수 없을 만큼 많이 경험했다. 내가 혼자 해결할 수 없었던 일을 도와준 사람들이 있었다. 병원에서 시술을 받을 때 차를 태워다 준 사람, 내가 여행을 가야 하거나 늦게 끝나는 회의에 참석해야 할 때 어린 딸을 돌봐준 사람, 동유럽에서 현장 조사를 하는 동안 내 집을 봐준 사람, 내 차가 고장 났을 때 자신의 차를 빌려준 사람들이다. 그들은 내게 도움이 가장 절실했던 순간에 조언과 위안을 건네주었다. 이러한 돌봄이 과거처럼 특정 성별만의 일이 되어서는 안 되겠지만, 우리는 모두 이러한 돌봄과 지원의 네트워크 안에 깊이 연결되어 있다는 사실을 인식할 필요가 있다. 이러한 네트워크는 우리의 삶에서 정치적으로나 개인적으로 교차하는 다양한 사람들을 포함한다.

관계를 돌보고 확장해가는 일은 근본적으로 급진적인 작업이다. 심지어 블라디미르 레닌 같은 저명한 혁명가조차도 혼자서 세상을 바꿀 수는 없었다. 사회를 개인의 이익에 따라 나뉜 고립된 존재로 분해하는 것은, 아무리 그 개인이 지적으로나 사회적으로 명석한 사람이라 해도, 우리를 다른 이들의 정서적 자원을 탐욕스럽게 삼키는 외로운 블랙홀로 만들어 불의를 지속시킬 뿐이다. 이 현상을 명명할 용어가 필요하다는 점은 중요하다. 그러나 나는 "감정 노동"이라는 표현을 좋아하지 않는다. 이 표현은 이러한 노동이 보상받아야 할 대상으로, 공급과 수요의 비인간적 법칙에 따라 그 가치가 변동하는 것처럼 여겨지게 만든다. "감정 노동"이라는 표현은 기본적인 인간적 연결의 사용 가치와 교환 가치를 구분함으로써 자본주의의 긴 촉수가 우리의 사적 생활로 더욱 파고들도록 허용한다. 오랜 친구와 느긋한 오후를 함께 보내는 것은 대규모 시위에서 주먹을 들고 외치는 것만큼 중요하다(물론 그 친구를 설득해 시위에 함께 가고 그 에너지를 밤늦게까지 이어갈 수 있다면 더 좋다). 우리의 목표가 세상을 더 나은 곳으로 만드는 것이라면, 우리는 동등한 관계를 돌보고, 연결과 동지애를 기르기 위해 시간을 내야 한다. 동지를 찾고 신뢰를 쌓으며 공동체를 형성하는 것은 모든 정치적 투쟁의 토대이다.

둘. 겸허하게 받아들이자

우리 중 하이퍼 개인주의 문화 속에서 태어나고 자라, 현실 삶에서나 온라인에서 자신이 주인공인 서사를 만들어가는 환경에 익숙한 이들에게(이를 가리켜 일부 심리학자들은 "주인공 증후군"이라고 부르기도 한다) 겸허함을 가르치기란 절대 쉬운 일이 아니다. 왜냐하면 겸허함이란, 공동의 정치적 목표를 향해 다른 사람들과 함께 일할 때 자신이 매우 복잡하고 역동적인 네트워크 속에서 하나의 작은 연결점에 불과하다는 사실을 받아들이는 것이기 때문이다. 레프 톨스토이는 다음과 같이 말했다.

우리 모두가 직면하는 삶의 두 가지 피할 수 없는 조건이 있다. 이 조건은 삶의 모든 의미를 파괴한다. (1)언제라도 우리 중 누구에게든 닥칠 수 있는 죽음, (2)우리의 모든 업적이 덧없이 지나가며 흔적을 남기지 않는다는 사실. 우리가 무엇을 하든—회사를 설립하고, 궁전과 기념비를 세우고, 노래와 시를 쓰든— 그 어느 것도 오래가지 않는다. 빠르게 지나가며 흔적조차 남기지 않는다.[16]

물론 톨스토이의 말에는 아름다운 아이러니가 존재한다. 그의 소설과 작품들은 그가 사망한 이후에도 오래도록 전해져 왔다. 그러나 톨스토이가 말한 영원한 시간의 개념에서는 그의 작품조차도 결국 알 수 없는 미래의 공허 속으로 사라질 것이다. 우리가 몸담은 초현대주의는 트윗이나 틱톡 영상이 우리의 행적과 과오를 영원히 기록해줄 거라고, 우리의 영광스러운 순간들 또한 어떤 식으로든 디지털 공간 속에 박제해줄 거라고 믿게 만든다. 그러나 프랑스-체코 소설가 밀란 쿤데라(Milan Kundera)는 다음과 같이 썼다. "모두가 자신이 아무도 듣지도 보지도 않는 상태로 무관심한 우주 속으로 사라진다는 생각에 고통받는다. 그래서 모두가 아직 시간이 있을 때, 자신을 단어들로 이루어진 우주로 만들고 싶어 한다."[17]

하지만 한 걸음 물러나, 한 개인의 수명이 인류 역사의 범위에서 거의 흔적도 남기지 못한다는 사실을 생각해보면, 톨스토이의 통찰이 더 가슴에 와닿는다. 그가 명확하게 지적한 존재의 덧없음이야말로 우리가 타인과 더불어 더 큰 목적을 위해 협력하는 데 필요한 겸허함을 키우는 데 도움을 주지 않는가. 나는 크룹스카야와 아르망이 대의를 위해 헌신했던 모습(특히 레닌의 요구에 대한 복종)이 가부장적 관계 역학의 전형으로 보이는 점에서 좌절감을 느낀다는 것을 먼저 인정하겠다. 현대 여성 운동가들은 이러한 역학을 성차별적이고 부당한 것으로 거부한다. 불행히도, 역사적으로 여성들은 혁명의 많은 힘든 일을 맡아왔다. 우리가 진보하려면 이러한 작업이 더 공정하게 분배되어야 한다. 그러나 정치적 활동의 끝없는 요구를 마주하며 겸허함을 기르면, 개인의 역할에 대해 지나치게 고민하지 않고 혁명의 과업을 이어갈 수 있게 된다.

이 책에 소개된 모든 혁명가들은 결국 자신들의 자아를 더 큰 대의에 귀속시켰다. 크룹스카야는 자신이 인정받는 것과는 상관없이 소련 교육학에 대한 자신의 비전을 실현하기 위해 부교육인민위원 및 부교육부 장관의 역할을 기꺼이 맡았다. 아르망은 자신의 이론적 글을 집필하는 것을 포기하고 레닌의 저작을 번역하는 데 집중했다. 콜론타이는 유럽에서 파시즘을 물리칠 기회를 잡기 위해 결국 스탈린의 공포 통치에 적응했다. 파블리첸코는 대학 공부와 역사 교사가 되고자 했던 꿈을 포기하고 전선에서 목숨을 걸었다. 라가디노바는 유전학 연구실을 떠나 불가리아 여성운동위원회를 이끌었다. 조디 딘은 이렇게 썼다. "동지들은 그들 자신을 특별한 개인으로서 사랑하지 않았다. 그들은 개인적인 선호와 성향을 정치적 목표에 종속시켰다. 동지들 사이의 관계는 서로를 향하기보다는 실현하고자 하는 프로젝트와 성취하고자 하는 미래를 지향했다."[18] 우리가 중요하다고 여겨 온 마음을 다하는 일이 남에게 인정받을 수도 있고 그렇지 않을 수도 있다. 어떤 경우든, 우리는 그것을 받아들여야 한다.

셋. 스스로 배우고 익히라

"자가학습(autodidacticism)"은 고대 그리스어 'autos(스스로)'와 'didaktikos(가르침)'에서 유래한 단어로, "스스로 배우는 것" 또는 "독학"을 의미한다. 이는 정규 교육 기관의 도움 없이 스스로 지식을 탐구하고 배우는 과정을 가리킨다. 체르니셉스키의 소설 속 라흐메토프(Rakhmetov)가 며칠 동안 쉬지 않고 책을 읽으며 자기 자신을 단련했던 것처럼, 이 책에 등장하는 모든 활동가 역시 평생에 걸쳐 자발적으로 학습에 헌신했다. 크룹스카야가 지적했듯이, 자본주의 사회에서 우리가 받는 교육은 단지 자유 시장 경제에서 생존하는 데 필요한 기술과 태도만을 가르치기에 스스로 주도적으로 기존 체제에 도전하는 새로운 아이디어를 배워야 한다. 콜론타이는 책을 통해 사회주의를 접함으로써 자가학습의 전형적인 사례를 보여주었다. 그녀는 나르바(Narva)의 공장에서 처음 목격한 참혹한 현실을 해결할 수 있는 답을 찾기 위해, 낯선 단어와 생경한 아이디어로 가득 찬 새로운 세계로 자신을 던졌다. 더 높은 교육을 받기 위해 첫 남편과 결별하고 스위스로 떠났으며, 이후 혼란스러운 세상 속에서 독서와 글쓰기를 통해 위안을 찾았다. 젊은 크룹스카야 역시 열정적인 독서가로서 톨스토이, 체르니셉스키, 그리고 세기말 러시아의 사회 문제를 다룬 여러 작가의 작품을 탐독했다. 그녀는 자신의 한계를 넘어서기 위해 정규 교육의 최고 수준을 이수했고, 이후 다양한 학습 모임에 참여하여 마르크스와 엥겔스 등 사회주의 이론을 심도 있게 연구했다. 망명 생활 중에도 그녀는 교육학 연구에 몰두했으며, 회고록에 따르면 그녀와 레닌이 거주했던 모든 도시에서 지역 대출 도서관을 조직하는 일을 주요 과제로 삼았다. 이후 그녀는 소련 사서학의 창시자가 되었고, 노동자 국가의 이념에 위배되는 책을 검열하는 역할을 맡았음에도 불구하고, 개인적으로는 20,000권이 넘는 방대한 책을 모아 자신의 연구와 작업에 활용했다. 크룹스카야는 회고록에서 종종 무릎 위에 사전을 올려놓고 새로운 외국어를 익혔던 모습을 기록하기도 했다.

이네사 아르망은 모스크바에서 그녀의 시동생 블라디미르 아르망이 주도한 비밀 독서 모임을 통해 정치에 입문했다. 블라디미르가 사망한 후, 그녀는 벨기에의 한 대학에서 경제학 과정을 단숨에 마쳤으며, 평생 노동자 계급의 대의를 위해 자신만의 이론을 정립해 사회에 이바지하고자 노력했다. 다국어를 구사할 수 있었던 아르망은 레닌의 여러 저작을 읽고 번역했다. 망명 생활이 끝날 무렵, 그녀는 자신의 사상에 대한 자신감과 레닌 저작에 대한 친숙함을 바탕으로 레닌에게 건설적인 비판을 제기할 수 있었으며, 심지어 레닌이 스스로 모순된 주장을 한 경우를 지적하기도 했다. 류드밀라 파블리첸코는 대학에서 학위 논문을 준비하던 중 전쟁의 북소리가 그녀를 부르는 통에 군에 입대했다. 제대 후 그녀는 즉시 대학으로 돌아가 학업을 마쳤고, 1942년 미국으로 떠나기 전에 용기를 내어 스탈린에게 영어-러시아어 사전과 영어 문법서를 요청했다. 엘레나 라가디노바는 이들 중 가장 높은 수준의 정규 교육을 받았다. 그녀는 평생 독서를 통해 지적 역량을 발전시켰다. 그녀는 자연과학에서 출발해 불가리아 여성들의 요구를 더 깊이 이해하기 위해 조사 연구라는 사회과학 분야로 관심을 확장했다. 유엔에서의 성공은 초국가적 수준에서 활동할 때 요구되는 복잡하고 때로는 난해한 절차 규칙을 그녀가 얼마나 잘 이해하고 있는가를 증명해준 본보기였다. 2010년에서 2017년 사이 나는 은퇴한 그녀를 수십 번 넘게 만났는데, 그때마다 그녀는 자신이 읽고 있던 기사나 책의 구절을 나누곤 했다. 자가학습은 세상을 있는 그대로가 아니라 있어야 할 모습으로 바꾸려고 하는 이들에게 필요한 관련 지식을 탐구하게 해주고 창의적 사고를 고무하게 해주는 동력이자 버팀목이다.

넷. 용기의 다른 이름인 수용성을 키우자

자가학습을 지속적으로 실천하는 삶은 새로운 아이디어와 관점을 받아들일 수 있는 특별한 정신적 유연성을 길러준다. 수용성은 새로운 증거가 제시되었을 때 자신의 생각을 바꿀 수 있는 용기와 지식이 생성되는 과정을 비판적으로 사고할 수 있는 능력을 요구한다. 개인적·집단적 성장에는 때로 판단 오류나 전술적 실패가 수반된다. 조디 딘은 이렇게 썼다. "우리는 실수하고, 배우고, 변화한다. 자신의 불완전함을 인정함으로써, 우리는 타인의 부족함을 받아들이는 너그러움과 이해심을 키워갈 수 있다."[19] 콜론타이는 아마도 수용성을 이야기할 때 예로 들 수 있는 가장 좋은 인물일 것이다. 제1차 세계대전의 잔혹한 폭력을 목격한 후, 그녀는 사회민주당(멘셰비키)에서 레닌과 볼셰비키로 마음을 옮겼다. 10월 혁명 이후에는 노동자 반대파(Workers' Opposition)의 비전을 지키기 위해 레닌과 트로츠키에 맞섰는데, 이는 결국 그녀가 외교적 유배를 당하는 결과를 초래하기도 했다.

크룹스카야 또한 젊은 시절의 톨스토이주의적 경향에서 벗어나 마르크스의 사상을 더 많이 읽고, 상트페테르부르크 노동계급 사이에서 활동하면서 성장했다. 아르망은 처음에는 여성주의자로서 자선 활동을 통해 노동 여성들의 고통을 덜어줄 수 있다고 믿으며 활동을 시작했지만, 곧 구체제를 완전히 전복해야만 러시아의 억압받는 계층이 진정으로 해방될 수 있다는 것을 깨달았다. 아이디어의 힘은 물리적 힘의 능력을 훨씬 능가한다. 톨스토이는 이렇게 설명했다. "끊임없고 무의미하며 희망 없는 노동과 결핍 속에서 온 생애를 소모하는 노동 대중, 즉 인류의 거대한 다수는 여전히 자신들이 믿는 신념과 그들을 이러한 상태로 몰아넣고 유지하고 있는 이들 사이의 극명한 대조 속에서 가장 날카로운 고통을 느낀다."[20] 우리가 아무리 소중히 여기는 신념이라도 그것이 때로는 우리의 지적 확장을 가로막는 감옥이 될 수 있음을 인지해야 한다. 수용성은 자신의 신념을 의심할 수 있는 용기, 자신이 저지른 지적 실수마저 감내하는 용기의 다른 이름이다.

다섯. 자기만의 적성을 찾아라

지속적인 자가학습과 경험을 통해 우리는 자신의 특

별한 역량과 기술을 발견하고, 이를 더 큰 공동의 목표를 위해 어떻게 활용할 수 있는지 이해하게 된다. 경제학적으로 인간 자본은 자유 시장에서 노동력의 교환 가치를 높이는 데 쓰이는 일종의 투자로 정의되며, 우리는 개인의 적성을 하나의 상품으로 인식하는 데 익숙하다. 하지만 감정이나 애정, 주의력과 마찬가지로, 적성 또한 단순히 노력으로 얻을 수 있는 결과물은 아니다. 이는 어쩌면 우리가 처한 환경에서 비롯된 우연한 선물로도 볼 수 있다. 마르크스주의자들의 저 유명한 캐치프레이즈를 상기해보라. "능력에 따라, 필요에 따라"라는 이 개념은 우리의 능력을 사회적 재화로 여긴다는 것을 보여준다. 이는 우리의 개별 능력이 우리가 통제할 수 없었던 특정한 사회적 조건하에서 생겨났음을 보여준다. 예를 들어보자. 지역과 국가마다 양질의 유치원 교육, 초중등 및 고등 교육에 접근할 기회는 크게 다르며, 고속 인터넷, 유료 미디어, 구독 기반 학술 데이터베이스와 같은 현대 자가학습의 필수 자원에 접근할 기회도 동일하지 않다. 멘토십과 개인지도 역시 불평등하게 분배되어, 이미 유리한 위치에 있는 사람들에게 더 많은 혜택이 돌아간다. 그럼에도 사람들은 다양한 환경 속에서 자신만의 기술을 익혀 나간다. 우리 자신이 누군가에게, 혹은 어떤 조직에 훌륭한 동지가 되려면 자신의 노력과 적성이 어디서 가장 효과적으로 쓰이고 또 가장 찬란한 빛을 낼 수 있는지 이해해야 한다.

콜론타이는 뛰어난 작가이자 대중 연설가였다. 그녀는 사전 준비 없이도 감동적인 추도사나 열정적인 연설을 수행하는 능력이 탁월했다. 이후 그녀는 외교관이자 협상가로서의 역량을 키웠으며, 자신의 귀족적 배경과 취향을 노동자 계급의 대의를 위해 활용했다. 크룹스카야는 타고난 조직력과 탁월한 기획력을 갖춘 동시에, 동료들의 이야기를 진심으로 경청할 줄 아는 사람이었다. 아르망은 뛰어난 언어적 재능을 충분히 발휘하여 러시아어, 프랑스어, 독일어, 영어를 자유롭게 구사하며 레닌의 저작을 번역해 세계에 알렸다. 파블리첸코는 학문적 목표를 가졌음에도 비범한 사격 실력을 발휘해, 전선에서 독일 저격수들을 제압하는 데 중요한 역할을 했다. 라가디노바는 끈기와 리더십, 그리고 사람들을 협력하도록 이끄는 능력을 기반으로 자신의 역할을 성공적으로 수행했다. 나를 '나'이게끔 특정해주는 적성을 발견하는 일은 시간이 지남에 따라 자신만의 기술을 연마하고 완성해나갈 수 있는 길을 열어준다.

여섯. 연대를 구축하라

진보 세력은 의견이 다른 사람들과도 협력할 준비를 해야 했고, 때로는 시대착오적이라고 여겨지는 견해를 가진 사람들과도 손을 잡아야 했다. 연대를 구축하는 능력은 겸손과 포용력을 기반으로 하는데, 더 큰 목적을 이루기 위해서는 더 많이 인내하고 공감해야 한다. 20세기에 걸쳐 좌파가 가장 강력한 목소리를 냈던 순간들은 대개 다양한 파벌들이 하나로 뭉쳐 공통의 적(대개는 파시즘)을 물리쳤던 여러 '인민전선(popular front)'의 시기에 발생했다.

연대를 받아들이는 것은 궁극적인 목표로 나아가기 위한 맥 빠진 중간 단계에 안주하겠다는 뜻이 아니었다. 그러나 그러한 단계를 지지하는 사람들이 종종 더 급진화되며 훗날 중요한 동지가 될 수 있다는 점을 이해해야 한다. 우리가 급진화의 길에서 뒤처졌다고 여기는 사람들을 경멸하거나 조롱하는 태도는 그들을 소외시키고, 우리를 분열시키려는 적들의 의도에 휘말리게 만든다. 놈 촘스키의 말처럼, 때로는 우리가 처한 제약과 한계를 완전히 없애거나 탈출하지 못하더라도, 그 안에서 가능한 영역을 확장하고 더 많은 사람이 활동할 수 있는 공간을 만들어내야 한다. 이는 모든 억압 구조를 단번에 뒤엎는 것이 어려운 상황에서, 점진적으로 변화의 발판을 마련하고 연대를 확대하는 실질적인 전략으로 볼 수 있다.[21]

어떤 면에서 보면, 사회주의 여성운동의 전체 역사는 대규모 연대를 장기적인 전략으로 활용한 예라고 할 수 있었다. 계급 문제에 둔감한 페미니스트들과 젠더 문제에 무관심한 사회주의자들 사이에서 균형을 잡으며, 콜론타이, 크룹스카야, 그리고 아르망은 노동계급 여성들의 구체적인 요구를 충족시킬 수 있는 운동을 구축하는 과정에서 비난의 위험이 무수히 도사린 지뢰밭을 헤쳐 나가야 했다. 냉전이라는 불안정한 지정학적 상황 속에서 라가디노바는 이념적 차이를 넘어 여성들과 다리를 놓는 데 뛰어난 능력을 발휘했다. 그녀는 언어와 정책에 대한 지루한 수사적 논쟁에 빠지기보다는 여성들이 공유할 수 있는 공통된 목표에 집중했다. 불가리아 내에서는 여전히 우세한 가부장적 규범과 남성들이 가사 노동에 협력하기를 극도로 꺼리는 완강한 저항감에 맞서 싸워야 했다. 그러나 그녀는 남성들이 고집을 부린다고 해서 좌절하고 포기하기보다는, 가사 노동을 사회화하기 위해 필요한 자원을 확보하는 싸움에 더욱더 몰두했다. 흔한 표현을 빌리자면, 하나의 전투에서 패배하는 것이 전체 전쟁에서 승리하는 길이 될 수 있었기 때문이다.

　우리는 종종 타협하고 연대를 구축하는 능력을 약점으로 여긴다. 물론, 모든 상황에서 유연성과 관용이 필요한 것은 아니다. 특히 진정성 없는 파시스트들이나 맹목적으로 금융 자본주의를 추종하는 자들을 상대할 때는 더욱 그렇다. 하지만 독일 바이마르 공화국의 역사가 우리에게 가르쳐주는 한 가지는, 좌파 내부의 분열이 종종 파시스트들이 권력을 잡는 길을 열어준다는 사실이다. 1932년 11월, 독일 연방의회(Bundestag)에서 나치당이 다수를 차지하지 못하도록 막을 수 있는 표는 사실 독일 공산당(KPD)과 독일 사회민주당(SPD)에 있었다. 그러나 스탈린이 사회민주당을 "사회적 파시스트"라고 비난하면서 두 정당은 협력하지 못했다. 다소 진부한 표현이지만, 전략적 연대를 구축하려는 의지는 완벽함이 선함의 적이 되지 않도록 하는 것을 의미했다. 사회주의자들은 운동과 정체성의 교차점에만 집착하기보다는 다양한 대의가 하나로 합쳐져 더 큰 정의를 향해 나아갈 수 있는 강력한 횡적 관계를 형성할 기회를 찾아야 한다.

일곱. 끝까지 포기하지 않는 끈기를 함양하자

콜론타이는 크롭스카야에 대한 추도사에서 이렇게 회상했다. "그녀는 단순하고 소박했으며, 의지력이 뛰어났고, 일에 대한 열정이 식을 줄 모르는 사람이었다. 그리고 당의 능력을 깊이 신뢰하고 있었다 (…) 정치적 역경이 닥치거나 어려운 상황에 처했을 때도 나데즈다 콘스탄티노브나는 결코 낙심하지 않았다. 개인적인 친분이 있었던 사람들의 기억 속에서도 그녀는 변함없는 용기와 목적의식을 지닌 인물로 남아 있다."[22] 끈기란 어떤 상황에서도 추구하는 바를 포기하지 않는 것, 내면에서 피어오르는 불확실함과 의심을 통제하는 것, 냉소와 절망을 거부하는 것을 의미한다. 그것은 또한 대중문화가 진지한 이상주의를 유치하고 순진한 것으로 묘사하는 작금의 환경 속에서 무관심을 떨쳐버리는 것을 뜻한다. 끈기는 크롭스카야가 감옥에서 풀려난 직후 불법 파업을 위한 자금을 모으기 시작했던 행동이다. 끈기는 아르망이 블라디미르의 결핵이 악화되었을 때 메젠에서 탈출 계획을 세웠던 결단이다. 끈기는 전장에서 싸우던 파블리첸코의 모습뿐만 아니라 전선에서 화장을 하는 게 옳은 처사였는지 물었던 무지한 미국 기자들의 질문 앞에서도 흔들리지 않았던 그녀의 태도 자체다. 어떤 사람들은 이를 "지속력"이라고 부르고, 또 다른 사람들은 "투지(grit)"라고도 부른다.[23] 하지만 본질적으로 끈기란 하기 싫은 상황에서도 계속 앞으로 나아가는 것을 의미한다. 그것은 자신을 지지하는 환경이든 아니든, 진실을 좇아 고군분투하는 것을 뜻한다. 따라서 끈기는 때로 우리의 감정을 상하게 한다. 누군가가 전화를 끊거나, 문을 쾅 닫아버리거나, 온라인에서 비난을 퍼붓는 상황도 마주할 수 있다. 혁명 직후의 초기 몇 년 동안, 콜론타이는 자신의 정책을 증오하던 시민들에 의해 전차에서 쫓겨났으며, 거의 매일 같이 언론의 비방에 시달렸다. 끈기는 어떤 사람들에게는 넘칠 정도로 부여되지만, 다른 사람에게는 눈곱만큼만 주어지기도 한다. 그러나 끈기는 시간이 흐르는 동안 배우고 강화할 수 있는 특성이기도 하다. 마음을 단단히 무장하고 의지를 굳건히 세워, 피할 수 없는 "가혹한 운명의 돌팔매와 화살"에 맞서 나아갈 수 있는 힘을 키우는 것이다.[24]

여덟. 각자의 능력에 따라 실천하자

끈기와 관련된 또 다른 요소는 바로 실천이다. 즉 행동에 참여하는 것이다. 크룹스카야는 1901년 발표한 팸플릿『여성 노동자』에서 여성의 정치적 의식은 목표한 바를 이루기 위한 행동에 꾸준히 참여하는 것을 통해 갈고닦을 수 있다고 주장했다. 여기에는 파업, 시위, 시민적·비시민적 불복종 같은 활동이 포함되지만, 글을 쓰거나 예술을 창작하거나 밈을 제작하거나 혁명적인 코드를 작성하는 것도 실천의 한 형태다. 심지어 사고하고 꿈꾸는 것조차 그것이 세상을 향해 방향성을 가진다면 실천으로 간주될 수 있다. 이 책에서 다룬 투사들은 모두 능동적이고 실천적인 삶을 살았다. 각자가 가진 능력에 따라 서로 다른 방식으로 기여했다. 콜론타이는 강연을 하고, 파업을 조직하고, 사회복지인민위원회와 젠오트델(여성부)을 운영했으며, 여성 해방을 촉진하기 위해 기사, 단편소설, 장편소설을 썼다. 그녀는 말년에 회고록을 편집하며 후대에 남길 유산을 준비했고, 그 이전에는 외교와 소비에트 연방의 대외 관계 관리에 온 힘을 쏟았다. 크룹스카야는 교육하고, 파업 기금을 모으고, 기사를 쓰고, 불법으로 간주되었던 신문을 발행하며, 해외 서신을 관리했다. 망명 중에는 레닌의 일상을 돌보았고, 1917년 이후에는 성인 문맹 퇴치 학교, 도서관, 독서실, 청소년 조직을 설립했으며 소비에트 여성들을 지원하는 노력을 조율했다. 아르망은 각종 회의에 참석하고, 지하 모임을 조직하며, 레닌을 중심으로 지지를 결집하기 위한 비밀 임무를 수행했고, 그의 기사를 번역했다. 파블리첸코는 전선에서 저격수로 자원했고, 라가디노바는 15세가 되기 전 파르티잔 부대에 합류해 활동했으며 60세에 은퇴를 강요받을 때까지 사회주의 건설을 위해 일했다. 현재에 만족하고 안주하는 사람들은 흔히 사회 변화에 무관심하고 비활동적이다. 즉 무관심과 비활동은 현 상태에서 이익을 얻는 사람들에게 적합한 태도다. 반면 실천은 끈기를 위한 기회를 창출하며, 끈기는 더 많은 실천을 통해 성장하고 강화된다. 이는 완벽한 선순환을 만들어낸다.

아홉. 스스로를 돌보는 휴식의 시간을 가져라

우리에게는 몰입과 끈기가 필요하지만, 동시에 탈진하지 않도록 스스로를 돌보는 일도 중요하다. 지속적인 활동은 에너지가 넘치는 사람에게도 종종 심리적·육체적 고갈을 가져온다. 콜론타이는 심장마비를 겪었고, 크룹스카야는 스트레스로 인해 악화된 갑상선 질환에 시달렸다. 이로 인해 둘 모두가 업무 수행에 어려움을 겪었다. 젠오트델의 책임자였던 아르망은 거의 과로사할 정도로 자신을 몰아붙였고, 결국 콜레라로 쓰러졌다. 그렇다. 넘치는 일정 속에서도 휴식과 재충전을 위한 시간을 마련하는 것은 우리 자신에게 반드시 필요한 일이다. 심지어 레닌조차도 때로는 휴식을 취하며 알프스에서 긴 산책을 하곤 했잖은가. 크룹스카야의 회고록에는 아르망과 레닌과 함께 크라쿠프 근교를 걷거나 스위스의 가을 들판에 누워 있던 장면이 담겨 있다. 이사벨 데 팔렌시아는 자신과 콜론타이가 스톡홀름 외곽의 숲을 자주 산책했다고 전한다. 심지어 류드밀라 파블리첸코조차 1942년 미국 방문 중 엘리노어 루스벨트와 함께 한 주간의 휴가를 즐길 시간을 마련했다. 1917년 이전만 해도 아르망은 자신의 아이들과 함께 프랑스 남부나 아드리아 해변에서 휴가를 보내는 사치를 누리기도 했다. 휴식은 제대로 된 휴가를 의미할 수도 있고, 책을 읽거나 자연 속에서 시간을 보내거나 친구들과 와인 한 병을 나누며 여유를 즐기는 시간을 의미할 수도 있다. 언젠가 피곤한 활동가들이 모여 재충전할 수 있는 합리적인 좌파 휴양촌이나 공동 캠핑장이 생기길 기대해본다. 이는 억압의 불의한 구조에 더 적응하기 위해서가 아니라, 앞으로의 투쟁을 위해 필요한 힘과 끈기를 키우기 위한 장소가 될 것이다.

현대의 착취적 자본주의는 과로 문화를 미화하며, 아이러니하게도 이를 타파하려는 사람들조차 그 문화에 감염되고 만다. 정치이론가 웬디 브라운이 이야기한 신자유주의 개념에 따르면, 이러한 세계관과 경제적 사고방식이 우리 삶의 모든 측면을 장악하고 있다. 우리는 심지어 신자유주의의 지속적인 헤게모니에 맞서는 활동조차도 그것의 교환 가치를 측정하고, 정량화하며, 계산하려 한다.[25] 시장 안에서 불안정한 노동뿐만 아니라, 많은 사람이 개인 브랜드를 구축하고 유지해야 하는 부업을 병행한다. 사람들은 자신의 '인적 자본'에 투자해야 한다는 강박을 느낀다. 정서적·사회적 자원조차도 미래의 (종종 모호한) 이익을 위해 전략적으로 활용해야 할 상품으로 변한다. 이러한 자기 개선 요구에 더해 우리는 기후 변화의 위협, 그리고 체계적인 인종차별, 성차별, 외국인 혐오와 같은 일상적인 불의를 마주하며 심리적 대가를 치러야 한다. 불안정하고 불공정한 세상에 살다 보면 우리의 에너지는 고갈되고 지치게 된다. 이런 세상에서 때로는 눈을 감고 단순히 휴식을 취하는 것이 우리가 할 수 있는 가장 좋은 일일 수 있다. 조너선 크래리가 24/7에서 주장하듯, 충분한 수면은 후기 자본주의의 끊임없는 요구에 저항하는 강력한 정치적 행위가 될 수 있다. (하지만 이 문장을 새벽 4시에 쓰고 있다는 사실이 부끄럽다!)[26]

솔직히 말해 나를 아는 사람이라면 누구나 내가 휴식의 필요성을 강조하면서도 정작 나 자신은 그 충고를 따르지 않는 사람 중 하나임을 잘 알고 있을 것이다. 나는 대학에서 전일제 강의와 행정 업무에 더해 끝없는 마감일에 쫓기며 지낸다. 일(work)이 일종의 종교적 소명으로 여겨지고 우리의 정체성을 형성하는 기초가 되는 미국의 만연한 "워크이즘(workism)" 문화에 깊이 빠져들어, 때때로 균형 감각마저 잃는다.[27] 나는 기사를 작성하거나 책을 집필하거나 강의를 준비하기 위해 잠, 운동, 가족 및 친구와의 시간을 포기하고 심지어 기본적인 자기 관리(제대로 요리한 음식이나 샤워 같은)조차도 희생해왔다. 하루의 가치를 내가 성취한 일로 측정하며, 스스로를 완전히 탈진할 때까지 몰아붙인 적이 한두 번이 아니다. 더욱이, 나는 친구, 배우자, 동료, 그리고 부모로서의 책임을 다하지 못했던 적도 많다. 나 자신을 너무 닦달한 나머지 나에게 더는 타인과 나눌 에너지와 시간이 남아 있지 않았기 때문이다.

그중 한 번의 슬럼프 시기에 나는 불가리아에 있었다. 3개 대륙에 걸친 연구를 요구하는 8년짜리 프로젝트를 진행 중이었고, 소피아 국립도서관이나 다른 기록 보관소에 가서 하루 7~8시간씩 자료를 조사했다. 저녁에는 구술사 인터뷰를 진행하고, 밤늦게까지 글을 쓰는 일을 반복했다. 잠을 줄이고, 말린 병아리콩, 해바라기씨, 카렐리아 라이트 담배, 그리고 가끔씩 먹는 참깨 게브렉(얇은 베이글 같은 빵)으로 간신히 버텨냈다. 그러나 내가 시간을 낭비하고 있다는 의심을 떨칠 수 없었다. 과연 누가 관심을 가질지도 모르는 이야기를 위해 이렇게 애쓰는 것이 과연 의미가 있는 일일까? 내가 연구한 주제는 냉전 시기 불가리아와 잠비아의 사회주의 여성들 사이에 존재했던 국제적 연대의 네트워크였다.

당시 여행 중, 프로젝트의 압박감에 특히 지쳐있던 어느 날, 나는 엘레나 라가디노바와 함께 소피아 오페라 극장에서 〈토스카〉를 관람할 막바지 티켓을 간신히 구할 수 있었다. 숨을 고르고 싶었고, 그녀도 새로 단장한 오페라 극장을 즐길 수 있을 것이라 생각했다. 당시 라가디노바는 거의 동네를 벗어나지 않았기 때문에, 갑작스러운 외출에 앞서 급하게 머리를 염색해야 했다. 푸치니의 오페라 서곡의 첫 음이 극장에 울려 퍼지자 그녀가 미소를 지었다. 그 모습이 아직도 생생하다. 우리는 함께 앉아 공연을 즐기며 몇 마디 대화를 나눴다. 바다와 세대를 넘어 서로를 분리해서 인식해온 우리였지만, 운명이 나를 그녀의 삶으로 이끌었다는 사실에 경이로움을 느꼈다. 막간 휴식 이후 어느 순간, 그녀가 손을 뻗어 내 팔에 가만히 올려놓았다. 우리는 공연이 끝날 때까지 그렇게 앉아 음악으로 영혼을 채우며 저녁의 즐거움을 함께 나눴다.

엘레나 라가디노바는 인생의 어느 시점에서든 내가 여기서 언급한 모든 특성을 구현한 인물이었다. 그녀의 실수와 잘못된 선택들, 그리고 한 지도자가 30년 넘게 권력을 유지한 권위주의 체제 안에서 일하기 위해 감수해야 했던 희생과 타협을 고려하더라도 말이다. 라가디노바를 통해 나는 현실 세계가 얼마나 혼란스럽고 예측할 수 없는지 배웠다. 복잡한 관료 체계를 헤쳐 나가고, 부족한 자원을 재배치하며, 여론을 형성하고, 뿌리 깊은 체제적 고정관념에 맞서는 데는 거의 초자연적인 낙관주의와 끈기가 필요하다. 그리고 사람들은 흔히 자신의 노력이나 성취를 무시하거나 잊거나 제대로 평가하지 않는 경우가 많기에 이러한 일들은 종종 보답은커녕 소모적으로 보이기까지 한다.

그러나 라가디노바는 제2차 세계대전의 참혹한 시기에 10대 시절부터 그녀의 투지와 정신력을 키웠다. 그녀는 여성뿐만 아니라 모든 억압받는 사람들을 위한 더 밝은 미래에 대한 믿음을 품었다. 그녀는 평생을 그 투쟁에 헌신했다. 이러한 점에서 그녀는 류드밀라 파블리첸코, 이네사 아르망, 나데즈다 크룹스카야, 그리고 알렉산드라 콜론타이 등 그녀 이전의 동유럽 사회주의 여성들과 신념을 공유했다. 소피아 오페라 극장에서, 테너의 목소리가 〈별은 빛나건만*E lucevan le stelle*〉의 가사를 감미롭게 부르며 우리의 눈에서 눈물이 흐르던 그 밤, 라가디노바가 내 팔을 꼭 붙잡았다. 그 순간, 그녀를 통해 그녀 이전의 모든 붉은 발키리들이 함께 있는 듯한 느낌이 들었다. 세대를 넘어, 보이지 않는 횃불이 전달되어 다음 세대의 사회적 변화를 꿈꾸는 이들을 격려하고 고무시켰다. 동지들—과거에서 지금까지 이어져 온 그들 모두가.

감사의 글

이 책을 집필하는 과정에서 여러모로 도움을 주신 분들께 깊이 감사드립니다. 앤젤리나 에이만스버거, 마리아 무라드, 헤이든 사토리스, 스콧 시혼, 케빈 플랫, 애니 핀치, 줄리아 미드, 그리고 제 딸은 초기 개별 장 초안과 전체 원고에 대해 귀중한 의견과 비판을 제공해주었습니다. 그들의 피드백은 제가 계속 글을 쓰는 데 큰 동기를 주었습니다. 특히 2021년 여름 연구 조교로 활동하며 마르셀 보디의 콜론타이 회고록을 프랑스어에서 영어로 번역하는 데 도움을 준 애비 라폼에게 특별히 감사를 전합니다.

또한, 메인주에 있는 별장을 빌려주어 원고의 마무리 작업을 할 수 있도록 도와준 페이지 헤를링거와 폴 프리드랜드, Ms. Monopoly 게임을 제게 선물해준 마이클 코넬리, 오랜 우정을 나눠준 레이첼 코넬리에게게도 감사드립니다. 포프 브록과 사라 브론스타인은 집필 과정에서 필요한 도덕적 지지를 아낌없이 주셨고, 페이지 헤를링거 교수님은 러시아 역사에 대한 사실 확인 과정에서 말 그대로 '신적인' 도움을 주셨습니다.

2020년과 2021년 코로나19 봉쇄 기간 동안, 도서관과 자료실에 접근할 수 없는 어려운 상황에서도 이 책을 집필할 수 있었던 것은 '마르크스주의 인터넷 아카이브 (Marxists.org)'를 통해 다양한 번역 자료를 온라인에서 이용할 수 있었기 때문입니다. 집에 갇혀 전적으로 전자 자료와 역사적 신문 데이터베이스에 의존해야 하는 상황이었지만, 저는 이 프로젝트를 포기하지 않고 계속 밀고 나갔습니다. Archive.org, Hathi Trust, 그리고 펜실베이니아 대학교의 구독 데이터베이스들도 큰 도움이 되었습니다.

엘레나 라가디노바에 관한 장을 작성하는 데에는 그녀의 기사와 인터뷰를 제가 직접 스캔한 자료와, 7년 동안 그녀와 함께 작업하며 수집한 방대한 필드 노트가 주요 자료로 사용되었습니다. 중앙국립기록보관소의 기록 관리사와 소피아 국립도서관의 사서들께도 깊이 감사드립니다. 라가디노바의 삶에 대해서는 제가 Duke University Press에서 출판한 두 권의 학술서(The Left Side of History (2015), Second World, Second Sex (2019))와 Jacobin Magazine과 Transitions Online에 실린 부고 기사에서도 더 자세히 다루었으니, 그녀의 업적에 대해 더 알고 싶으신 독자께서는 참고하시길 바랍니다.

이 책이 세상에 나올 수 있도록 도와주신 Verso Books의 세바스찬 버드겐, 앤 럼버거, 마크 마틴, 댄 오코너, 멜리사 와이스, 그리고 교정 작업을 담당해주신 소피 헤이건께도 감사드립니다. 제 문학 에이전트 멜리사 플래시먼의 시간과 노력, 그리고 격려에도 깊은 감사를 전합니다. 또한, 제가 안식년 동안 자리를 비웠을 때 동료들이 제 업무를 지켜주었기에 가능했습니다.

무엇보다도 2020년과 2021년의 어려운 시기를 견디게 해준 저의 "격리 팀"에게 감사드립니다. 저의 파트너, 딸, 그리고 우리 반려견 데이지가 그 주역이었습니다. 특히 데이지는 2020년 3월 코로나19 봉쇄 조치가 시작되자 온종일 가족이 집에 있게 되어 누구보다 기뻐했습니다. 데이지는 2011년 9월에 구조한 작은 바셋하운드였고, 나이가 정확히 몇 살인지는 알 수 없었지만, 지난 10년 동안 딸은 성장하고 데이지는 나이를 먹어갔습니다.

이 감사 글을 2021년 11월 중순, 세르비아 베오그라드에서 작성할 당시 저는 데이지가 2022년 1월까지 살아 있기를 간절히 바랐지만, 데이지는 12월을 넘기지 못했습니다.

제가 첫 번째 책을 출판했던 2005년, 이전에 키우던 바셋 하운드 두 마리(포르토스와 토스카)를 감사의 글에서 언급했다가 당시 남편과 함께 같은 문단에 적었다는 이유로 불가리아 시댁으로부터 엄청난 비난을 받았던 기억이 납니다. 동물은 자신들이 감사의 대상이 된다는 걸 알지도 못할 텐데 왜 그런 글을 썼냐는 것이었습니다. 그로부터 이혼, 열 권의 책, 그리고 16년이 흐른 지금, 이번 책을 통째로 데이지에게 헌정하려고 합니다.

팬데믹의 혼란 속에서 데이지는 우리 가족이 정신적 균형을 유지할 수 있도록 큰 역할을 해주었습니다. 그녀는 단순한 반려동물이 아닌 동지였고, 매일이 맛있는 양고기 케밥을 만나게 될 가능성으로 가득 찬 날이라고 믿는 낙천적인 눈빛으로 우리를 응원했습니다. 데이지에게 영원히 감사의 마음을 품을 것입니다.

고드시가 추천하는 더 읽어보면 좋을 책

 사회주의 여성 운동가들의 삶과 업적을 탐구한 훌륭한 책들이 많이 있습니다. 아래는 이 책의 각 장에 영감을 주고 정보를 제공한 주요 도서들의 간략한 목록입니다. 보다 구체적인 참고 문헌은 각 장의 주석을 확인하기 바랍니다.

- Alexievich, Svetlana. *The Unwomanly Face of War: An Oral History of Women in World War II*. New York: Random House, 2017.
- Brown, Wendy. *In the Ruins of Neoliberalism: The Rise of Antidemocratic Politics in the West*. New York: Columbia University Press, 2019.
- Bucur, Maria. *The Century of Women: How Women Have Transformed the World since 1900*. Baltimore: Rowman & Littlefield, 2018.
- Clements, Barbara Evans. *Bolshevik Feminist: The Life of*

Aleksandra Kollontai. Bloomington: Indiana University Press, 1979.

- Crary, Jonathan. *24/7.* New York: Verso Books, 2014.

- Dean, Jodi. *Comrade.* New York: Verso Books, 2020.

- de Haan, Francisca, Krassimira Daskalova, and Anna Loutfi, eds. *A Biographical Dictionary of Women's Movements and Feminisms: Central, Eastern, and South Eastern Europe, 19th and 20th Centuries.* Budapest and New York: Central European University Press, 2006.

- de Miguel, Ana. *Alejandra Kollontai (1872 – 1952)* Madrid: Ediciones del Orto, 2001.

- de Palencia, Isabel. *Alexandra Kollontay: Ambassadress from Russia.* London: Longmans, Green and Co, 1947.

- de Palencia, Isabel. *I Must Have Liberty,* New York and Toronto: Longmans, Green and Co, 1940.

- Farnsworth, Beatrice. *Aleksandra Kollontai: Socialism, Feminism and the Bolshevik Revolution.* Stanford: Stanford University Press, 1980.

- Fisher, Mark. *Capitalist Realism: Is There No Alternative?* London: Zero Books, 2009.

- Fitzpatrick, Sheila. *The Commissariat of Enlightenment: Soviet Organization of Education and the Arts under Lunacharsky.* Cambridge, UK: Cambridge University Press, 1970.

- Ghodsee, Kristen. *Red Hangover: Legacies of Twentieth–Century Communism.* Durham: Duke University Press, 2017.

- Ghodsee, Kristen. *Second World, Second Sex: Socialist Women's Activism and Global Solidarity During the Cold War.* Durham: Duke University Press, 2021.

- Ghodsee, Kristen. *The Left Side of History: World War II and the Unfulfilled Promise of Communism in Eastern Europe.* Durham: Duke University Press, 2015.

- Ghodsee, Kristen. *Why Women Have Better Sex Under Socialism: And Other Arguments for Economic Independence.* New York: Bold Type Books, 2018.
- Goldman, Wendy Z. *Women, the State and Revolution: Soviet Family Policy and Social Life, 1917 – 1936.* Cambridge, UK, and New York: Cambridge University Press, 1993.
- Gornick, Vivian. *The Romance of American Communism.* New York: Basic Books, 1978.
- Harsch, Donna. *Revenge of the Domestic: Women, the Family, and Communism in the German Democratic Republic.* Princeton: Princeton University Press, 2008.
- Krylova, Anna. *Soviet Women in Combat: A History of Violence on the Eastern Front.* Cambridge, UK, and New York: Cambridge University Press, 2010.
- Lapidus, Gail. *Women in Soviet Society: Equality, Development, and Social Change.* Berkeley: University of California Press, 1978.
- Massell, Gregory J. *The Surrogate Proletariat: Moslem Women and Revolutionary Strategies in Soviet Central Asia, 1919 – 1929.* Princeton: Princeton University Press, 2016.
- Masucci, Michelle, Maria Lind, and Joanna Warsza, eds. *Red Love: A Reader on Alexandra Kollontai.* London: Sternberg Press, 2020.
- McNeal, Robert H. *Bride of the Revolution: Lenin and rupskaya,* Ann Arbor: University of Michigan Press, 1972.
- Naiman, Eric. *Sex in Public: The Incarnation of Early Soviet Ideology,* Princeton: Princeton University Press, 1997.
- Pavlichenko, Lyudmila. *Lady Death: The Memoirs of Stalin's Sniper.* Translated by David Foreman. Yorkshire: Greenhouse Books, 2015.
- Pearson, Michael. *Lenin's Mistress: The Life of Inessa Armand.* New York: Random House, 2002.
- Porter, Cathy. *Alexandra Kollontai: A Biography.* Chicago: aymarket

Books, 2014.

- Raymond, Boris. *Krupskaia and Soviet Librarianship, 1917–1939.* Metuchen, NJ: Scarecrow Press, 1979.

- Razsa, Maple. *Bastards of Utopia: Living Radical Politics After Socialism.* Bloomington: University of Indiana Press, 2015.

- Rowbotham, Sheila. *Women, Resistance and Revolution.* London: Verso Books, 2014.

- Ruthchild, Rochelle Goldberg. *Equality & Revolution: Women's Rights in the Russian Empire, 1905–917.* Pittsburgh: University of Pittsburgh Press, 2010.

- Stites, Richard. *The Women's Liberation Movement in Russia: Feminism, Nihilism, and Bolshevism, 1860–1930.* 2nd ed. Princeton: Princeton University Press, 1991.

- Todorova, Maria. *The Lost World of Socialists at Europe's Margins: Imagining Utopia.* London: Bloomsbury, 2021.

- Vinogradova, Lyuba. *Avenging Angels: Soviet Women Snipers on the Eastern Front (1941–45).* London: MacLehose Press, 2017.

- Wood, Elizabeth. *The Baba and the Comrade: Gender and Politics in Revolutionary Russia.* Bloomington: Indiana University Press, 1997.

프롤로그_부르주아 페미니즘, 그 불편함에 대하여

1. Francis Fukuyama, *The End of History and the Last Man*, New York: Free Press, 1992.

2. Abraham Maslow, A *Motivation and Personality*. New York: Harper, 1954.

3. G. Hofstede, "The cultural relativity of the quality of life concept." *Academy of Management Review* 9 (3), 1984: 389 – 98; R. Cianci and P.A. Gambrel, "Maslow's hierarchy of needs: Does it apply in a collectivist culture?" *Journal of Applied Management and Entrepreneurship*, 8(2), 2003: 143 – 61.

4. Barbara Wolfe Jancar, *Women Under Communism*, Baltimore: The Johns Hopkins University Press, 1978: 206 – 207.

5. National Manpower Planning Council, *Womanpower: A Statement by the National Manpower Council With Chapters by the Council Staff*, New York: Columbia University Press, 1957.

6. 6 Kristen Ghodsee, *Why Women Have Better Sex Under Socialism: And Other Arguments for Economic Independence*, New York: Bold Type Books, 2018.

7. Karen Offen, "Defining Feminism: A Comparative Historical Approach," *Signs* 14, no. 1 (1988): 119 – 57.

8. Sandra Stanley Holton, *Feminism and Democracy: Women's Suffrage and Reform Politics in Britain, 1900 – 1918*, Cambridge: Cambridge University Press, 1986.

9. Leah Asmelash, "In the New Game of Monopoly, Women Make More Than Men," CNN.com, September 10, 2010.

10. Linda Kinstler, "The Wing: How an Exclusive Women's Club Sparked a Thousand Arguments," TheGuardian.com, October 18, 2019.

11. Ellevest.com/pricing–plans.

12. Robin Bleiweis, Diana Boesch, and Alexandra Cawthorne Gaines, "The Basic Facts About Women in Poverty," AmericanProgress. org, August 8, 2020.

13. Clara Zetkin, "Only in Conjunction With the Proletarian Woman Will Socialism Be Victorious," Marxists.org, October 16, 1896 Red Valkyries 23−03−22.indd 183 23/03/2022 12:02:44 (published in *Clara Zetkin: Selected Writings*, edited by Philip Foner, translated by Kai Schoenhals, International Publishers, 1984).

14. Sheryl Sandberg, *Lean In: Women, Work, and the Will to Lead*, New York: Knopf, 2013.

15. United States Department of Labor, "Paternity Leave: Why Parental Leave for Fathers Is So Important For Working Families," dol. gov.

16. András Tilcsik, "Statistical Discrimination and the Rationalization of Stereotypes," *American Sociological Review* 86, no. 1(February 2021): 93 – 122.

17. Catalyst, "The Bottom Line: Connecting Corporate Performance and Gender Diversity (Report)," Catalyst.org, January 15, 2004.

18. Nancy Fraser, "How Feminism Became Capitalism's Handmaiden − and How to Reclaim It," TheGuardian.com, October 13, 2014.

19. Kristen Ghodsee, *Second World, Second Sex: Socialist Women's Activism and Global Solidarity during the Cold War*, Durham: Duke University Press, 2019.

20. Mary Dudziak, *Cold War Civil Rights: Race and the Image of American Democracy*, Princeton: Princeton University Press, 2000.

첫 번째 발키리

전설의 저격수_류드밀라 파블리첸코(1916~1974)

1. "Only Dead Germans Harmless, Soviet Woman Sniper Declares," *The Atlanta Constitution*, August 29, 1942, 2.

2. "Russian Students Roosevelt Guests," *New York Times*, August 28, 1942, 21.

3. Lyudmila Pavlichenko, *Lady Death: The Memoirs of Stalin's Sniper*, trans. David Foreman, Yorkshire: Greenhouse Books, 2015, 5.

4. Ibid., 5.

5. Anna Krylova, *Soviet Women in Combat: A History of Violence on the Eastern Front*, Cambridge, UK, and New York: ambridge University Press, 2010.

6. Pavlichenko, *Lady Death*, 10.

7. Ibid., 20.

8. In 1981, one of these pilots directed a Soviet feature film: *Night Witches in the Sky* (В небе ≪ночные ведьмы≫).

9. Pavlichenko, *Lady Death*, 33.

10. Ibid., 51.

11. Ibid., 72.

12. Ibid., 79.

13. Svetlana Alexievich, *The Unwomanly Face of War: An Oral History of Women in World War II*, New York: Random House, 2017, 123.

14. "Lieutenant Liudmila Pavlichenko to the American People," *Soviet Russia Today* 11, no. 6 (October 1942), available at Marxists.org.

15. Sniper quoted in Lyuba Vinogradova, *Avenging Angels: Soviet Women Snipers on the Eastern Front (1941–45)*, London: MacLehose Press, 2017, 158.

16. Vinogradova, *Avenging Angels*, 200.

17. Ibid., 200.

18. Pavlichenko, *Lady Death*, 82.

19. Ibid., 128.

20. "Russian editor's note," in Pavlichenko, *Lady Death*, xv.

21. Pavlichenko, *Lady Death*, 114.

22. Ibid., 114.

23. Ibid., 141.

24. Ibid., 141.

25. Pchelintsev quoted in Vinogradova, *Avenging Angels*, 35.

26. "Sniper Girl Calm Over Killing Nazis," *New York Times*, August 29,

1942, 17.

27. "Only Dead Germans Harmless, Soviet Woman Sniper Declares," *The Atlanta Constitution*, August 29, 1942, 2.

28. Pavlichenko, *Lady Death*, 186.

29. Ruth Cowan, "Girl Sniper Paints Nails, Powders Nose," *Philadelphia Inquirer*, September 3, 1942, 14.

30. "Famous Russian Girl Sniper Spends Day as Boston's Guest," *Christian Science Monitor*, September 21, 1942, 2.

31. Woody Guthrie, "Miss Pavilichenko," WoodyGuthrie.org, 1963.

32. "U.S. Women Frivolous, Girl Sniper Finds," *Washington Post*, September 17, 1942, 5.

33. Ibid., 5.

34. Malvina Livesay, "The Gentler Sex: Step–Ins for Amazons," *Washington Post*, September 19, 1942, B2.

35. Gilbert King, "Eleanor Roosevelt and Soviet Sniper," *Smithsonian Magazine*, February 21, 2013; Pavlichenko, *Lady Death*, 204.

36. Pavlichenko, *Lady Death*, 204.

37. "Russian Heroine Gets a Fur Coat," *New York Times*, September 17, 1942, 10.

38. Pavlichenko, *Lady Death*, 208.

39. Ibid., 230.

40. "Lieutenant Liudmila Pavlichenko to the American People."

41. Esther Newton, *Mother Camp: Female Impersonators in America*, Chicago: University of Chicago Press, 1979; Judith Butler, *ender Trouble: Feminism and the Subversion of Identity*, New York: Routledge, 2006.

42. The Russian name of the film is "А зори здесь тихие."

43. Krylova, *Soviet Women in Combat*.

44. Anna Krylova, "Stalinist Identity from the Viewpoint of Gender: Rearing a Generation of Professionally Violent Women—Fighters in 1930s Stalinist Russia," *Gender & History* 16, no. 3 (2004): 628.

45. General Accounting Office, "Combat Exclusion Laws for Women in the Military," November 19, 1987, gao.gov.

46. "Girl Sniper Gets 3 Gifts in Britain," *New York Times*, November 23, 1942, 20.

47. Pchelintsev quoted in Vinogradova, *Avenging Angels*, 35.

48. "Research starters: World War II Deaths by Country," www.nationalww2museum.org, Accessed November 5, 2021

49. See, for instance: Ishaan Tharoor, "Don't Forget How the Soviet Union Saved the World from Hitler," WashingtonPost.com, May 8, 2015.

50. Vinogradova, *Avenging Angels*, 20.

51. Pavlichenko, *Lady Death*, 236.

52. Ibid., 246.

53. "Lyudmila Pavlichenko (1916–1974): The Deadliest Female Sniper in History," RejectedPrincesses.com; *Drunk History*, season 4, episode 4, "The Roosevelts," directed by Derek Waters, aired October 18, 2016, on Comedy Central; *Battle for Sevastopol* (Незлампна), directed by Sergey Mokritskiy, released April 2, 2015, by 20th Century Fox.

54. Alexievich, *The Unwomanly Face of War*, 228.

두 번째 발키리

혁명의 아이콘_알렉산드라 콜론타이(1872~1952)

1. "Madame Kollontay: Heroine of the Bolsheviki Upheaval in Petrograd," *Current Opinion*, January 2018, Vol. LXIV, No. 1: 22.

2. Maria Bucur, *The Century of Women: How Women Have Transformed the World Since 1900*, Baltimore: Rowman & Littlefield, 2018, 16–17.

3. Alexandra Kollontai, *The Autobiography of a Sexually Emancipated Communist Woman*, 1926, translated by Salvator Attansio, foreword by Germaine Greer, Herder and Herder, 1971: 9.

4. Ibid.

5. Bessie Beatty, *The Red Heart of Russia*, New York: The Century

Co, 1918, 380.

6. Kristen Ghodsee, "Socialists Have Long Fought for Women's Rights," Jacobinmag.com, February 28, 2020.

7. Alexandra Kollontai, "The Social Basis of the Women's Question," 1909, in Estelle B. Friedman, *The Essential Feminist Reader*, Modern Library, 2007: 178.

8. Alexandra Kollontay, "Communism and the Family," New York: Contemporary Publishing Company, 1920: 21.

9. Alexandra Kollontai, "The Social Basis of the Women's Question," 1909, quoted in, Jane McDermid and Anna Hilyar, *Midwives of the Revolution: Female Bolsheviks and Women Workers in 1917*, Taylor & Francis, 1999: 49.

10. Isabel de Palencia, *Alexandra Kollontay: Ambassadress from Russia*, London: Longmans, Green and Co, 1947, 138.

11. Alexandra Kollontai quoted in Wendy Goldman, *Women, the State and Revolution: Soviet Family Policy and Social Life, 1917–1936*, Cambridge, UK, and New York: Cambridge University Press, 1993, 187.

12. Alexandra Kollontai, "Theses on Communist Morality in the Sphere of Marital Relations," Marxists.org, 1921 (published in *Alexandra Kollontai, Selected Writings*, Allison & Busby, 1977).

13. Kollontai, "Theses on Communist Morality."

14. Kollontai, "The Social Basis of the Women's Question," 15.

15. Kollontai, *Autobiography of a Sexually Emancipated Communist Woman*.

16. Kollontai, "International Socialist Conferences of Women Workers: The First International Conference of Socialist Women – Stuttgart,"1907, in *Alexandra Kollontai: Selected Articles and Speeches*, International Publishers, 1984: 46.

17. Ibid. 47.

18. Kristen Ghodsee, *Second World, Second Sex: Socialist Women's Activism and Global Solidarity during the Cold War*, Durham: Duke University Press, 2019.

19. Barbara Allen, " 'A Proletarian From a Novel': Politics, Identity, and Emotion in the Relationship Between Alexander Shlyapnikov

and Alexandra Kollontai, 1911–1935," *The Soviet and Post–Soviet Review* 35, no. 2 (2008): 163–91.

20. Lauren Kaminsky, " 'No Rituals and Formalities!' Free Love, Unregistered Marriage and Alimony in Early Soviet Law and Family Life," *Gender & History*, 29, no. 3 (2017): 716–31.

21. Faith Hillis created an excellent map of some of these smuggling routes at UtopiasDiscontents.com/Traversing–Borders.

22. "MME, Kollontay, Soviet Diplomat," *New York Times*, March 12, 1952, 27.

23. Alexandra Kollontai, "The Statue of Liberty," 1916, in *Alexandra Kollontai: Selected Articles and Speeches*, International Publishers, 1984: 112–15: 112.

24. Ole Jödal, "Mme. Kollontay's Career Marked by Excitement and Hard Work," *Christian Science Monitor*, March 3, 1944, 10.

25. Louise Bryant, *Six Red Months in Russia: An Observers [sic.] Account of Russia Before and During the Proletarian Dictatorship*, Marxists.org, 1918 (published by George H. Doran Company).

26. "Code of Laws concerning the Civil Registration of Deaths, Births and Marriages," October 17, 1918, MSU.edu.

27. "MME, Kollontay, Soviet Diplomat."

28. Beatrice Brodsky Farnsworth, "Bolshevism, The Woman Question, and Aleksandra Kollontai," *The American Historical Review* 81, no. 2 (April 1976): 292–316.

29. Elizabeth Wood, *The Baba and the Comrade: Gender and Politics in Revolutionary Russia*, Bloomington: Indiana University Press, 1997.

30. Alexandre Avdeev, Alain Blum, and Irina Troitskaya, "The History of Abortion Statistics in Russia and the USSR from 1990 to 1991," *Population* 7 (1995): 452.

31. Palencia, *Alexandra Kollontay*, 163.

32. Radek quoted in Leon Trotsky, "Speech in Discussion of the Policies of the Russian Communist Party," Marxists.org, July 5, 1921, (published in John Riddell, ed., To the Masses: Proceedings of the Third Congress of the Communist International, 1921, Chicago: Haymarket Books, 2016, 683–9).

33. Emma Goldman, "Archangel and Return" in *My Disillusionment in Russia*, Marxists.org, 1923 (published by Doubleday, Page & Company).

34. Ibid.

35. Eric Naiman, *Sex in Public: The Incarnation of Early Soviet Ideology*, Princeton: Princeton University Press, 1997.

36. Louise Bryant, "Mirrors of Moscow," Marxists.org, 1923 (published by Thomas Seltzer).

37. Wendy Goldman, "Industrial Politics, Peasant Rebellion and the Death of the Proletarian Women's Movement in the USSR," *Slavic Review* 55, no. 1 (Spring 1996): 46 – 77; Wood, *The Baba and the Comrade*.

38. Sergei Tretyakov, *I Want a Baby*, Glagoslav Publications B.V., 2019.

39. Fyodor Gladkov, *Cement*, Chicago: Northwestern University Press, 1994.

40. Julian Graffy, *Bed and Sofa: The Film Companion* (KINOfiles Film Companion), London: I.B. Tauris, 2001.

41. Goldman, *Women, the State and Revolution*; Kollontai, *Autobiography of a Sexually Emancipated Communist Woman*.

42. Isabel de Palencia, *I Must Have Liberty*, New York and Toronto: Longmans, Green and Co, 1940, 326.

43. Palencia, *Alexandra Kollontay*, 237 – 8.

44. Ibid., 237 – 8.

45. Alexandra Kollontai, "The Soviet Woman—a Full and Equal Citizen of Her Country," 1946, in *Alexandra Kollontai: Selected Articles and Speeches*, International Publishers, 1984: 183 – 85.

46. Marcel Body, "Mémoires: Alexandra Kollontai," *Preuves* 14 (1952): 12 – 24.

47. The Nobel Prize: Nomination Archive, "Alexandra Mikhaylovna Kollontay," NobelPrize.org.

48. State News Service, "Foreign Minister Sergey Lavrov's Opening Remarks at the Unveiling Ceremony of a Commemorative Plaque to Alexandra Kollontai," Moscow, Russia, March 28, 2017.

49. Kristen Ghodsee, "The Most Famous Feminist You've Never

Heard Of," MsMagazine.com, March 29, 2020.

50. Steven Cerf, 'Fwd: Kolontay.' Email (February 7, 2020). See also: Hans Cerf, "By Leaps and Bounds: The Story of My Life as Narrated to Steven." Europeana.eu.

51. Palencia, *Alexandra Kollontay*, 285.

52. Kollontai quoted in Barbara Evans Clements, *Bolshevik Feminist: The Life of Aleksandra Kollontai*, Bloomington: Indiana University Press, 1979, 272.

53.

세 번째 발키리

진보적 교육자_나데즈다 크룹스카야(1869~1939)

1. Alexandra Kollontai, "In Memory of Nadezhda Konstantinovna Krupskaya," *Soviet Literature* 3 (1989): 153 – 6.

2. "The Death of Krupskaya," *Chicago Daily Tribune*, March 5, 1939, 16; "Krupskaya, Widow of Lenin, Dies, 70" *New York Times*, February 28, 1939, 25.

3. *New York Times*, "Krupskaya, Widow of Lenin, Dies, 70."

4. Leon Trotsky, "Krupskaya's Death," *New International* V, no. 4, 1939: 117.

5. Robert H. McNeal, *Bride of the Revolution: Lenin and Krupskaya*, Ann Arbor: University of Michigan Press, 1972, 188.

6. Marcia Nell Boroughs Scott, *Nadezhda Konstantinovna Krupskaya: A Flower in the Dark*, Arlington: ProQuest Dissertations Publishing, 1996, 18.

7. McNeal, *Bride of the Revolution*.

8. John V. Richardson, "The Origin of Soviet Education for Librarianship: The Role of Nadezhda Konstantinovna Krupskaya, Lyubov' Borisovna Khavkina–Hamburger, and Genrietta K. Abele–Derman," *Journal of Education for Library and Information Science* 41, no. 2 (2000): 108.

9. Mihail S. Skatkin and Georgij S. Tsov'janov, "Nadezhda Konstantinova Krupskaya: 1869 – 1939," *Prospects* 24, no. 1 (1994): 55.

10. 10 Ibid., 56.

11. Nadezhda Krupskaya, *The Woman Worker*, translated by Mick Costello, Manifesto Press Cooperative, 2017, 6.

12. Ibid., 8.

13. Ibid., 17.

14. Richardson, "The Origin of Soviet Education," 108.

15. Nadezhda Krupskaya, *Reminiscences of Lenin*. Translated by Bernard Isaacs, New York: International Publishers, 1970:18.

16. Ibid., 25.

17. Clara Zetkin, "Lenin on the *Women's Question*: From *My Memorandum Book*," Marxists.org, 1920 (published by International ublishers in *The Emancipation of Women: From the Writings of V.I. Lenin*).

18. Kristen Ghodsee, *Why Women Have Better Sex Under Socialism: And Other Arguments for Economic Independence*, New York: Bold Type Books, 2018.

19. Donna Harsch, *Revenge of the Domestic: Women, the Family, and Communism in the German Democratic Republic*, Princeton: Princeton University Press, 2008.

20. Krupskaya, *Reminiscences*, 63.

21. Ibid., 86.

22. Ibid., 192.

23. Kollontai, "In Memory of Nadezhda Konstantinovna Krupskaya," 153.

24. Krupskaya, *Reminiscences*, 134.

25. Ibid., 186 – 7.

26. Ibid., 333.

27. Skatkin and Tsov'janov, "Nadezhda Konstantinova Krupskaya," 58.

28. Nadezhda Krupskaya, "*Concerning the Question of Socialist*

Schools," 1918 in Nadezhda Krupskaya, *On Labour–Oriented Education and Instruction,* translated by F. S. Ozerskaya; preface by M.N. Skatkin, Moscow: Progress Publishers, 1985, 47–54.

29. Skatkin and Tsov'janov, "Nadezhda Konstantinova Krupskaya," 59.

30. Lisa A. Kirschenbaum, *Small Comrades: Revolutionizing Childhood in Soviet Russia, 1917–1932,* New York: Routledge Falmer, 2001.

31. Norma Noonan, "Two Solutions to the Zhenskii Vopros in Russia and the USSR—Kollontai and Krupskaia: A Comparison," *Women & Politics* 11, no. 3 (1991): 77–99.

32. Sheila Fitzpatrick, *The Commissariat of Enlightenment: Soviet Organization of Education and the Arts under Lunacharsky,* Cambridge, UK: Cambridge University Press, 1970.

33. Jane Womble Gurganus, *Nadezhda Krupskaia and Political Socialization 1917–1930,* PhD diss. (Emory University, 1973).

34. Richardson, "The Origin of Soviet Education," 111.

35. Krupskaya, *Reminiscences,* 370.

36. Skatkin and Tsov'janov, "Nadezhda Konstantinova Krupskaya," 57.

37. Boris Raymond, *Krupskaia and Soviet Librarianship, 1917–1939,* Metuchen, NJ: Scarecrow Press, 1979.

38. Richardson, "The Origin of Soviet Education," 108.

39. Krupskaya, *Reminiscences,* 515.

40. Count Leo Tolstoi, *The Kingdom of God Is Within You: Christianity not as a Mystic Religion but as a New Theory of Life.*" Translated by Constance Garnett. New York: The Cassell Publishing Co. 1894: 49.

41. Nadezhda Krupskaya, "Concerning the Question of Socialist Schools," 1918.

42. John T. Zepper, "N. K. Krupskaya on Complex Themes in Soviet Education." *Comparative Education Review* 9, no. 1 (1965): 33–37.

43. Rebecca Tarlau, "Soviets in the Countryside: The MST's Remaking of Socialist Educational Practices in Brazil," in *Logics of Socialist Education: Engaging with Crisis, Insecurity, and Uncertainty,* edited by Tom G. Griffiths and Zsuzsa Millei, New York: Springer, 2012, 58.

44. Christopher Read, "Krupskaya, Proletkul't and the Origins of Soviet Cultural Policy," *International Journal of Cultural Policy* 12, no. 3 (2006): 245 – 55.

45. McNeal, *Bride of the Revolution*.

46. Krupskaya, *Reminiscences*, 513.

47. Ibid., 267.

48. Ibid., 268 – 70.

49. Ibid., 291 – 2.

50. McNeal, *Bride of the Revolution*, 135, emphasis in the original.

51. "Inna Armand, Friend of Lenin, Is Dead," *New York Times*, July 9, 1971: 34.

52. Martha Vicinus, *Intimate Friends: Women Who Loved Women, 1778 – 1928*, Chicago: University of Chicago Press, 2006; Sharon Marcus, *Between Women: Friendship, Desire, and Marriage in Victorian England*, Princeton: Princeton University Press, 2007.

53. Vivian Gornick, *The Romance of American Communism*, New York: Basic Books, 1978; Maple Razsa, *Bastards of Utopia: Living Radical Politics After Socialism*, Bloomington: University of Indiana Press, 2015.

54. Ibid., 212 – 13.

55. Max Eastman, "Lenin 'Testament' at Last Revealed," *New York Times*, October 18, 1926, 1.

56. Gregory J. Massell, *The Surrogate Proletariat: Moslem Women and Revolutionary Strategies in Soviet Central Asia, 1919 – 1929*, Princeton: Princeton University Press, 2016, 364.

57. Ibid., 361 – 2.

58. Trotsky, "Krupskaya's Death."

59. Nikita Khrushchev, quoted in McNeal, *Bride of the Revolution*, 281.

60. Trotsky, "Krupskaya's Death."

61. "Winners of the Mohammad Reza Pahlavi Prize and the Nadezhda K. Krupskaya Prize," UNESDOC Digital Library: unesdoc.unesco. org.

62. John Crace, "The Soviet Chocolate Named After Lenin's Widow," TheGuardian.com, January 27, 2010.

63. Louis Segal, "Nadezhda Konstantinovna Krupskaya," *The Slavonic and East European Review* 18, no. 52 (July 1939): 202‒4.

네 번째 발키리
뜨거운 심장_이네사 아르망(1874~1920)

1. It is worth pointing out here that I may inadvertently do the same, as there is so much conflicting evidence about Armand's life. I have done my best to cross-reference as many sources as possible, but I do recognize the murkiness of Armand's personal history.

2. Alexandra Kollontai, *A Great Love*, translated by Cathy Porter, Time Warner Press US, 1991.

3. Bertram D. Wolfe, "Lenin and Inessa Armand," *Slavic Review* 20, no. 1 (1963): 96‒114; the term "romantic school" comes from Richard Stites, "Kollontai, Inessa and Krupskaia: A Review of Recent Literature," *Canadian-American Slavic Studies* 9, no. 1 (1975): 84‒92.

4. R.C. Elwood, "Lenin's Correspondence with Inessa Armand," *The Slavonic and East European Review* 65, no. 2 (1987): 18‒35.

5. "Moscow Honoring Lenin Confidante; Newspapers Recall Woman Bolshevik as 'Real Friend', *New York Times*, May 17, 1964: 23.

6. Michael Pearson, *Lenin's Mistress: The Life of Inessa Armand*, New York: Random House, 2002.

7. Mike Dash, "How Friedrich Engels' Radical Lover Helped Him Father Socialism," SmithsonianMag.com, August 1, 2013.

8. Bengt Jangfeldt, *Mayakovsky: A Biography*, (Translated by Harry D. Watson), Chicago: University of Chicago Press, 2014.

9. Aaron O'Neill, "Life Expectancy in Russia, 1845‒2020," Statista. com, October 1, 2019.

10. Frederick C. Giffen, "First Russian Labor Code: The Law of June 3, 1886," *Russian History* 2, no. 2 (1975): 83‒100.

11. Letter from Armand dated February 16, 1908, quoted in R.C. Elwood, *Inessa Armand: Revolutionary and Feminist*, London: Cambridge University Press, 1992, 61.

12. Letter from Armand dated August 1908, quoted in Elwood, *Inessa Armand*, 48.

13. Letter from Armand from December 1908, quoted in Elwood, *Inessa Armand*, 66.

14. For a description of the neighborhood where Lenin, Armand and Krupskaya lived in Paris see: "Avenue General Leclerc," leftinparis.org.

15. Cited in Y. Bochkaryova and S. Lyubimova, *Women of a New World*, Moscow: Progress Publishers, 1969: 59.

16. Temma Kaplan, "On the Socialist Origins of International Women's Day," *Feminist Studies*, vol. 11, no. 1 (1985): 63–71; Rochelle Goldberg Ruthchild, "From West to East: International Women's Day, the First Decade," *Aspasia* 6, 1 (2012): 1–24.

17. A free, online digital archive of *Die Gleichheit* is kept by the Friedrich Ebert Stiftung and can be found at es.imageware.de.

18. An original of the image can be found in the collection of the International Institute for Social History in Amsterdam; See "Stammbaum des modernen Sozialismus" at iisg.amsterdam.

19. Nadezhda Krupskaya, *Reminiscences of Lenin*. Translated by Bernard Isaacs, New York: International Publishers, 1970.

20. Elwood, *Inessa Armand*, 146.

21. Angelica Balabanova (Balabanoff) quoted in Wolfe, "Lenin and Inessa Armand," 101, footnote 10.

22. Quoted in Barbara Evans Clements, *Bolshevik Feminist: The Life of Aleksandra Kollontai*, Bloomington: Indiana University Press, 1979, 155.

23. E. Blonina [I. Armand, pseudonym] quoted in Elwood, *Inessa Armand*, 249, footnote 77c.

24. Elizabeth Wood, *The Baba and the Comrade: Gender and Politics in Revolutionary Russia*, Bloomington: Indiana University Press, 1997.

25. The full text of this pamphlet in Russian can be found on the

website of State Public Historical Library of Russia: elib.shpl.ru. A collection of her works was also published in 1975, I. F. Armand, *Articles, Speeches, Letters*. Moscow, Politizdat, 1975.

26. Elizabeth Waters, "In the Shadow of the Comintern: The Communist Women's Movement, 1920 – 43," in Sonia Kruks, Rayna Rapp, and Marilyn B. Young (eds.), *Promissory Notes: Women in the Transition to Socialism*. New York: Monthly Review Press, 1989.

27. Kristen Ghodsee, "Rethinking State Socialist Mass Women's Organizations: The Committee of the Bulgarian Women's Movement and the United Nations Decade for Women, 1975 – 1985," *Journal of Women's History* 24, no. 4 (2012): 49 – 73.

28. Pearson, *Lenin's Mistress*, 225.

29. Angelica Balabanova (Balabanoff) quoted in Wolfe, "Lenin and Inessa Armand," 112.

30. Emma Goldman, "My Further Disillusionment in Russia," Marxists. org, 1924 (published by Doubleday, Page & Company).

다섯 번째 발키리
글로벌 여전사_엘레나 라가디노바(1930~2017)

1. Maria Todorova, *The Lost World of Socialists at Europe's Margins: Imagining Utopia*, London: Bloomsbury, 2021.

2. The term "second shift" circulated in the Eastern Bloc well before the publication of the American book of the same name.

3. *Tsentralen Darzhaven Arhiv* (TsDA)–F417–O5–ae496–L34. To cite documents from the Committee of the Bulgarian Women's Movement archive (collection 417) in the Central State Archives in Sofia, Bulgaria, I use the standard form of Bulgarian citation in which F = *fond* (the archival collection), O = *opis* (a sub-unit within the main collection), E = *edinitsa* (an individual folder), and L = *list* (the page numbers).

4. TsDa–F417–O5–ae496, 34.

5. Ibid.

6. "Razvitie na Supermarketite i Hipermarketite vav Frantsiya," Nauka—Tehnika—Ikonomika: Barza Informatsia, No. 76,23,11, from the personal archive of Elena Lagadinova.

7. For a discussion of this phenomenon in the Polish context, see Malgorzata Mazurek, "Dishonest Saleswomen: On Gendered Politics of Shame and Blame in Polish State—Socialist Trade," in Marsha Siefert, ed., *Labor in State—Socialist Europe, 1945 – 1989: Contributions to a History of Work*, Budapest/New York: CEU Press, 2020, 123 – 44.

8. Fredda Brilliant, "Madame Elena Lagadinova," in *Women in Power*, New Delhi: Lancer International, 1987, 84.

9. Amelia Nierenberg, "In Poland, Communist—Era Restaurants Are Perfect for the Moment," NYTimes.com, April 21, 2020.

10. Nevyana Abadjieva, "About Today and Tomorrow," *The Bulgarian Women*, 1977, 2 – 3.

11. Ibid.

12. "Za Izdigane Rolyata na Zhenata v Izgrazhdaneto na Razvitoto Sostialictichesko Obshtestvo" Reshenie na Politbyuro na TsK na BKP ot 6 Mart 1973 G." Sofia: Partizdat, 1977. For an excellent feminist analysis of this decision, see Savina Sharkova, "Sotsialisticheskata Zhena Mezhdu Publichnoto i Chastnoto(1967 – 1973): Vizii, Protivorechiya i Politicheki Deistviya prez Sotsializma v Bulgariya." Godishnik na Sofiiskiya Universitet, "St. Kliment Ohridski," Filisoski Fakultet, Kniga Sotsiologiya, Tom 103, 61 – 80.

13. "Enhancing the role of women in the building of a developed socialist society" Decision of the Politburo of the Central Committee of the Bulgarian Communist Party of March 6, 1973, [English translation] Sofia: Sofia Press, 1974: 10.

14. 1Kristen Ghodsee, *Second World, Second Sex: Socialist Women's Activism and Global Solidarity during the Cold War*, Durham: Duke University Press, 2019.

15. Central State Archives (of Bulgaria)—Fond 417—box 05—folder AE 496, page 30 – 31.

16. Jean Lipman—Blumen, *The Connective Edge: Leading in an Interdependent World*, New York: Jossey—Bass Publishing, 1996,

299.

17. A video of Elena Lagadinova's recollections can be found on YouTube.com, "Elena Lagadinova: Bulgarian Women's Activist," youtube.com.

18. Amina Bose, "Elena Lagadinova," *Roshni: Journal of the All India Women's Conference* (VII 1986 – II 1987): 49.

19. "The Award of the President's Medal, The Claremont Graduate School to Elena Atanassova Lagadinova," February 27, 1991, from the personal archive of Elena Lagadinova.

20. Brilliant, "Madame Elena Lagadinova," 84.

21. Kristen Ghodsee, *The Left Side of History: World War II and the Unfulfilled Promise of Communism in Eastern Europe*, Durham: Duke University Press, 2015.

에필로그
_미래의 레드 발키리를 위한 아홉 가지 조언

1. For examples of this change, see Kristen Ghodsee, *Second World, Second Sex: Socialist Women's Activism and Global Solidarity during the Cold War*, Durham: Duke University Press, 2019; Mary Dudziak, *Cold War Civil Rights: Race and the Image of American Democracy*, Princeton: Princeton University Press, 2000.

2. Aaron O'Neill, "Life Expectancy in Russia, 1845 – 2020," Statista.com, October 1, 2019.

3. Aaron O'Neill, "Life Expectancy in Bulgaria 1800 – 2020," Statista.com, June 4, 2020.

4. Aaron O'Neill, "Life expectancy in Albania from 1920 to 2020," Statista.com, June 4, 2020.

5. Aaron O'Neill, "Infant mortality in Russia 1870 – 2020," Statista.com, October 16, 2019.

6. Aaron O'Neill, "Infant mortality in Bulgaria 1895 – 2020," Statista.com, April 9, 2020.

7. Boris N. Mironov, "The Development of Literacy in Russia and the USSR from the Tenth to the Twentieth Centuries," *History of Education Quarterly* 31, no. 2 (1991): 243.

8. Fatos Tarifa, "Disappearing from Politics (Albania)," in Marilyn Rueschemeyer, ed., *Women in the Politics of Postcommunist Eastern Europe*, Armonk, NY and London: M.E. Sharpe, 1998, 269.

9. Lisa A. Kirschenbaum, *Small Comrades: Revolutionizing Childhood in Soviet Russia, 1917–1932*, New York: Routledge Falmer, 2001, 38.

10. Ibid., 72–3.

11. Quentin Lippmann and Claudia Senik, "Math, Girls, and Socialism," IZA Discussion Paper No. 11532, IZA Institute of Labor Economics, May 2018.

12. Helen Stuhr–Rommereim and Mari Jarris, "Nikolai Chernyshevsky's *What Is to Be Done?* and the Prehistory of International Marxist Feminism," *Feminist German Studies*, 36, no. 1 (2020): 166–92.

13. Janko Lavrin, "Tolstoy and Gandhi," *The Russian Review* 19, no. 2 (1960): 132–9.

14. Jodi Dean, *Comrade*, New York: Verso Books, 2020, 7.

15. Phil Reed, "The Trouble with 'Main Character Syndrome,'" *PsychologyToday. com*. June 1, 2021.

16. Count Leo Tolstoi, *The Kingdom of God Is Within You: Christianity not as a Mystic Religion but as a New Theory of Life*." Translated by Constance Garnett. New York: The Cassell Publishing Co. 1894: 361.

17. Milan Kundera, *The Book of Laughter and Forgetting*, translated by Aaron Asher, New York: HarperCollins, 1996.

18. Dean, *Comrade*, 71.

19. Dean, *Comrade*, 87.

20. Tolstoi, *The Kingdom of God*.

21. "Expanding the Floor of the Cage: Noam Chomsky Interviewed by David Barsamian," *Z Magazine*, April 1997, available at Chomsky. info.

22. Alexandra Kollontai, "In Memory of Nadezhda Konstantinovna

Krupskaya," *Soviet Literature* 3 (1989): 155.

23. Angela Duckworth, *Grit: The Power and Passion of Perseverance*, Scribner Book Company, 2016.

24. William Shakespeare, "To Be or Not To Be," speech, *Hamlet*, Act III, Scene 1.

25. Wendy Brown, *In the Ruins of Neoliberalism: The Rise of Antidemocratic Politics in the West*, New York: Columbia University Press, 2019.

26. Jonathan Crary, *24/7: Late Capitalism and the Ends of Sleep*, New York: Verso Books, 2014.

27. Derek Thompson, "Workism Is Making Americans iserable," TheAtlantic.com, February 24, 2019; Sarah Jaffe, *Work Won't Love You Back: How Devotion to Our Jobs Keeps Us Exploited, Exhausted, and Alone*, New York: Bold Type Books, 2021.

찾아보기

대공 방어 연대 59

가부장제 11, 140

가족법 127, 141, 274

겸손 311

경제 생산 방식 107

계급 36, 46, 48, 89, 93, 111,
116, 122, 124, 137, 155,
158~159, 167, 176, 178, 180,
185, 204, 210, 213~214,
223~225, 232, 238,
251~252, 257~258, 305,
310, 312

공공 급식 270~271

공교육 176, 180

공장 노동자 157, 163

교사 29, 157, 176, 187, 292, 303

교육 개혁 177, 180

교육 목표 157

구 볼셰비키 142, 144

구조적 불평등 32

국제적 네트워크 276

국제적 아마존 247

기대 수명 288~289

끈기 12, 88, 127, 310, 314~317,
319, 322

나흐트헥센(밤의 마녀들) 57, 59

낙태 54, 129, 138, 140,
261~262

노동법 212, 274

노동자 반대파 137, 307

노벨 평화상 146

니콜라이 크라사브첸코 77

대중 연설 82, 112, 310

더 윙(The Wing) 33

독립 해병대 57, 61

독일군 59~60, 66~67, 71, 93,
253

동맹 21, 126, 252

동반자 115, 137, 154, 188

두 번째 물결 27~28

라가디노바, 엘레나 21, 25, 47,
247, 249~256, 258, 260,
262, 264~267, 270~271,
274~285, 297, 346

라브로프, 세르게이 146

라흐메토프 164~165, 193,
206~207, 294~295, 304

레닌, 블라디미르 20, 78,
122~123, 126, 128, 130,
132~133, 144, 162~169,
171~172, 176~177, 185~186,
189~192, 198, 204~206,
220, 222, 224~241,
243~245, 293, 296, 299,
305, 307, 318

로스토츠키 87

로자 룩셈부르크 60, 122, 220,
222, 296

롤 모델 61, 193, 293~294

루나차르스키 180, 185

루소 177

린 인(Lean In) 28, 31~32

마르크스 179, 215, 223~224, 252, 305, 307

마야콥스키 208

망명 45, 102, 113, 123~124, 154, 171~172, 175, 187~188, 193, 216, 218, 220, 225, 230, 235, 239, 252, 296, 305, 316

매슬로우 27~28

맥닐 192, 205

메리 울스턴크래프트 26

멘셰비키 122~123, 173, 307

모랄레스 44

몬테소리 177

문해율 290~291

미스 모노폴리 32, 35, 41

발키리 9, 19, 42, 45, 48, 69, 98, 101, 131, 136, 153, 203, 289, 293, 295, 323

백악관 51, 76

번역 174, 191, 228, 234~235, 256, 303, 305, 310, 317

법적 평등 37, 41

복종 302

본명 52

볼셰비키 20, 45, 48, 53, 98, 101, 120, 122~123, 126, 128, 130~132, 134~135, 138, 154, 169, 175, 179, 180, 188, 197, 203~204, 206, 222~224, 227~228, 230, 233, 235~240, 245~246, 251, 294, 307

부상 62, 70, 72~74, 80, 93, 188

불가리아 여성 위원회 266

불가리아 여성 혁명 262

불평등한 분배 36

브레즈네프에게 보낸 편지 256

사격 54~56, 60, 72, 310

사랑과 성에 대한 이론 137

사르조노 44

사블리나 158

사회 안전망 23, 29, 37, 40

사회민주노동당 112

사회주의 여성 18, 36~38, 46, 47~48, 98, 116, 120, 153, 161, 203, 206, 221, 229, 242, 292~293, 295, 312, 321, 323, 328

사회주의 페미니즘 30, 39, 43

사회주의자 16~17, 29, 35, 38, 87, 119, 124, 158~159, 169, 220, 225~226, 228, 231, 233, 254, 278, 312~313

사회화된 보육 180, 185

삼각 관계 192, 205~206, 209

샌드버그 28, 31~32

샤니나 60

샤두르스카야 112~113,
    130~131, 143, 194, 296

서구 페미니즘 27

성인 교육 담당 차관 180

성차별 32~33, 67, 90, 265,
    273, 302, 319

성폭력 139

세계적 영향력 277

소련 16~17, 19, 20~21, 25, 28,
    30, 44~46, 51~60, 64~65,
    67~68, 70~72, 75~77, 82,
    85~86, 88~94, 96~97,
    102, 120, 126~127, 131~133,
    135, 137~141, 145~150,
    177, 180~183, 185~187,
    195, 199, 204~206, 238,
    240~242, 252, 254~256,
    258~260, 263, 265, 268,
    270, 279~280, 288~289,
    290~291, 302, 305

소총 52, 60~63, 70, 74, 92,
    96, 249

수용성 307~308

숙련된 노동자 186

순회강연 124

슐랴프니코프 123~124,
    132~133, 142, 188

스위스 175~177, 191, 232,
    234~235, 304, 318

스타이넘 27

스탈린 21, 54, 58, 75~76, 81,
    93, 134~135, 137, 141~145,
    154, 186~187, 195~199,
    203, 241, 258~259,
    288~289, 295, 303, 306,
    313

스탠턴 27

아동의 노동 121, 212

아르망, 이네사 20, 25, 45, 123,
    129, 131, 153, 161~162, 167,
    170, 188~189, 191~193,
    203~246, 249~251, 260,
    264, 266, 268, 291, 293,
    296~298, 302~303, 305,
    308, 310, 312, 314, 317~318,
    323

에스더 뉴턴 86

엘리너 루스벨트   45, 51,
    75~76, 82~83, 94~95,
    297, 318

엘리자베스 우드 135, 241

여성 노동자 34, 110~111,
    116~119, 121, 134, 141, 158,
    161, 171, 222, 228, 237, 239,
    262, 264, 275, 316

여성 문제 25, 43, 45, 109,
    116~119, 135, 237, 242, 265,
    279, 281

여성 운동 35~38, 87, 98, 122,
    161, 169, 203, 206, 229, 242,
    282, 292, 295, 302, 328

여성 위원회 266

여성 저격수 25, 52, 60, 67~68, 70, 97, 170

융합 47, 224

응우옌 티 빈 44

이사벨 데 팔렌시아 318

이중 노동 263, 270

자본주의의 시녀 43

자유주의 페미니즘 33, 36, 46

전선 52, 56, 62~63, 66~67, 71~74, 76~78, 87, 90, 93~94, 147, 210, 238, 249, 303, 310, 314, 317

정치 생활 102

제1차 세계대전 20, 53, 107, 121~122, 125~126, 128~129, 138, 191, 229, 231, 235, 237, 307

제2차 국제사회주의여성대회 221

제2차 세계대전 20~21, 25, 57, 88, 92, 97, 137, 142, 145, 249, 252, 254, 256, 323

제시 스트리트 44

젠오트델 129, 131, 170, 239, 240~242, 316, 318

조직화 228, 236

존 리드 246

존 스튜어트 밀 26

좌파 17, 37, 46, 102, 131, 132, 173, 179, 208, 224, 233, 298, 311, 313, 318

중앙집권적 132, 184, 242, 257

지브코프 258~262

지적 검열 184

지하 활동가 175

첫 번째 물결 27

체트킨 35, 221, 232, 296

체포 60, 64, 71, 120, 126, 166, 168, 191, 227, 231, 236, 253, 260

초기 볼셰비키 정부 120

최초의 여성 대사 29, 102, 137, 147

출산 34, 38, 40, 108, 118, 121, 138~139, 261, 264, 273

캐나다 21, 77, 91

코뮤니즘 101, 110, 155, 195, 239, 246, 252, 257~258, 260

콜론타이, 미하일(미샤) 102, 105

콜론타이, 블라디미르 105~106

콜론타이, 알렉산드라 8, 14, 17, 20~21, 25~26, 29~30, 35, 37, 43, 45, 48, 98, 101~120, 122~139, 141~149, 153, 159, 161~162, 165, 167, 169~170, 173, 180, 185, 187~188, 194, 197~198, 203, 205, 209~210, 216, 218, 220, 232, 236, 238~241, 245~246, 249~251, 260, 264, 266, 268, 291, 296~297, 303~304, 307,

310, 312, 314~318, 323~324

쿠시넨, 헤르타 44

쿤데라, 밀란 301

크라쿠프 189~190, 192, 226,
228, 318

크룹스카야 14~15, 20,
25~26, 45, 123, 153~200,
203~206, 210, 216, 220,
222, 224~226, 228, 231,
234~236, 238~239,
250~251, 260, 264, 268,
287, 291~294, 296, 298,
302, 304~305, 307, 310,
312, 314, 316, 318, 323

크릴로바, 안나 55, 88~89

탁월 55, 124, 280~281, 310

토도로바, 마리아 252

톨스토이, 레프 15, 20, 122,
156~157, 176~177, 183~184,
193, 294~295, 300~302,
304, 307~308

톨스토이주의자 184

투옥 107

툴라-토카레프(TT) 권총 64

트로츠키 15, 132~133, 144, 154,
196~197, 222, 236, 307

티토, 요시프 브로즈 259

파르티잔 25, 60, 249,
253~254, 284, 317

파리 107, 122~123, 173,
188~190, 209, 219~222,
225~226, 228~229, 233

파블로브나, 베라 207, 293

파블리첸코, 류드밀라 15,
20~21, 25, 45, 51~53,
55~57, 60~66, 68~84,
86~89, 91~96, 98, 112,
125, 162, 170, 249~251, 254,
264, 297, 303, 306, 310,
314, 317~318, 323

팔렌시아, 이사벨 데 142~143,
149, 296, 318

팽크허스트, 에멀린 27, 30

페스탈로치, 요한 하인리히 177

페트로바, 니나 60

폭격 58~59, 76, 78

폴리아모리 207

프첼린체프, 블라디미르 77, 82,
91

피어슨, 마이클 243

필사자 169

훈장 57, 59, 78, 80, 255

레드 발키리

© 틈새의시간, 2025

초판 1쇄   2025년 1월 24일

지은이   크리스틴 고드시
옮긴이   이푸른
일러스트   한명지
디자인   유랙어
펴낸이   이채진
펴낸곳   틈새의시간
출판등록   2020년 4월 9일 제406-2020-000037호
주소   경기도 파주시 하늘소로16, 104-201
전화   031-939-8552
이메일   gaptimebooks@gmail.com
페이스북   @gaptimebooks
인스타그램   @time_of_gap
ISBN   979-11-93933-09-1 (03330)